KB076465

Contents

AROUND

Vol. 86
2022 November

영상으로 전하는 사람들 Video Storyteller

ISSN 2287-4216
ISBN 979-11-6754-018-8
KRW 18,000

DQM, Sohn Suhyun, MONGOO & Youth Young,
Lee Yeon, Mobills-Group, Kim SeungIl, WATCHA

9 791167 540188

03050

영상으로 기록하는 사람들이 많아졌다. 지금 우리는 문자나 인쇄 발명만큼이나 커다란 변화의 지점에 있다는 걸 실감한다. 가공된 영상을 일방적으로 시청하는 것에서 나아가 실시간 라이브, 유튜브 방송과 같이 이제는 상호작용하며 커뮤니케이션의 한 도구로까지 자리 잡았다. '제로 텍스트시대'라는 많은 이들의 우려 속에서도 변하지 않는 것이 있다면 이야기를 전하는 일이다. 표현 방식에 차이만 있을 뿐 문자나 영상이나 다르지 않다. 영상을 기록하는 이들 중에도 글로 표현하고 전달하는 일 또한 게을리하지 않는 사람이 여전히 많다. 우리는 그들을 '비디오 스토리텔러'라 부르기로 했다. 영상으로 이야기를 전하는 사람들을 우리는 다시 문자로 기록했다. 앞으로 또 이야기를 전하는 방식이 어떻게 변할지 알 수 없지만, 지금을 담아 보았다.

김이경—편집장

The Two Of Us

사람, 사람, 사랑

DQM—Video Director

M/V—Edison Song 'Cause U'

Dawnqmentary

나부끼는 사랑을 따라

정다운DQM—다큐멘터리 감독

에디터 이주연
포토그래퍼 Hae Ran

다운이 찍는 다큐멘터리 '다운큐멘터리'는 감정을 따라 흔들린다.
마음껏 나부낀다. 누군가의 떨리는 귓불 위로, 새하얀 양말 너머로,
빛나는 금색 손목시계 속으로, 땅바닥에 드러누운 여자들의
머리카락 곁으로. 영상 속에서 들려오는 다운의 웃음은 해사한
표정을 연상케 하고, 무심하게 던지는 질문은 그때 가장 선명할
감정을 닮아 있다. 정제되지 않은 영상에 안온함을 담아내는 다운의
공식은 언제나 하나다. '사랑'. 더도 덜도 말고, 오로지 그것이다.

저는 제가 보고 싶은 걸 보고, 그걸 찍어요. 그 사람의 목소리가 마음에
들면 입술을 찍고, 조명이 반사되는 머리색이 아름다워 보이면 머리카락을 찍죠.
불안한 모습을 발견하면 까딱거리는 손가락을 찍기도 하고요.

초대해 주셔서 감사해요. 집 구조가 특이하네요.
어제 열심히 치운 건데, 보여드릴 게 별로 없어서
머쓱해요(웃음). 만나서 반갑습니다.

**창밖으로 흔들리는 나무만 봐도 좋은데요(웃음). 요새
어떻게 지내요?**
요즘은 새로운 사람을 찍기 시작했어요. 세 달째 진행
중인데, 이젠 카메라 의식을 안 하는 시점이 와서 조금
편해진 상태로 작업하고 있어요. 처음엔 어떤 인물이든
카메라가 있다는 자체로 긴장하고 신경 쓰거든요. 경계가
풀릴 때까지 보통 한두 달은 걸리는 것 같아요. 지금 찍고
있는 분은 20년째 엠비언트 음악을 하는 분인데요. 요새는
좀 친해져서 전시도 함께 하고 텀블벅도 같이 준비하고
있어요. 지원 사업도 같이 알아보는 중이고요.

이번 다큐멘터리는 어떻게 시작된 거예요?
제가 먼저 찍고 싶다고 연락했어요. 팀으로도, 개인으로도
활동하는 분인데, 팀으로는 이름을 알렸지만 개인 작업을
아는 사람이 한국엔 별로 없다는 이야기를 들었어요.
어떤 사람인지 궁금해서 만나자고 했죠. 엄청 아름다운
여성분이어서 만나자마자 놀란 기억이 나요. 하고자 하는
게 정확하게 있는 분이었고, 음악에도 힘이 강력해서 꼭
다큐멘터리로 찍고 싶었어요. 올해가 데뷔 20주년이라
동화책이랑 앨범이 같이 나올 예정인데요. 처음엔
발매까지 촬영해 보려고 했는데 찍다 보니 호흡이 잘
맞아서 내년까지 이어 가면 좋겠다고 생각 중이에요.

**이번 작업은 호흡이 긴 것 같은데, 보통은 작업 기간이
어떻게 돼요?**
별다른 작업이 없을 땐 한 달에 두 명 정도 찍는데,
규칙적인 건 아니에요. 찍다 보면 이야기가 계속 생겨나서
좀더 찍고 싶어지는 인물이 있거든요. 그럴 땐 작업 기간이

자연스럽게 늘어나고, 좀더 밀도 있는 작업을 하게 돼요.
이런 경우가 종종 있다 보니 촬영 기간이 정기적이거나
규칙적이진 않죠. 사람마다 가지고 있는 이야기가 달라서
아직 완성하지 못한 다큐도 많고요.

좀더 찍고 싶다는 생각은 어떨 때 들어요?
솔직하게 얘기하면 이야깃거리가 많고 너무 열정적인
사람들은 길게 촬영하지 못한 것 같아요. 찍다 보면
어딘지 모르게 물리는 느낌도 있고, 이야기에 흥미가
떨어지더라고요. 오히려 "난 재미도 없는데 왜 찍는지
모르겠다."고 이야기하는 분들에게 관심이 가요.
자연스럽게 더 오래 찍게 되고요. 특이한 직업인을 찍기도
하지만, 직업이 뚜렷하지 않은 분을 촬영한 적도 있는데요.
특히 그런 분들이 종종 "난 보여줄 게 없다."고 하시는데,
그 생활에서 재미있는 것들이 생겨나요. 같이 뭔가를
발견하게 될 때도 있고요.

다운 씨는 다큐멘터리가 뭐라고 생각해요?
기록이요. 저는 기록을 좀 강박적으로 하는 경향이 있어요.
얼마 전에 울산 본가에 내려가서 제 일기장을 다 가지고
왔는데요(웃음). 이거 보실래요?

**이게 다 일기장이에요? 어림잡아도 50권은 훌쩍 넘는 것
같은데요.**
어릴 때부터 엄마가 일기는 꼭 쓰도록 가르치셔서 다섯 살
때부터 썼어요. 다른 건 잘 기억나지 않지만, 저녁 8시가
되면 일기를 쓴 것만큼은 생각나요. 제 방문을 열면 바로
앞에 화장실이 있었는데, 양치하고 곧장 방으로 들어와서
엎드려 쓰곤 했거든요. 그때 노트를 여백 없이 꽉꽉
채우는 버릇이 생겨서 지금도 첫머리부터 맨 마지막까지,
깜지처럼 채워서 쓰곤 해요. 그래서인지 촬영할 때도
테이프를 정말 많이 써요. 녹화 버튼을 누르면 끄질

않으니까 한 번 촬영할 때마다 엄청난 기록이 쌓이죠. 그러고 보니 일기와 영상을 합치면 기록해 온 양만 해도 어마어마하네요. 어릴 때부터 쭉 이어진 걸 보면 운명인가 싶기도 하고요.

조금 다른 방향을 시도해 보고 싶진 않아요? 이야기를 만든다거나, 새로운 인물을 창조한다거나.
저는 제가 창의적인 사람이라고는 생각하지 않아요. 그러니까 뭔가를 연출하거나 없는 이야기를 만들어내기보다는 이렇게 있는 걸 기록해 나가는 게 잘 맞는 것 같아요. 매일 일기를 쓰고, 아무 때나 캠코더를 드는 식으로요. 이젠 습관이 되어버렸거든요.

일기는 지금도 자기 전에 써요?
아니요. 하루에도 몇 번씩이나 쓰는데 보통 시간대별로 써요. 강박적으로 쓰는 거기도 하지만, 기억력이 안 좋아서이기도 해요. 얼마 전엔 집 비밀번호도 까먹었어요(웃음). 분명히 제가 기억하고 있는 번호를 눌렀는데 문이 안 열리는 거예요. 다시 누르고, 또다시 눌러도 안 되니까 당황스럽더라고요. 그래서 요즘엔 일기장을 들고 다니면서 몇 시에 뭐 했고, 몇 시엔 뭐 했는지 쓰면서 지내고 있어요. 한두 줄만 쓰더라도 일상을 죄다 기록해 두는 거죠.

그러고 보니 만나자마자 영상 얘기부터 했네요(웃음). 좀 늦었지만 소개해 주실래요?
안녕하세요, 정다운이에요. 요즘엔 작업 분야가 다양해져서 촬영 감독이나 상업 패션 필름 일도 하고 있는데요. 그래도 '다큐멘터리를 만드는, 기록을 좋아하는 사람.'이라고 소개하고 싶어요. 제 정체성은 다큐멘터리를 만드는 일 같아요.

왜일까요?
가장 재미있어서요. '다큐멘터리'가 꼭 저를 설명하는 단어면 좋겠어요.

감독이라는 단어는 참 여러 분야에서 쓰이잖아요. 다운 씨는 '감독'을 뭐라고 정의하고 싶어요?
너무 어려워요. 잘 모르겠어요. 어떤 분야의 대장 같은 느낌이기도 한데, 반드시 그런 것만은 아닌 것 같아요. 사실 감독이라는 단어와 제가 잘 맞는지도 모르겠어요.

그럼 본인을 감독이라고 소개하지 않아요?
캠코더 찍는 사람, 기록하는 사람, 촬영하는 사람… 보통 이런 식으로 이야기해요. 누군가 저를 감독이라고 부를

때 거부감이 드는 건 아닌데 묘하게 기분이 이상해요. "다운아." 혹은 "다운 씨." 하고 불러주는 게 훨씬 편해요.

그럼 오늘은 다운 씨라고 불러 볼게요. 말하는 동안 햇빛이 계속 눈앞에서 흔들리는데, 눈동자가 엄청 갈색이네요.
눈동자가 좀 밝죠. 근데 에디터님 눈동자도 그런걸요?

서로 눈동자를 빤히 쳐다보고 있으니 묘하네요(웃음). 어머니가 돌아가신 뒤에 영상을 찍기 시작했다고 알고 있어요.
저희 엄마는 위암 판정을 받고 악화 속도가 빨라 굉장히 일찍 돌아가셨어요. 돌아가시기 전 반년 동안은 제가 옆에 계속 붙어 있었는데요. 그때 이야기도 많이 나눴지만 솔직히 지금은 제가 엄마한테 무슨 얘기를 했는지 기억이 잘 안 나요. 이런 일을 겪고 나니까 모든 게 허무하더라고요. 근데 어느 날 엄마가 찍힌 영상을 봤는데 꼭 살아 있는 것 같았어요. 글도, 사진도 그렇지 않았는데 영상만큼은 엄마가 생생하게 느껴지더라고요. 그런 영상이 단 두 개밖에 없다는 게 아쉬워서 '이럴 줄 알았으면 더 많이 찍어놓을걸….' 후회도 했는데요. 문득 제 곁에 있는 소중한 친구들을 기록하는 게 남은 인생의 숙명이 아닐까 싶더라고요. 그래서 무작정 찍기 시작했어요. 친구들이랑 보내는 일상을 계속해서 기록해 나간 거죠. 쉬지 않고 찍다 보니 순식간에 자료가 쌓여서 윈도 무비 메이커로 조금씩 편집하면서 정리를 시작했어요. 이 파일들을 어디에 보관해야 하나 싶을 때쯤 유튜브를 알게 됐죠. 그땐 유튜브가 지금처럼 대중화되지 않았을 때여서 공짜로 차곡차곡 정리할 수 있는 플랫폼이 있다는 게 너무 좋았어요. 그때부터 유튜브에 영상을 올리기 시작했죠. 보통은 친구들이랑 노는 영상에 제가 즐겨 듣는 음악을 입히는 식이었는데, 특별한 걸 하는 것도 아니었어요. 다 같이 마포대교를 걷거나 집에서 춤추는 걸 찍었거든요. 그런 영상이 지금의 다큐멘터리로 발전한 거예요.

다운큐멘터리의 뿌리엔 엄마가 있는 셈이군요. 다운 씨한테 엄마는 어떤 존재였어요?
엄마를 생각하면 사랑받은 기억이랑 너무 무서웠던 기억이 같이 떠올라요. 저는 엄마를 좋아했어요. 고등학생 때까지 뽀뽀하고, 친구보다 엄마랑 보내는 시간이 훨씬 많았죠. 엄마는 저를 일찍 낳으셔서 생각이 열려 있고 이야기도 잘 통했어요. 제가 일본에서 공부하고 싶다고 할 때도, 모델이 되고 싶다 할 때도 편견 없이 제 이야기를 들어주셨어요. 한 번도 틀에 박힌 말을 하신 적이 없어요. 대신 예의범절에 어긋나는 행동을 하면 호되게 혼이 났어요. 회초리로

종아리를 때리셨죠. 저는 어릴 때 할아버지·할머니부터 육촌까지 함께 살았는데요. 그 누구도 제가 맞고 자라는 줄 몰랐대요. 혼나는 모습을 본 적이 없어서 '다운이가 착하게 크는구나.' 생각하셨다는 거 있죠(웃음)?

그런 엄격함도 애정에서 비롯되는 거라고 생각해요.
맞아요. 엄마는 제가 주도적으로 자라길 바랐어요. 학원을 보내거나 억지로 진로를 정하려고 하신 적도 없죠. 그리고 무엇보다 저는 엄마한테 진짜 멋이 무엇인지를 배웠어요. 졸업 사진 찍을 때 친구들이랑 옷을 사러 가기로 했는데 엄마가 그러시는 거예요. "라코스테 피케를 입는 게 진짜 멋있는 거다." 초등학생 땐 딸기 운동화를 갖고 싶다고 졸라도 나이키 코르테즈를 사주던 분이셨어요(웃음). 그땐

얼마 전 인스타그램에 초등학생 때 쓴 일기를 올렸죠. 초등학생 때 방송반에서 카메라를 담당했는데, 전혀 기억나지 않는다고(웃음).
제가 초등학생 때 전학을 가서 학교를 두 군데 다녔는데, 두 번 모두 방송반을 했더라고요. 기억이 전혀 안 나는데, 일기를 읽으니까 방송실에 들어간 기억이 나는 것도 같았어요. 근데 일기장엔 체육대회 날 영상을 찍었다거나 6밀리 캠코더로 촬영했단 내용이 있는데 그런 기억은 전혀 없어요. 읽으면서 엄청 신기하고 재미있었죠.

어릴 때부터 카메라와 가까이 지낸 셈인데, 다운큐멘터리를 시작하기 전까진 영상에 관심이 없었어요?

코르테즈가 얼마나 신기 싫었는지 몰라요. 그래도 그거 신고 맨날 1등 했어요. 어릴 때 육상부여서 달리기를 꽤 열심히 했거든요.

엄마가 정말 멋쟁이셨군요. 근데 다운 씨, 엄마 얘기를 하는 내내 눈이 웃고 있는 거 알아요(웃음)? 저는 '다운큐멘터리DQM'라는 이름이 참 좋아요. 한 번 들으면 찰싹 달라붙어 잊지 않는 이름이어서요.
이 이름은 인스타그램 계정을 만들면서 짓게 된 거예요. 다큐멘터리를 하겠다는 생각으로 이 이름, 저 이름 생각해 봤는데 다운큐멘터리가 제일 좋겠더라고요. 처음엔 'downqmentary'였어요. 근데 친구들이 'dawn'이 더 멋있다고 해서 2-3년 전에 'dawnqmentary'로 바꿨죠.

전혀요. 〈인간극장〉을 챙겨 보는 것 말고는 드라마나 영화에도 관심이 없었어요.

그럼 다큐멘터리가 내 업이 되었다는 걸 깨달은 순간이 있었겠네요.
이걸로 돈을 벌었을 때요. 마포대교에서 친구랑 노는 영상 올리던 시절인데, 아디다스에서 그 포맷 그대로 영상을 찍어달라고 연락이 왔어요. 그때 제안을 받고 '이걸로 돈을 벌 수 있으면 행복하겠다.'는 생각을 많이 했죠. 저는 책상에서 작업할 때 굉장히 산만해지는 편인데, 유일하게 영상을 편집할 땐 몇 시간, 며칠이고 앉아 있을 수 있어요. 마음에 들 때까지 해야겠다는 생각밖에 없거든요. 그래서 '영상이라면 잘할 수 있겠다.'는 생각이 들었어요.

그땐 이름을 알리기 전인데 어떻게 제안이 들어온 거예요?

계속 주변 사람을 찍다 보니까 여러 사람을 촬영하게 됐어요. 포토그래퍼나 보더도 있었죠. 그때 한창 언더그라운드에서 활동하는 사람들을 주목하던 시절이어서인지 제가 눈에 들어왔나 봐요. "로우파이 하게 촬영하는 애가 있는데, 짧은 다큐멘터리 같은 걸 찍어." 이런 대화가 오가지 않았을까요(웃음). 브랜드가 선정한 인플루언서를 촬영하는 내용이었는데, 그 당시 활동하는 힙스터 언니·오빠들을 찍는 게 재미있었어요. 디제이 360사운즈, 포토그래퍼 구영준 씨, 스튜디오 콘크리트 식구들도 있었어요. 잡지에서만 보던 사람들을 촬영하면서 궁금한 걸 물어볼 수도 있으니까 신기하면서도 긴장됐어요.

친구를 촬영하는 거랑은 다른 느낌이었겠어요.

엄청 달랐죠. 저는 지금도 촬영할 때 손이 흔들리면 흔들리는 대로 찍고, 앵글도 제 마음대로 정하면서 묻고 싶은 걸 막 질문하면서 찍거든요. 친구를 찍을 땐 반말로 이것저것 거침없이 얘기하는데, 그분들한테는 존댓말을 써야 했고, 질문 내용도 한 번씩 더 고민해야 했어요. '이런 걸 부탁해도 되나?' 싶어서요. 브랜드 영상엔 분명히 목적이 있거든요. 어디에 어떤 식으로 업로드된다는 걸 알고 있으니까 찍히는 사람들이 일단은 호의적이에요. 유대 관계가 깊은 사람을 촬영할 때의 내밀함은 없지만 그래도 제가 만날 수 없는 사람을 마주하고 알아가는 시간이었다고 생각해요.

어느 인터뷰에서 "픽션은 픽션 나름대로 재미와 멋이 있지만 픽션보다는 진실을 그대로 바라보고 제대로 말할 수 있는 아티스트가 되는 게 목표다."라고 했어요.

(웃음)머쓱하네요. 그때랑은 생각이 조금 바뀐 것 같아요. 작년에 영화 〈너와 나〉(2021)를 촬영하면서 뭐가 진짜고, 뭐가 가짜인지를 모르겠다는 생각을 많이 했어요. 제가 보는 게 정말 사실인지, 제가 경험한 게 진짜인지, 허상인지… 문득 아무것도 모르겠단 생각이 들더라고요. 그때 좀 허무주의에 빠지기도 했는데요. 제가 찍는 다큐가 그 사람의 진짜 모습인지, 아닌지도 의심이 되더라고요. 그런 생각들이 쌓이면서 바뀐 것 같아요. 〈너와 나〉를 찍으면서 픽션이라고 할지라도 만드는 사람들의 경험이나 성격이 투영된다는 걸 배웠거든요. 이런저런 일들을 겪으면서 사실과 픽션을 나누는 걸 이젠 못 하겠다는 생각이 들기 시작했어요.

예전에는 사실 쪽에 관심을 두었다면, 지금은 그 경계가 약간 허물어진 거네요.

맞아요.

그럼 지금은 작업하는 이야기가 픽션이어도 괜찮아요?

네. 완전요. 엄청 많이 바뀐 거죠. 그렇다고 해도 영화는 못 만들 것 같아요. 글을 잘 못 써서요(웃음). 그렇지만 영화 현장에서 함께하는 건 너무 좋아요.

그런데 또 다른 인터뷰에서 "다운큐멘터리는 어떤 대상을 주관대로 바라보고 마음껏 바꿔나가며 찍는 자기중심적인 작업"이라고 했죠. 이 이야기도 들어보고 싶어요.

처음 인물을 찍기 시작했을 땐 제가 굉장히 객관적으로 촬영한다고 생각했어요. 근데 찍다 보니까 알겠더라고요. 저는 제가 보고 싶은 걸 보고, 그걸 찍어요. 그 사람의 목소리가 마음에 들면 입술을 찍고, 조명이 반사되는 머리색이 아름다워 보이면 머리카락을 찍죠. 불안한 모습을 발견하면 까딱거리는 손가락을 찍기도 하고요. 찍는 순간부터 촬영은 완전히 주관적인 것 같다는 생각도 들어요. 편집할 땐 더 하죠. 제가 생각하는 대로 만들어가는 작업이니까요. 예컨대, 피사체가 조용하고 얌전한 사람이라고 생각했는데 찍다 보니 웃기고 유쾌한 사람인 거예요. 그럼 편집할 때도 후자 이미지로 편집하게 돼요. 그러니까 주관적일 수밖에 없는 거죠.

다큐멘터리는 편집과 거리가 멀다고 생각했는데 꼭 그렇지만도 않나 봐요.

그럼요. 마음만 먹으면 악마의 편집도 가능해요(웃음). 제가 하는 다큐멘터리는 간단하게 말하면 인물의 일상을 관찰하는 거잖아요. 근데 한 사람을 계속 찍다 보면 생각보다 마가 많이 떠요. 계속 대화를 나누고 연달아 사건이 발생하는 게 아니니까 틈이 생길 수밖에 없어요. 근데 저는 그럴 때조차 녹화 버튼을 안 꺼요. 그러다 보니 소스가 엄청나게 쌓이죠. 저는 한 사람당 테이프를 스무 개 정도 사용하는데, 그럼 스무 시간이거든요. 근데 이걸 20분짜리 영상으로 만드는 거니까 어떻게 자르고 이어 붙이느냐에 따라 이야기의 뉘앙스나 흐름이 바뀌어요. 편집과 밀접한 관계일 수밖에 없어요.

요즘엔 다들 영상을 즐겨 보는 것 같아요. 대중교통으로 이동하다 보면 거의 다 유튜브나 OTT 플랫폼으로 뭔가를 보고 있더라고요. 사람들은 왜 이야기가 있는 영상을 좋아할까요?

이야기들이 나와 닮아 있기 때문이 아닐까요? 사람들은 자기가 경험하는 것들에 확신을 가지고 살아요. 어떤 일들은 절대 나한테 일어나지 않을 거라 믿고, 반대로 저 일이 내게 일어날 것 같다고 생각하는 사람도 있고요. 이런 믿음 외에도 스쳐 지나가는 이야기가 너무나 많거든요.

그것들을 영상으로 경험하고, 또 나와 엮어가면서 자신이 살아 있다고 느끼는 것 같아요. 저는 이야기가 없으면 절대 아무것도 되지 않는다고 생각해요.

그럼 이야기가 없어지면 어떡해요?
이야기가 없어질 수 있을까요? 저에겐 저만의 이야기가 있고, 친구에겐 친구만의 이야기가 있어요. 저는 모르지만 친구는 아는 제 이야기도 있고요. 그런 것들을 엮어 나간다면 결코 이야기가 없어질 일은 없을 거예요. 그걸 깨닫고부터 저는 이 모든 일을 병적으로 적기 시작했어요. 거기서 새로운 아이디어가 떠오를 때도 많죠.

요새는 어떤 아이디어가 떠올랐어요?
얼마 전에 에디슨 송Edison Song의 뮤직비디오 작업을 하면서 두 여자가 나오는 영상을 만들었어요. 저는 항상 여자와 여자 이야기를 하고 싶었는데요. 억지로 이야기를 만들어내고 싶진 않아서 적절한 시기를 기다렸거든요. 근데 이번 작업을 준비할 때 갑자기 제 경험담이 떠오르더라고요. 예전에 포토그래퍼인 친구가 한 여성 디제이를 촬영하는데 그 친구를 안고 있는 등을 찍고 싶다는 이야기를 한 적이 있어요. 그때 제가 스스럼없이 옷을 다 벗고 촬영에 참여했거든요. 처음엔 별 느낌 없었는데 디제이와 제 몸의 생김새가 비슷하단 느낌이 들면서 몸이 점점 뜨거워지는 거예요. 둘 다 땀이 뚝뚝 떨어질 정도로 뜨거워졌고 묘한 기분이 들었죠. 그때 기억이 갑자기 떠올라서 이번 뮤직비디오는 동성과의 첫 스킨십을 떠올리면서 작업했어요. 저는 이런 식으로 제 경험을 작업에 연결해서 생각하는 편이에요. 백지에서 새로운 이야기를 만들어내기보다는 제 이야기, 혹은 제 친구들 이야기에서 아이디어를 뽑아내고 연결하는 식이죠.

그렇게 하나씩 끌어오다 보면 내 이야기가 바닥나는 순간도 있을 것 같아요.
(큰 목소리로) 아니요! 없어요.

으악, 깜짝이야(웃음).
제가 〈너와 나〉를 찍을 때 놀라운 우연을 많이 겪었어요. 사람과 사람 사이에서 이야기가 얼마나 끊임없이 엮여 나오는지 알게 된 경험이었죠. 한번은 혁오 공연 촬영으로 L.A.에 간 적이 있는데, 그때 촬영한 영상에 〈너와 나〉 스크립터 언니가 있는 거예요. 그 시절엔 전혀 모르던 사이였거든요. 언니는 L.A.에서 대학원을 다닐 때였는데, 혁오를 좋아하는 건 아니지만 한국 뮤지션이 공연하러 왔다니까 줄을 섰다가 제 카메라에 잡힌 거였어요. 서로

관계가 없을 때인데 이런 걸 이번 작품 하면서 하나둘 알게 됐어요. 너무 재미있지 않나요? 이런 이야기들을 시시콜콜하게 적다 보면 절대 이야기가 고갈될 일은 없어요.

그럼 타인과의 대화가 무척 중요하겠네요.
맞아요. 저는 사람들이랑 이야기하는 게 좋아요. 책 한두 장 읽는 것보다 사람이랑 대화할 때 배우는 게 더 많다고 느껴요. 물론 항상 그런 건 아니지만, 어떤 상황이든 궁금한 사람이 생기면 계속 말을 걸고 이야기를 듣고 싶어 해요.

그래서 인물 다큐멘터리를 고집하는 거군요. 그 뿌리는 사람을 향한 애정 같다는 생각도 들어요.
제가 하는 작업의 뿌리는 한 사람, 한 사람을 향한 사랑이에요. 개개인이 가치 있고 소중하다는 걸 알려주는 작업이니까요.

그럼 '정다운'보다 내가 촬영한 사람을 알리고 싶다는 마음이 더 커요?
그럼요. 촬영할 때 '재미있는 작업이 나와서 내 유튜브가 잘 됐으면 좋겠다.'보다 '이 사람이 나중에 결혼해서 아이 낳으면 애한테 보여줘야지.' 같은 생각을 훨씬 많이 해요. 혁오 멤버들한테도 "너네 자식들이 너네처럼 말썽 피우고 그럴 때 이 영상 다 보여줄 거야." 그런 이야기를 자주 하죠(웃음). 저는 언제든 다 같이 모여서 쉽게 볼 수 있는 것들을 찍고 싶어요.

혁오 다큐멘터리는 정말 오랫동안 찍어오고 있죠. 다운 씨를 세상에 알리는 발판이 되기도 했는데, 어떻게 만난 사이예요?
친구들만 촬영하다가 처음으로 친구가 아닌 사람에게 연락이 왔어요. 그게 혁오의 '오혁'이죠. 밴드를 하고 있는데 간단하게 촬영 좀 해주면 좋겠다는 거예요. 근데 처음엔 비주얼에 압도당했고 좀 무서웠어요(웃음). 긴장한 채로 첫 촬영을 갔는데 공연장에 사람도 얼마 없고⋯. 이번 주만 촬영해 봐야겠다, 싶었는데 그다음 주에 신기하게도 공연장이 꽉 차는 거예요. 사실 혁오 노래가 제 취향은 아니었거든요. 근데 촬영하다 보니까 노래가 좋게 들리고, 멤버들이 귀엽게 느껴지더라고요. 좋은 사람이라는 걸 조금씩 알게 돼서 '조금만 더 찍어볼까.' 하고 그다음 주로, '조금만 더 찍어볼까.' 하고 또 다음 주로 넘어가다가 어느 날 〈무한도전〉에 나간다고 해서 '더 찍어보자.' 하면서 지금까지 찍어오고 있어요. 벌써 7년이 넘어가는 작업이네요.

작업해 오면서 많은 게 바뀌었고, 또 바뀔 테지만
그럼에도 지키고 싶은 게 있다면 무엇이에요?
누굴 찍든 털털하게 다가가는 스타일이라 상대가 원치
않을 때 깊숙하게 들어가는 걸 경계하려고 해요. 밝히고
싶지 않은 모습이 있을 텐데 그걸 알아채지 못하고
집요하게 찍는다든지… 그런 실수를 주의하려고 하죠.
한 사람을 촬영하다 보면 그 사람과 관계된 사람들이
자연스럽게 영상에 등장하는데요. 그 관계를 제가 다
파악할 수 없으니까 그런 점도 많이 생각하게 돼요.

찍지 말아 달라고 하지 않는 이상 알아채기는 어려울 것
같기도 해요.
근데, 잘 살피면 느껴져요. 다큐멘터리라는 게 계속 그

최근 관찰한 것 중에 흥미로운 거 있었어요?
나무요. 저랑 가까운 친구들이 나무를 엄청나게
좋아하는데, 친구들 덕분에 나무도 관찰하게 됐죠. 그
친구들은 나무의 감정이랑 호흡까지 느낀대요. 저는 아직
거기까진 어렵지만 친구들처럼 되기를 기대하면서 나무에
대한 책이나 나무 자체를 유심히 보고 있어요.

다운 씨는 이야기가 인간에게만 있다고 생각하진 않는
것 같은데, 인물에 집중해서 다큐멘터리를 찍는 이유는
뭐예요?
자극적이어서요. 저는 고자극을 굉장히 즐기는 사람인데,
아마 성질이 급하고 반응이 빠른 편이라 더 그런 것
같아요.

사람의 일상을 쫓는 거다 보니까 사람과 상황, 그리고
감정을 관찰하게 되거든요. 그럼 아주 작은 지점까지도
느껴져요. 특히 저는 관찰도, 질문도 좋아하니까 좀더
알아채기 쉬운 것도 같고요. 물론 그러기 위해서는 계속
관심을 가지고 지켜봐야겠죠.

사람이 아닌 것도 관찰하곤 해요?
네. 직접 소통할 순 없지만 반응을 기대할 수는 있거든요.
식물 키우는 걸 생각해 보세요. 관심을 얼마나 주느냐에
따라, 필요한 영양분을 적시에 주느냐에 따라 성장이
달라지잖아요. 돌이라고 해도 그걸 쓰다듬느냐 발로
차느냐에 따라 반응이 달라질 거고요. 저는 무생물한테도
반응을 얻을 수 있다고 생각해요.

고자극이라는 게 유혈이 낭자하는 그런 건 아니죠?
아니죠(웃음). 저는 친구들과 있을 때면 꽤 하이텐션이에요.
함께 걸어 다니거나 뭔가를 먹을 때 제 텐션에 친구들이
맞춰주는 게 고자극처럼 느껴져요. 제 빠른 반응이나 급한
성격, 하이텐션을 함께해 줄 때 일어나는 자극인 거죠.

결국 인간과의 유대와 사랑인 셈이네요. 인간을 계속
사랑의 시선으로 볼 수 있는 원동력은 무엇이에요?
사랑이요.

사랑의 원동력은 사랑이다…. 근데 촬영하는 대상이
지인이 아닐 때도 있잖아요. 그럴 땐 어디에서 사랑을
찾아요?

그 사람이 가진 사랑을 찾으려고 해요. 제가 그 인물을
사랑하는 게 아니라, 그 사람이 가지고 있는 사랑을
보려고 하죠. 어떤 걸 소중하게 생각하는지, 어떤 걸 다른
사람과 나누고 싶어 하는지. 자신이 무언갈 사랑하게
되면 그걸 타인과 나누고 싶어 하는 게 인간의 본능이라고
생각하거든요. 그걸 발견하는 게 좋아요.

**다큐멘터리는 각본이 없는 장르니까 오히려 더
계획적으로 생각해야 할 것 같아요.**
저는 전혀 그렇지 않은걸요(웃음).

일기장 쌓아온 걸 보면서 계획적일 거라 생각했는데.
전혀 아니에요. 오히려 그래서 촬영하는 데 도움이
많이 돼요. 카메라를 들고 누군가의 일거수일투족을
촬영하다 보면 예상치 못한 사건 사고 정말 많거든요.
갑자기 다리가 아플 수도 있고, 누군가 찾아오기도 해요.
다큐멘터리는 상황을 연출하거나 시나리오를 만들 수 있는
장르가 아니니까 돌발 상황이 정말 많아요.

그럼 당황하지도 않아요?
엄청 당황하죠. 누군가 다치거나 아픈 상황을 촬영한 적도
있는데 이 모든 게 돌발적이기 때문에 막상 닥치면 되게
당황스러워요. 이 외에도 자잘한 상황은 많죠. 사람들이
커피를 얼마나 많이 쏟는지 아세요(웃음)? 아이스크림이
옷에 흐르는 경우는 또 얼마나 많은데요.

**사람뿐만 아니라 상황도 이해하기 어려울 때가 있을 것
같아요.**
한때 친구들 사이에서 이런 이야기가 주요 화두로 오른
적이 있어요. "누군가를 이해하는 게 가능하다고 생각해?"
그때 '이해할 수 있다.'와 '그럴 수 없다.'로 나뉘었는데,
저는 그럴 수 없다는 쪽이었어요. 나 자신을 버리지 않는
이상 불가능하다고 생각하거든요.

**음, 그럼 다큐멘터리를 찍는 중에 피사체를 이해할 수
없게 되면 어떡해요?**
애초에 이해를 안 하려고 해요. 사람도, 상황도 기록하는
데만 집중해요. 그러다 보면 어느 순간 인물이 이해가
되는 것 같다는 생각이 들 때가 있어요. 왜냐하면 촬영할
땐 자의식을 완전히 없애고 인물에게만 집중하거든요.
그러니까 비교적 이해할 준비가 된 상태라고 할 수 있죠.
그런데도 이해할 수 없는 행동을 한다면 그냥 녹화만
하는 거예요. 기록만 하는 거죠. 그런데, 이해할 수 없는
장면은 제가 편집하면서 도려내지 않을까요? 어디까지나
주관적인 작업이니까요.

**애초에 사람을 이해할 수 없다고 생각한다면, 누군가를
이해할 수 없는 상황이 큰 스트레스는 아니겠네요.**
네. 왜냐하면 모든 상황엔 무조건 이유가 있다고
생각하거든요. 만약 제가 어떤 사람 때문에 버스를
놓쳤다면 무조건 이유가 있을 거고, 그 버스를 못 탄
상황으로 또 다른 이야기가 생겨날 거예요. 누군가 제게
이해할 수 없는 행동을 한 데에도 이유가 있을 거라
생각하고, 거기서 또 다른 이야기가 생겨난다 믿고요.
사람마다 다사다난한 시기가 있잖아요. 그런 시절에도
무조건 이유가 있다고 생각해요. 얼마 전에 울산 본가가
태풍으로 무너졌거든요. 온 가족이 고생했는데, 그때도
이유가 있다고 생각하면서 버텼어요. 아빠랑 할머니랑
집을 고치면서 더 단단하게 만들 수 있어 다행이라고
생각하기도 했고요. 집 문제로 울산에 내려간 덕에 엄마도
만나고 돌아올 수 있었어요. 결혼 전에 식구들을 모두
만나 다행이라고 생각했죠. 모든 게 이유가 있어서 이렇게
흘러온 걸 거예요.

아, 맞아! 결혼 축하드려요!
고맙습니다(웃음). 결혼에도 이러저러한 이야기가
참 많아요. 지금 남자친구를 만나고 생각이 많이
바뀌었거든요. 이 친구가 저희 엄마랑 닮은 점이 참
많아요. 저는 엄마가 돌아가신 후에 친구들이 많으니까
외롭지 않게 지낼 수 있을 거라고 생각했어요. 그 생각을
의심해 본 적도 없고요. 근데 이 사람을 만나고 나니까
제가 엄마 빈자리 때문에 외로웠다는 걸 처음으로 느끼게
됐어요. 그렇다는 걸 알아가던 어느 날, 이 사람한테
물어봤어요. 앞으로 계속 저랑 잘 지낼 수 있겠냐고요.
그랬더니 당연하게 그럴 수 있다는 거예요. 처음
결혼하자는 말을 들었을 땐 싫다고 했는데요. 남자친구가
"그럼 결혼하지 말고 그냥 같이 살자."고 하는 순간 제
안의 청개구리가 발동하는 거예요. 고자극을 원하는
청개구리(웃음). 결국 마지막엔 제가 결혼하자고 했어요.
올해 3월부터 같이 살고 있는데 엄청 편해요. 정말 엄마랑
같이 지내는 것 같은 기분이에요.

예비 남편을 촬영하기도 해요?
많이 찍었어요. 엄청나게 아카이빙 되어 있죠(웃음).

어때요? 같이 사는 사람 찍는 거.
처음엔 어색했는데 지금은 괜찮아요. 결혼식 준비 과정도
찍고 있어서 꽤 촘촘한 아카이브가 될 것 같아요. 아이를
많이 낳고 싶어서 그 과정 역시 남겨 보려고 해요. 그러다
보면 찍고 싶은 게 또 많아지겠죠?

계속 이야기를 쫓아가는 거군요.
맞아요.

지금까지 우리가 나눈 이야기를 곱씹어 봤는데, 다운 씨가 말하는 다큐멘터리는 사실만을 이야기하는 장르는 아닌 것 같아요.
네. 저는… 아닌 것 같아요.

그러면 누군가의 진실을, 사실을 기록하는 건 가능한 일일까요?
아니요. 우리가, 또 제가 사실과 사실이 아닌 걸 구분할 수 있을까요? 지금 이 자리도 그래요. 우리가 만난 건 사실일 수 있지만 지금 우리가 하는 건 역할 놀이일 수도 있잖아요. 저 혼자 있을 때랑 에디터님이랑 이야기할 때, 친구랑 이야기할 때가 너무 달라서 제 모습도 어떤 게 진짜인지 잘 모르겠어요. 다른 에디터랑 만난다면 또 다른 이야기를 할지도 모르고요. 그러니까 제가 찍는 것 또한 사실이라고 절대 얘기할 수 없는 거죠.

그럼 나는 나의 사실을 구분할 수 있을까요?
아니요.

사실이라는 게 이 세상에 없을 수도 있겠네요.
네, 저는 그렇게 생각해요.

그렇게 생각하니 좀 무서워요.
그렇죠? 저는 가끔 제 기분을 정확하게 알고 싶을 때가 있어요. 그래서 분기마다 제 상태를 기록해요. 지금 제일 많이 드는 생각, 지금 제일 좋아하는 음악, 지금 제일 보고 싶은 사람…. 이 리스트를 무조건 정리하는데, 그렇게 작성해 놓아도 금세 또 바뀌어요. 쓰자마자 바뀔 때도 있고요.

생각할수록 묘하네요. 모든 게 픽션 같기도 하고요.
제 왼팔에 있는 나비 타투가 그런 생각을 담은 거기도 해요. 이게 '허상 나비'거든요. 라인으로 면이 채워져 있는데, 라인이 결코 연결되진 않아요.

타투가 많이 보이는데, 전부 붉은색이네요?
맞아요. 특별한 이유는 없어요. 첫 타투를 붉은색으로 해놓으니 그 뒤에도 붉은색으로 맞추게 되더라고요. 하나만 검은색인데, 이건 '엄마'라는 뜻이에요. 여기 (왼쪽 팔을 걷으며) 용 타투도 있어요(웃음). 아, 그리고 눈썹 위에 한 것도 타투예요. 붉은색 두 개요. 같은 곳에 대칭으로 찍었는데, 사실 눈 아래에 하고 싶었어요. 제 왼쪽 눈

바로 아래 붉은 점이 있는데, 오른쪽도 맞추고 싶어서요. 근데 타투이스트 친구가 컨디션이 안 좋다고 눈동자를 건드릴 것 같다면서 눈썹 위 똑같은 부분에 대칭으로 점을 찍어줬어요(웃음).

타투야말로 이야기가 있는 흔적 같아요. 많은 사람이 자기만의 이야기를 담는 것 같아서요. 다운 씨, 요새 재미있게 본 영상 있어요?
얼마 전에 〈카메라퍼슨Cameraperson〉(2016)이라는 영화를 봤는데 아주 인상 깊었어요. 여성 감독의 다큐멘터리인데요. 모든 장면을 파편처럼 편집한 게 특히 좋았어요. 아프리카 아이들이 춤추는 장면이 잠깐 나오다가 끊기고 블랙 화면에 날짜, 바람 부는 공간에 서 있는 엄마 뒷모습만 몇 초 보여주다가 끊기고 블랙 화면에 날짜, 뻥 뚫린 고속도로를 촬영하다 갑자기 번개가 치고 끊기고 블랙 화면에 날짜…. 이런 식으로 두 시간이 흘러가는데 넋을 놓고 봤어요. 이번에 '부산국제영화제'에서 상영한다고 해서 큰 스크린으로 다시 한번 보려고요.

다운 씨가 좋아하는 이야기는 기승전결이 뚜렷한 형태는 아닌 것 같아요.
전 사실 기승전결을 잘 몰라요. 어디서 사건이 터지고, 고조되고, 마무리되는지 전혀 집중하지 못하는 것 같아요. 이번에 장편 영화를 작업하면서 서사를 가까이서 지켜봤지만, 사건의 흐름보다는 인물의 행동에 좀더 관심을 갖게 돼요. 인물이 취하는 사랑스러운 이미지나 행동 같은 거요.

사람들은 다음 이야기가 궁금해서 드라마에 빠져들잖아요. 제작자는 일부러 더 궁금한 지점에서 끊기도 하고요.
저한텐 그게 너무 큰 스트레스라 무조건 결말을 알고 봐야 해요. 얼마 전엔 남자친구가 〈수리남〉을 보자고 하는데, 제발 결말이 어떻게 되는지 다 알고 보자고 졸라서 모든 내용을 검색해 보고 줄거리를 파악한 뒤에 보기 시작했어요. 그래야만 편하게 집중할 수 있거든요.

뭐가 불편한 걸까요?
궁금한 걸 못 참아서?

그럼 다운큐멘터리를 만들 때 궁금해지게 만드는 기법은 사용하지 않아요?
네. 제 작업도 여러 화로 구성되는 것들이 있는데요. 다음을 궁금하게 만들면서 끝을 내진 않아요. 그저 계속 보게

만드는 영상이길 바라면서 만들고 있죠. 제 작업은 마음이 따뜻해지는 기분 때문에 계속 보게 되는 영상이면 좋겠어요.

처음 다운큐멘터리를 볼 땐 '이게 뭐지?' 싶었거든요. 근데 나중엔 집중해서 보지 않아도 일하면서 틀어놓게 되더라고요. 더 보고 싶다는 마음과 계속 보게 되는 현상이 맞물리면서 끌 수가 없었어요.
최고의 칭찬이에요.

(웃음)작업할 때 뭘 가장 중요하게 생각해요?
감정이요. 찍히는 사람의 감정. 그게 좋든 나쁘든 카메라가 계속 따라가는 것 같아요.

카메라가 감정을 어떻게 따라가요?
예를 들어 엄청 슬픈 상황이면 자연스럽게 사람의 눈을 찍게 돼요. 눈을 따라가다 보면 그 사람이 뭔가를 응시하고 있다거나 뭔가를 만지고 있다는 걸 알게 돼요. 그럼 그 대상을 또 쫓아가는 거죠. 제 촬영 방식이 직관적인 것 같긴 해요. 저는 클로즈업을 굉장히 좋아하는데, 누군가 화가 났다면 화난 얼굴이 아니라 새빨개진 귀를 촬영하는 식이에요. 사람의 감정은 이런 작은 지점에서 특히 더 잘 드러나요. 슬플 때도, 화가 날 때도요. 물론 기쁠 땐 더 그렇고요.

다운 씨는 어떤 인물을 찍든 사랑을 찾아내는 것 같아요. 그 사람이 사랑하는 모습도 그렇고, 다운 씨가 그 사람을 좋아할 수밖에 없는 모습도 그렇고요.
부끄럽지만 맞는 것 같아요. 계속 그러고 싶고요.

그 사랑을 일상에서 찾아내는 게 특히 의미 있다고 생각해요.
그래서 일상을 의미 없다고 생각하지 않으려고 고집스러울 만큼 노력해요. 이를테면 을지로에서 재미있는 간판을 발견하면 무조건 찍어놓는 식이죠. 그거랑 다른 영상을 연결하면서 또 다른 이야기를 만들어낼 수 있으니까요.

끊이지 않는 이야기보따리네요.
네. 저는 그걸 계속 기록하고 싶어요.

본인의 삶을 다큐멘터리로 남기고 싶다고 생각해 본 적 있어요?
지금 하는 작업들이 전부 제 다큐멘터리인 것 같아요. 영상을 촬영하면서 제가 이야기를 너무 많이 하거든요. 웃기도 많이 웃고요. 제 다큐멘터리를 자주 본 사람들은 그 안에서 제가 보인대요(웃음). 제 목소리나 웃음이 나오는 것들만 모아 뭔가를 해봐도 재미있겠단 생각도 해요. 가끔 인물이 카메라를 빼앗아 들고 저를 찍는 경우도 있으니까 그런 것도 제 다큐멘터리 소스가 되겠죠.

다운 씨가 이렇게 이야기를 기록하는 힘은 어디에서 나와요?
사랑이요.

역시 애정이 있어야만 할 수 있는 일이겠죠?
그럼요. 싫은 사람을 기록할 순 없으니까요.

그럼 이야기를 기록하는 이상 계속 사랑을 가지고 살아가겠네요.
네!

다운은 느린 말투와 씩씩한 음성을 가졌다. 중강의 강도로 찬찬히 흘러가던 대화에 강의 중점이 찍히는 지점은 명확했다. 확신에 찬 목소리로 '사랑'을 외칠 때였다. 아이 같은 천진함으로, 누구보다 용감한 목소리로 사랑을 꼭꼭 눌러 발음하는 그 목소리를 들으며 이 사랑은 반드시 선한 곳을 향하리라고 믿었다. 다운의 갈색 눈동자를 보며 목소리에 귀 기울이던 나는 천천히 아래쪽으로 시선을 돌렸다. 사랑이 가장 많이 고여 있는 그곳으로.

"Suhyun!"

어디에나 있는 쓸모

손수현─배우

에디터 이주연
포토그래퍼 Hae Ran

수현의 목소리는 다소 낮고 단정하다. 자분자분 이야기하는 목소리에 귀를 기울이면 그사이에 깃든 배려가 들린다. 내 목소리가 무른 마음을 긁진 않을지, 내 이야기가 누군가를 울타리 바깥에 두진 않을지. 천천한 음성은 어쩌면 깊은 생각에서 비롯되는 것이 아닐까. 사려 깊은 수현의 이야기를 담은 《쓸데없는 짓이 어디 있나요》는 참 좋았고, 그와 대화하는 것은 더욱 좋았다.

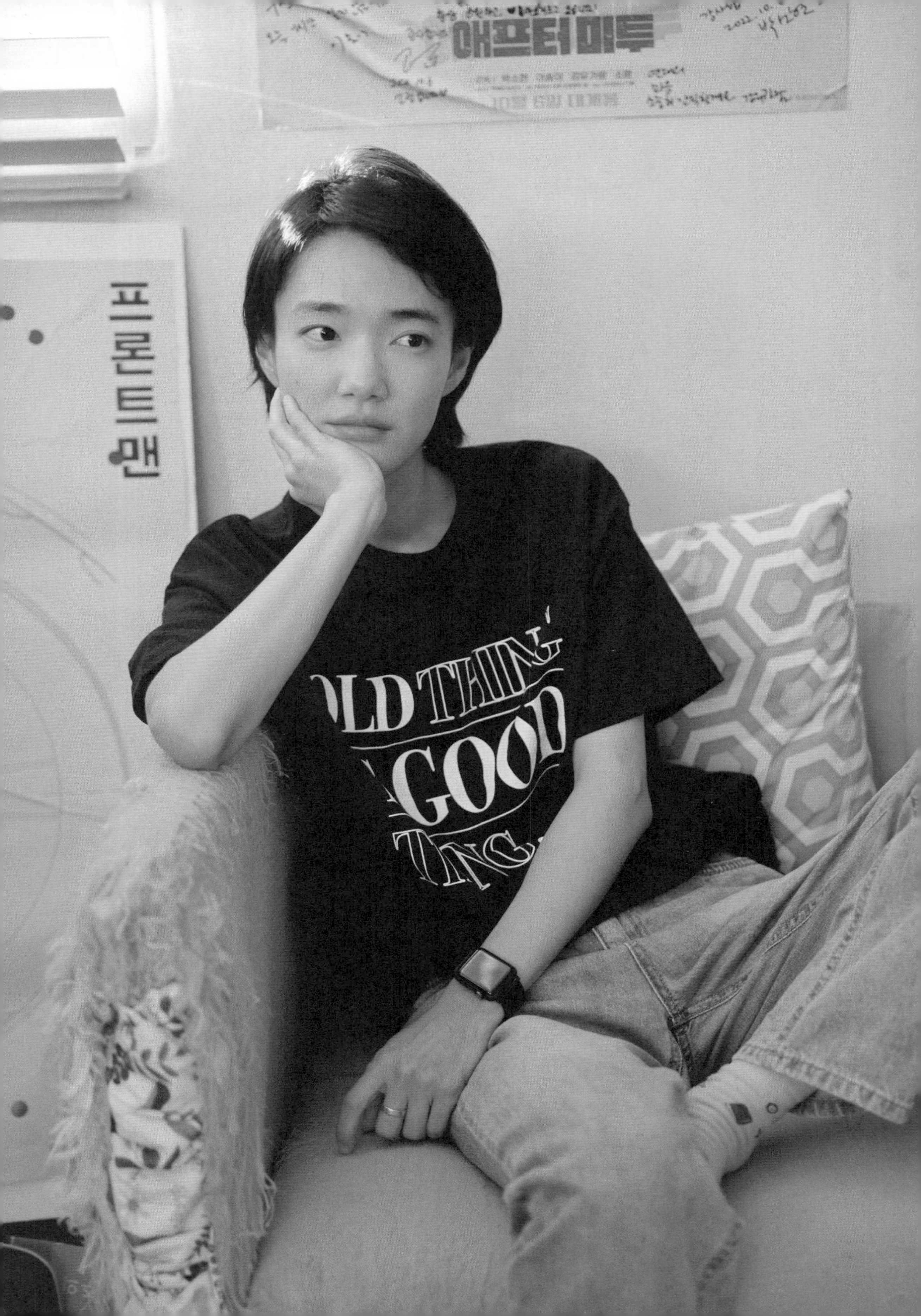
애프터 미투
프론트맨

다 의미 있다고 여기려고 하지만, 문득 무의미한 것 같다는 생각이 치고
들어올 때가 있어요. 허무함, 무력감… 그런 걸 견디며 의미를 찾아 나가는 게,
그렇게 살아가는 게 해야 할 일이란 생각을 유독 많이 했어요.

**집 안 곳곳에 볼거리가 정말 많아요. 이 고양이 엽서 너무
귀엽네요(웃음). 초대해 주셔서 고맙습니다.**
아, 그 엽서 저도 참 좋아해요. 온 세상 고양이가 다 그려진
것 같은 엽서죠. 집에서 인터뷰하는 게 처음이라 기분이
묘하네요. 여기서 사진을 찍다니(웃음). 만나서 반가워요.
연기하는 손수현입니다.

**많은 걸 하고 있는데 "연기하는 손수현"이라고
소개하는군요.**
다른 일들도 좋아하고 재미있게 하고 있지만, 연기를 가장
오래 하고 싶고, 또 잘하고 싶어요. 그래서 제 정체성은
연기하는 사람이라고 생각해요. 연기하게 된 사연은 꽤
긴데, 여러 계기로 자연스럽게 시작한 거여서 처음엔
연기하고 있다는 인식도 크게 없었어요. 그러다 처음
연기가 즐겁다고 느낀 건… 신승은 감독님과 단편 영화
작업을 하면서예요.

연기가 즐겁다는 건 어떤 기분이에요?
작품은 보통 감독이 시나리오를 쓰고 캐릭터를 만들어요.
배우는 시나리오를 읽으면서 감독이 만든 캐릭터를
자기만의 해석으로 구성해 나가죠. 신승은 감독님과
작업할 때 캐릭터를 바라보는 시선을 맞춰가는 과정이
특히 즐겁다고 느꼈어요. 제가 생각한 부분이 감독님
생각과 맞을 땐 통했다는 느낌이 들고, 다를 땐 차이를
조율해 나가는 게 좋았죠. 좀더 구체적으로 말하자면
왜 이 인물이 이런 말을 하고, 이런 행동을 하는지를
서로 이해시키는 작업인데요. 제가 감독님을 설득하고,
감독님께 설득당하면서 인물이 구체화되는 과정이
즐겁더라고요.

감독과 배우가 촘촘하게 캐릭터를 구성해 가는 거군요.
그렇죠. 시나리오 안에서 캐릭터의 일생을 모두 보여줄

수는 없으니까 보통 어떤 사건들을 통해 인물의 생애나
성격을 보여주잖아요. 시나리오에 다 표현되지 않은
수많은 부분을 상상하고 채워 나가는 게 연기인 것 같아요.
한 인물의 세계를 더 잘 전달하기 위해 고민하는 거죠.

**직접 시나리오를 쓰기도 하는데, 그건 인물을 넘어
하나의 세계를 만드는 거겠네요.**
연기할 땐 이 캐릭터가 왜 이렇게 생각하고 움직이는지를
집중적으로 생각한다면 시나리오를 쓸 땐 이 이야기가
말이 되게끔 설득력을 갖추는 데 좀더 집중해요. 그러기
위해서는 세부적인 장치들이 필요하죠. 연출가로서의 저는
한참 부족한 것 같아요(웃음). 경험이 얼마 없는 데다가
자주 주춤거리거든요. 정말 쓰고 싶은 이야기가 생길 때도
있는데, 시나리오로 옮기려고 할 때마다 '이거 괜찮나?'
하는 의문이 들어요.

연기할 땐 어때요?
음… 현장에 가기 전엔 캐릭터의 성격과 행동, 습관
같은 걸 나름대로 해석하고 확신이 서는 걸 중요하게
생각하는데요. 현장에서 그걸 어떻게 표현하는지, 어떻게
표현되는지가 관건인 것 같아요. 제 연기가 카메라에
그대로 잡히니까 객관적으로 보게 되는데, 제가 상상한
모습과 같을 때도 있고 다를 때도 있거든요. 그러니까 항상
확신이 선다고 하긴 어려운 것 같아요. 사실 늘 후회하는
편에 가까워요. '더 잘할 수 있는데…. 한 번만 더 해보고
싶다.' 하면서요. 그래도 계속해 나갈 수 있는 건 제가
신뢰하는 감독님이 "오케이!"를 외쳐주기 때문이에요. 그
목소리를 믿을 때 다음 신으로 넘어갈 수 있죠.

**맡은 인물을 어떻게 표현하느냐도 장르에 따라 다를
것 같아요. 수현 씨가 대중적으로 이름을 알린 건 대성의
뮤직비디오일 텐데요. 뮤직비디오랑 영화는 대사 유무도**

그렇고 여러모로 차이가 있을 것 같아요.

뮤직비디오도 어떻게 찍느냐에 따라 다를 거예요. 대사 없이 이미지로만 전개되는 것도 있고, 서사가 있는 뮤직비디오도 있으니까요. 사실 저는 어떤 장르든 이미지적으로 연기하는 게 부담이 덜해요. 공포 영화를 볼 때 음소거를 하면 무섭지 않다는 이야기가 있어요. 그만큼 사운드가 주는 힘이 엄청 크다는 이야기일 텐데요. 배우의 음성도 마찬가지예요. 이미지로만 전달하는 것과 음성으로 연기하는 건 무게감이 다르거든요. 이를테면, 가끔 현장 사운드를 사용하지 못하게 될 때 후시 녹음이라고 목소리만 따로 녹음하는 경우가 있거든요. 그럴 때 같은 대사여도 어떤 뉘앙스로 말하느냐에 따라 다른 감정이 느껴지게 돼요. 그 의미도 다르게 다가가고요. 음성 언어는 에너지가 크고 너무 직접적이어서 조심스러워요. 뉘앙스에 따라 의미가 달라지니까 고민이 더 많아지죠.

말투나 말씨 하나까지 체크해야 해서 좀더 복잡하다는 거군요. 캐릭터를 연기하는 건 수현 씨지만, 그 캐릭터를 만든 사람은 대개 감독이니까 좀더 생각이 많아질 것 같아요.

맞아요. 그래서 저는 만드는 사람들이 얼마나 서로를 믿느냐에 따라 작품의 성패가 좌우된다고 생각해요. 배우가 감독을 믿지 못하면 자기가 연기하는 캐릭터도 믿지 못하게 돼요. 감독과 배우가 캐릭터를 다르게 해석할 때도 그렇고요. 그런 상황에서 제가 감독님을 설득하지 못하거나 감독님 생각에 동의하지 못한다면 결국 확신이 없는 상태로 카메라 앞에 서게 돼요. 저한테 그건 정말 최악의 상황이에요. 신뢰라는 건 감독님뿐만 아니라 현장에 있는 모든 스태프에 해당하는 이야기일 거예요. 신뢰가 바탕이 되지 않으면 이해할 수 없는 것들이 너무 많으니까요. '저기 왜 저런 소품을 갖다 놨지?'부터 '나는 왜 이런 옷을 입고 있지?'까지, 모든 게 엉키게 될 거예요.

캐릭터를 믿는다는 건 어떤 느낌이에요?

연기하기 전에 감독님과 충분히 대화를 나누는데도 현장에서 의견이 틀어지는 경우가 있어요. 예를 들어, 제 해석으로는 이 캐릭터가 이번 신에서 절대 화를 낼 성격이 아니거든요. 근데 감독님은 지금이 화낼 타이밍이라고 생각하는 거죠. 이럴 때 제가 감독님을 설득하지 못하면 결국 화내는 연기를 해야만 해요. 캐릭터에 대한 감독님 해석을 납득하지 못한 채로요. 그런 연기는 불안할 수밖에 없어요.

어… 만일 그런 상황이 벌어진다면 앞선 연기까지 다 흔들릴 것 같아요.

맞아요. 하나씩 짚어보게 되죠. '이 장면에서 화낼 인물이라면 이전 장면에서 그런 행동을 안 했을 것 같은데.' 하면서요. 감독님이 오케이 했다는 걸 떠올리며 계속 연기해 나가려고 하지만 집중이 잘 안 돼요. 이게 맞는 건지 스스로 재차 질문하게 돼요.

제가 생각해 온 것보다 훨씬 더 큰 문제네요. 작품 전체가 뒤집히거나 앞뒤가 완전히 달라질 수도 있을 것 같아서요.

엄청 그렇죠. 제가 한 신에서만 연기를 잘 못해도 영화 전반이 흔들릴 수 있어요. 반대로 어느 한 신에서 굉장히 좋은 연기를 한다면 그 한 장면만으로도 영화가 탄탄해질 수도 있고요. 신과 신도 그렇지만, 사람과 사람, 캐릭터와 전개 모두가 섬세하게 연결돼 있는 거죠.

그런 의미에선 내가 만든 캐릭터를 직접 연기하는 게 가장 편할 수도 있겠어요.

맞아요. 제가 책임지면 되는 데다가 제가 제일 잘 아니까. 근데, 두 번 정도 그런 경험을 해봤는데, 너무 어려워요. 절대 쉽지 않아요. 여유와 자금이 충분히 보장된다면 어찌어찌해 볼 텐데, 그럴 만한 상황이 되지 않는 이상 정말 힘든 일이더라고요. 다시는 하지 않겠다 다짐할 정도였어요.

〈프리랜서〉(2020)가 그런 작품이었지요?

맞아요. 〈선풍기를 고치는 방법〉(2020)도 그랬는데, 제 마음대로 되는 게… 정말 아무것도 없더라고요.

지난 6월에 첫 단독 에세이 《쓸데없는 짓이 어디 있나요》를 출간했어요. "취미가 뭐예요?"라는 물음에 "그런 질문을 요즘 누가 하나" 싶었다길래 묻고 싶었어요. 취미가 뭐예요(웃음)?

그냥, 책 읽고, 영화 봐요(웃음). 아, 요즘 새로운 취미가 생겼어요. 풋살. 저는 취미라는 게 쉴 때, 스트레스를 풀고 싶을 때 하는 거라고 생각하거든요. 그래서 평생 운동을 안 좋아한다고 믿어온 제가 운동을 취미로 할 거라 생각해 본 적이 없는데요. 〈골 때리는 그녀들〉을 보면서 풋살을 해보고 싶단 생각이 들더라고요. 안 그래도 요즘 여성들이 그 프로그램 때문에 풋살을 많이 한다는데, 저도 풋살팀에서 공격수로 뛰어다니고 있어요. 아직 골 결정력이 없는 공격수죠(웃음). 마음으로는 공격을 잘하고 싶은데 뜻대로 잘 안 돼요. 정확히 말하자면 '어시 하는 미드필더'가 아닐까 싶어요. 한창 열심히 할 땐 일주일에 두세 번씩 뛰곤 했는데, 최근 서너 달은 바빠서 제대로 못 하다가 최근에야 다시 시작했어요. 죽을 뻔했죠. 너무 힘들어서(웃음). 새삼 축구 선수들이 대단하더라고요.

엄청나게 큰 운동장을 전후반 합쳐서 90분 풀타임으로
뛰는 거니까요.

**"죽을 뻔"하게 힘든데도 풋살을 취미로 삼는 이유가
뭐예요?**
다 잊게 해주니까요. 취미라는 게 많은 사람에게 그럴
거예요. 누구나 자기만의 일이 있지만, 아무리 의미 있다고
해도 가끔은 스위치를 끄고 싶을 때가 있잖아요. 반대로
좋아하지 않는 일을 하거나 해야만 해서 억지로 일하는
사람도 있을 거예요. 그런 사람들에게도 채워지지 않는
무언가를 충족해 줄 활동이 필요하지 않을까요? 저는
취미가 그런 거라고 생각해요.

**그럼 수현 씨는 〈골 때리는 그녀들〉을 어떤 이유로 보고
있어요?**
처음엔 순전히 재미로 봤는데, 풋살을 시작하고부터는
가볍게 볼 수가 없겠더라고요. '저 선수는 어떤 기술을
쓰지?', '어떻게 공간을 활용하면 더 잘할 수 있지?' 같은
생각을 하게 돼서요. 선수 관점으로 보려고 하는 건
아닌데, 풋살에 관심이 생기니까 자꾸 그런 쪽으로 보게
돼요.

같은 걸 봐도 내 상황에 따라 다르게 보이는 거군요.
맞아요. 자기감정이라든지 지금 처한 상황이라든지….

**풋살을 이야기하기 전에 '책 읽고 영화 보기'가 취미라고
하셨는데, 그건 이야기를 좋아한다는 의미 같기도 해요.**
많은 콘텐츠가 이야기를 담고 있죠. 우리가 이야기를 찾는
이유는 아마 다른 삶을 간접적으로 경험해 보고 싶어서일
것 같아요. 우리는 어쩌다 '나'로 태어나서 자기의 삶을
살아요. 마음먹는다고 해서 다른 사람이 되어볼 수가 없죠.
그걸 간접적으로나마 해볼 수 있는 가장 간편한 방식이
영화를 보거나 소설을 읽는 일 같아요. 물론 그냥 재미를
좋아서 보는 경우도 있겠죠. 이 외에도 분명히 많은 이유가
있을 거고요. 이렇듯, 이야기를 찾는 데는 다양한 이유가
있기 때문에 다양한 형식과 작품이 계속 생겨나는 것
같아요.

볼 때마다 달라지는 작품 있어요?
저는 한 번 본 작품은 다시 보지 않아요. 이미 내용을 다
알고 있잖아요.

정말요? 저는 봤던 작품만 다시 보는데.
역시 사람은 참 다양해요(웃음). 제 룸메이트가 그런
편이에요. 좋아하는 영화를 계속 다시 보더라고요. 처음
그 사실을 알았을 땐 참 신기했어요. 물론 저도 돌려 보는
경우는 있어요. 연기 때문에, 인터뷰를 준비해야 해서,
모더레이터를 하게 돼서…. 여러 번 보면 보이지 않던
게 보이기도 하죠. 하지만 아무리 좋았던 작품이어도
굳이 다시 보고 싶다는 생각은 잘 안 해요. 아, 생각해
보니 다시 본 작품이 있네요. 최근 몇 년은 크리스마스

즈음이면 〈나 홀로 집에〉(1990)를 챙겨 봤거든요. 아주 어릴 때 보고 최근에 다시 본 건데, 시각이 달라졌다는 게 느껴졌어요. 어릴 땐 어린아이 관점에서 케빈이 혼자 있는 게 너무 무섭겠다고만 생각했는데, 지금은 도둑들이 너무 아플 것 같다는 생각이 들어요. 물론 남의 집에 침입한 건 잘못이지만 그거랑 별개로 뾰족한 거에 찔리고 불에 데고… 얼마나 아플까요. 어릴 땐 케빈에게 감정이 이입된 거 같은데, 지금은 도둑의 통증도 생각하게 되는 게 재미있어요.

경험치에 따라 와닿는 지점이 다르겠단 생각도 들어요. 참, 수현 씨 생일이 특이하더라고요. 윤달 2월 29일에 태어나셨다고요.
맞아요. 근데 자각을 잘 못 해요. 어릴 땐 가족들이 2월 28일에 생일을 챙겨줬고, 지금은 친구들에게 2월 28일이랑 3월 1일 이틀을 축하받고 지내거든요. 그래서 특별한 감상은 없지만, 그래도 새해가 오면 가장 먼저 2월 달력을 펼쳐요. 윤달인지 확인하고는 '올해는 29일이 나타났구나!' 하면서 반가워하죠.

그럼 윤달이 아닌 해엔 SNS에 생일이 어떻게 표시돼요?
아무 표시도 없어요. 딱 2월 29일에만. 그래도 내년엔 오랜만에 제 생일이 돌아와요.

(달력을 본다.) 어? 아닌데요. 윤달은 내후년이에요. 2024년.
어? 그러네요. 이번엔 윤달이 왜 이렇게 먼 것 같죠(웃음).

계속 시야에 귀여운 생명체가 걸려서 시선이 바빠요(웃음). 고양이 세 마리와 함께 지내고 있죠. 소개해 주실래요?
첫째 슈짱, 둘째 앙꼬, 셋째 땅이에요. 아이들 나이는 매번 헷갈리는데, 첫째가 열셋, 둘째가 열 살, 셋째가… 벌써 네 살이네요. 셋은 성격도 다 달라요. 첫째는 아무래도 나이를 먹고 삶이 좀 능숙해졌어요. 사람이 와도 피하지도 않고 자기 자리를 지키고 있죠. 둘째랑 셋째는 겁이 많아요. 아마 오늘 제대로 얼굴 보기 힘드실 거예요. 둘째는 그래도 시간이 지나면 슬그머니 얼굴을 비추기도 하는데, 셋째는 절대로 나오지 않죠. 그래도 저한테 애교가 가장 많은 건 셋째고, 둘째는… 식탐이 정말 많아요. 오늘 아침 습식 캔 두 개를 땄는데, 둘째 혼자 한 캔 반을 먹고 나머지 반을 첫째랑 셋째가 나눠 먹었어요(웃음).

먹는 이야기 하니까 에세이에 "일어나서 첫 번째로 꼭 밥을 먹어야 한다."고 쓰신 게 생각나요. 오늘 뭐

드셨어요?
빨리 해치워야 할 표고버섯이 있어서 대파랑 달달 볶다가 다진 마늘을 넣어서 쌀밥이랑 같이 먹었어요. 비건 김치랑 비건 스팸도요. 요즘 풀무원에서 비건 식단이 많이 나오는데, 쏠쏠하게 애용하고 있어요. 점점 이런 선택지가 많아지는 게 좋더라고요.

집에 출연한 작품의 포스터나 스틸컷이 많이 붙어 있어요. 수현 씨 뒤엔 〈프론트맨〉(2020) 포스터가 걸려 있네요. 아쟁을 전공하는 고등학생 역할이었죠. 근데 실제로 아쟁을 전공하셨다고요.
맞아요. 요즘도 가끔 연주하고 싶단 생각이 들면 꺼내서 연습하곤 해요. 원래는 딴딴한 굳은살이 손 안쪽까지 박이는데, 연습을 안 하다 보니 손끝이 야들야들해졌어요. 요새는 30분만 연주해도 물집이 터지곤 하죠. 연기를 시작하면서 그만두었지만 여전히 아쟁 소리가 그리울 때가 있어요. 그럴 때 연주하거나 유튜브에서 아쟁 연주를 찾아보기도 해요. 같이 전공하던 친구들이 뭐 할까 궁금해서 검색해 보기도 하고요. 밴드에서 아쟁 파트를 맡아 연주하는 친구도 있고, 전자음악과 결합해서 연주하는 친구도 있고… 굉장히 다양한 방식으로 활동하더라고요.

〈프론트맨〉은 과거와 현재의 수현 씨가 합쳐진 작품이네요. 어땠어요?
고등학생 때 생각이 정말 많이 났어요. 그땐 지금과 다르게 경쟁심에 불타올랐거든요. 1등이어야 하고, 1등 하고 싶고, 내가 제일 잘했으면 싶고. 지금은 세상에 다양한 사람이 있다고 생각하니까 각자의 방식을 존중하며 지내는데, 그땐 입시 제도 안에 편입돼 있던 상황이라 압박이 심했어요. 친구랑 경쟁해야 한다는 게 큰 스트레스였죠. 제가 정말 좋아하는 친구가 있었는데, 그 친구랑 경쟁할 때 특히 심했어요. 이 친구한테 지면 분하고, 화나고, 약오르고, 슬펐거든요. 대학을 가려면 상을 타야 하고 선생님한테 인정도 받아야 하는데, 그 경쟁을 친구랑 하려니까 힘이 들었던 거죠. 그런 감정을 싸이월드 미니홈피 다이어리에 비공개로 막 털어놓곤 했어요. 지금 생각해 보면 친구가 상대적으로 무던해서 제가 더 분했던 것 같아요(웃음). 저는 바싹 약이 올라 있는데, 친구는 너무 덤덤했으니까요. 〈프론트맨〉도 비슷한 이야기예요. 물론 구조적으로는 성차별에 대한 영화인데, 두 여자 주인공이 아쟁을 잘하고 싶어 하는 모습이 나오거든요. 연기하면서 고등학생 때를 정말 많이 생각했어요. 아쟁을 오랫동안 해오면서 레슨비도 많이 들고 노력도 많이 했는데, 결국 안 하게 된 게

쓸데없는 짓이었나 싶은 적도 있었거든요. 근데 이걸로
연기를 하니까 전공하길 잘했다는 생각이 들더라고요. 책
제목처럼 쓸데없는 짓은 없구나 싶기도 했고요.

집에 티브이가 없다고 했어요. 휴대전화가 보편화되고
집 전화가 사라지는 것처럼, 요새는 티브이가 아니더라도
휴대폰이나 PC, 태블릿으로 영상을 접하게 됐지요.
맞아요. 저도 노트북이나 컴퓨터 모니터로 이것저것
보곤 하는데요. 요즘 계속 생기고 있는 OTT 플랫폼이나
유튜브 영상을 보면 '사람들이 여유가 없나 보다.'라는
생각을 많이 하게 돼요. 책을 펼쳐볼 여유가 없어서
영상으로 정보를 얻고, 이마저도 1.5배속, 2배속 기능을
사용해서 빠르게 보는 사람도 많아졌고요. 요즘은 작품
안에서의 호흡도 빨라진 것 같다는 생각이 들어요. 최근에
고전 영화를 한 편 봤는데 속도가 굉장히 느리더라고요.
롱테이크도 많고, 화면 전환도 느리고, 컷도 거의 쪼개지
않고 진행되고요. 물론 필름을 쓰던 시대여서 그런 면도
있겠지만, 사람들이 빠른 걸 원하게 되면서 지금은 영화도,
예능도, 드라마도 전부 빠르게 흘러가는 것 같아요.
이러다 점점 더 빨라져서 지금보다 빠른 세상이 오면 제가
할머니가 됐을 때 따라잡을 수 있을까요?

생각해 보면 케이블 채널이 없던 시절엔 드라마도 시간
맞춰서 본 방송을 봐야 했죠. 재방송 보려면 신문에서
편성표를 찾아봐야 했고요.
맞아요. 요즘은 OTT 플랫폼에 전편이 다 올라오니까
그런 수고를 들일 일이 전혀 없죠. 이런 빠른 흐름
때문에 요즘은 문해력이 떨어지는 사람들이 많아졌대요.
스마트폰을 스크롤 하면서 보다 보니까 글을 한 줄, 한 줄
읽지 않고 대각선으로 훑듯이 본다는 거예요. 결국 맥락을
제대로 파악하지 못하게 되는 거죠.

시간이 많이 흐르면 지금이랑 엄청 다른 무언가가 생겨
있을 것 같아요.
그땐 정말 못 따라갈 것 같아요. 최근에 엄마가 우쿨렐레
스트랩이 필요하다고 대신 구매를 부탁하신 적이 있어요.
온라인 쇼핑을 하려는데 입력할 게 너무 많으니까
힘드셨나 봐. 그걸 부탁하면서도 굉장히 미안해하시는
거예요. 사실 엄마가 미안해할 일이 아니잖아요. 그런 걸
보면 편리하자고 만든 시스템인데 모두에게 친절한 세상은
아닌 것 같단 생각도 들어요.

맞아요. 저희 엄마도 온라인 쇼핑이 어려우니까 URL을
손글씨로 한 자 한 자 옮겨 적어서는 저한테 구매를
부탁하신 적이 있어요. 상품 페이지니까 URL이 엄청

길더라고요.
어떻게요…. 정말 속상하셨을 것 같아요. 분명히 빨라지고
편해진 세상이지만, 모두를 위한 시스템이 필요한 시대인
것 같아요.

수현 씨 목소리는 참 침착하고 단정해요. 그런 목소리로
말해 주니까 안타까움이 마음에 와닿았어요. 그런데,
에세이에 "음성 언어를 잘 못한다. 사람들 앞에 나서서
음성으로 말을 할 바에야 텍스트로 전달하는 것이 훨씬
편안하다."고 쓰셨더라고요.
말하는 걸 싫어하는 건 아니에요. 오히려 말하기는
좋아하는데, 많은 사람 앞에서 정제되지 않은 말을 하는 게
부담스럽다고 하는 게 정확할 것 같아요. 자유롭게 말할
때 말에 무게가 생기는 게 두려운 거죠. 연기는 정제된
대사가 있고 저는 그걸 이야기하는 거니까 부담이 덜해요.
오늘 인터뷰도 한 번 정리가 될 걸 아니까 편하게 대화하고
있는데요. 많은 사람 앞에서 말했을 땐 제 말이 의도와
다르게 왜곡될지도 모른다는 게 좀 무서워요. 내 말이
다르게 가닿을 수도 있다는 두려움.

공감해요. 저는 글도 그래요. 몇 번이고 수정할 수 있는
글은 괜찮지만, 메신저는 빠르잖아요. 오늘도 이동하면서
급하게 메시지 보낼 일이 있었는데요. '혹시 내 뉘앙스가
잘못 읽혔으면 어떡하지?' 하고 걱정했어요.
맞아요. 저는 메일 보낼 때도 몇 번을 확인하고 고민해요.
"좋은 하루 보내세요."라고 써놓고 '오늘이 좋은 하루가
아니면 어떡하지….' 생각하고, "오늘 하루도 마무리 잘
하시고요." 해놓고 '하루가 아직 안 끝났으면 어떡하지?'
싶고요. 말이란 뭘까요? 가끔은 상대랑 뇌가 연결되면
좋겠어요. 제 생각이 고스란히 전달되게요.

이번 에세이를 쓸 땐 어땠어요?
계속 고치고, 수정하고, 고민하고, 생각하면서 썼어요.
제가 아무리 정제해도 의미는 해석하기 나름이어서
혹시 제 문장이 누구한테 상처를 주진 않을까 싶어서
걱정됐거든요.

그런 마음이 느껴졌어요. 많은 문장에서 누군가
소외되진 않을까, 배제되진 않을까 고민한 흔적이 보이는
것 같았어요.
정말요? 그렇게 읽혔다니 너무 다행이에요. 원고를
수백 번 읽고 고쳤어요. 누군가의 불안을 자극할까 봐
걱정되고, 단정 지을까 봐 고민하고. 여러모로 신경을 많이
썼어요.

책에 "내 앞에서 웃고 있는 사람이 뒤돌아서면 어떤 표정 어떤 생각을 할지 알 수 없다."는 말을 쓰셨잖아요. 그 구절을 찍어서 SNS에 올렸더니 사람들이 무슨 책이냐고 묻더라고요. 우리 모두가 느낄 수 있는 감정을 솔직히 꺼내놓았다는 생각이 들어요. 이런 감정을 나만 느끼는 게 아니구나 싶어서 위로도 되었고요.

사실 제가 책에 쓴 이야기가 다 시시한 이야기일 수도 있는데요. 이런 시시함이 누군가의 삶이라는 생각이 들었어요. 어쩌면 모두가 시시하게 살고 있지 않을까, 이런 시시함이 많아지면 좋겠다는 바람이 생기기도 했고요. 이런 후기를 들으니까 조금 마음이 놓여요. 책이 나오고 정말 기뻤지만, 어떻게 읽힐까에 대한 고민이 끊이질 않았거든요.

쓸데없는 일이 아닌가 싶거든요. 우리는 어차피 죽을 거고, 사라질 텐데, 이름을 알리고 성공하는 것이 과연 쓸 데 있는 일일까요? 하다못해 돈을 모으고, 집을 사는 것도요. 근데 그 기준을 자본에 두지 않으면 좀더 쓸모 있는 일이 많아져요. 좋아하는 친구랑 시간을 보내는 거, 고양이랑 하루를 시작하는 거… 모든 게 쓸 데 있는 일이 되니까요. 언젠가 사라지더라도, 사회적으로 인정받는 성공이 아니더라도 행복하다면 그것만으로도 쓸 데가 있다…고 생각하기 위해 엄청 노력해요. 요즘 여러가지가 쓸데없다는 생각이 자주 들었거든요.

왜요?
바쁜 일이 몰아치다 지나가니까 모든 게 허망하단

책 제목이 《쓸데없는 짓이 어디 있나요》잖아요. '쓸데없다'는 말은 참 부정적인데, 이건 사회가 정해놓은 기준 같아요. 성공하지 못하면, 그럴듯한 결과를 내지 못하면 쓸데없다고 생각하는 경향이 있는 것 같아서요. 수현 씨한테 쓸모의 기준을 묻고 싶어요.
관념적으로 이야기하자면 쓸모가 없다는 건 '없는 것'이에요. 존재하지 않는 거요. 지금 세계는 자본을 기준으로 쓸모를 구분하는 것 같아요. 사실 책을 쓰면서 '이거 너무 쓸데없는 얘기인가?'라는 생각을 많이 했어요. 이걸 누가 읽을까 싶기도 했고요. 그래서 제목이 이렇게 나온 건데, 어떻게 생각하느냐에 따라 달라질 것 같아요. 저는 그 기준을 자본에 두지 않으려고 해요. 만일 성공이나 빛나는 결과가 쓸모라면 사람이 태어나서 사는 것 자체가

생각이 들었어요. '내가 뭘 위해 이렇게 살지?'라는 생각을 하다가 '모두 왜 태어난 걸까?'라는 생각까지 가더라고요. 그 생각을 해소하기 위해 기타로 노래도 만들었어요. 근데 그것마저 쓸데없는 짓을 한 것 같단 생각이 들었죠. 요즘 제 삶의 분위기가 좀 그랬어요. 왜 그런가 곰곰이 생각해 봤는데, 복합적인 것 같아요. 뉴스를 봐도 안 좋은 이야기만 들리잖아요. 최근엔 신당역에서 일어난 살인 사건이 정말 괴롭고 화가 났어요. 영화제가 줄줄이 폐지되는 것도 그렇고요. '쓸모없는' 영화제라는 기사를 보고 문화예술을 뭐라고 생각하는 건가… 싶은 생각도 많이 들었죠. 이런 일들이 한꺼번에 겹치면서 화가 나는 상태인 것 같아요. 근데 저는 아무것도 할 수 없으니 무력감을 느껴요. 그러면서 이 세상이 만들어진

게 쓸모없다는 생각마저 들었던 것 같아요. 그렇지만…
쓸모를 찾기 위해 애쓰는 거예요.

쉽지는 않지만 '생겨난 이상 쓸모는 있다.'고 생각하려는 거네요.

네. 노력하는 거죠. 예컨대, 대기업에서 돈은 많이 벌지만
삶의 의미를 느끼지 못하는 사람도 있을 수 있잖아요.
세상의 기준으로 보면 그런 사람은 성공한 사람이에요.
근데 저처럼 프리랜서로 고정 수입 없이 살아가는 사람은
자본의 기준으론 인정받지 못하거든요. 제가 아무리
친구들이랑, 고양이랑 즐거운 시간을 보내도 저는 쓸모가
없어지는 거죠. 그래서 사회적인 성공이 아니더라도
의미 있는 삶은 많다고 생각하기 위해 노력하는 거예요.
자본에서 벗어나서 인정받을 수 있는 것이 많아지면
좋겠다는 생각이 자꾸 들어서요.

자본주의를 기준으로 삼아서 쓸모를 나누는 건 좀 폭력적이란 생각도 드네요. 사람마다 각자의 기준이 있을 테니까요.

맞아요. 제 직업도 그래요. 연예인은 보통 화려하고 돈도
많이 번다고 생각해요. 근데 그런 사람은 소수고, 대부분은
다른 일을 병행하면서 생계를 유지해요. 연예인도 똑같은
사람인데 유난히 연예인이 아르바이트를 한다고 하면 마치
생활고에 시달리는 게 신기한 일이라는 양 미디어에서
크게 다루잖아요. 배우도 뭔들 할 수 있는 사람이거든요.
직장인이 투잡 하는 건 이상하지 않은데, 연예인이라고
잣대가 생기는 게 부자연스럽다고 느꼈죠. 사람들이 이
직업을 좀더 평범하게 바라보면 좋겠어요. 누구든 자기가
할 수 있는 일을 유동적으로, 또 자유롭게 하는 세상이면
좋겠다는 거죠.

그런 시각을 위해 책에 아르바이트 이야기도 쓰신 거죠?

네. 고정 수입이 없으니까 종종 생계 유지를 위해 다른
일을 하기도 해요. 저는 베이비시터랑 택배 일을 했는데요.
운전하는 걸 좋아해서 택배 배달이 재미있더라고요.
지금은 주말에 카페에서 아르바이트를 하고 있어요.
연예인이라고 해서 부업이나 아르바이트를 하는 걸
자극적으로 이슈화하지 않으면 좋겠어요. 고정된 시선이나
잣대가 사라지길 바라니까 자꾸 원고를 솔직하게 쓰게
되더라고요.

지난해 키워드가 '관계'라고 하셨죠. "누군가 내 이름을 불러 주는 걸 좋아한다."고 쓰셨어요. 특히 "수현아."라며 다정하게 불러 주는 걸 좋아한다고요. 수현 씨는 누군가와 다정하게 관계 맺기를 바라는 것 같아요. 최근에 그런 경험

있었나요?

오늘이요. 다정함을 굉장히 많이 느꼈어요. 우리
고양이들에게 인사해 주시고 친절하게 말을 걸어
주셨잖아요. 다정함이란 말뿐만 아니라 풍기는 분위기도
포함하는 것 같아요. 커뮤니케이션은 꼭 음성 언어로만
하는 게 아니니까요. 바라보기, 경청하기… 그 모든 걸
포함했을 때 완성되는 것이고 저는 지금 다정함을 느껴요.
이런 기분은 특히 친구들이랑 있을 때 많이 느끼는데요.
고민을 진심으로 들어주고 걱정해 주는 마음이 전해지는
게 저한테는 곧 다정함이에요.

저도 오늘 무척 다정한 대화를 나눈 기분이에요. 올해는 어떤 키워드로 기록될 것 같아요?

'의미'요. 쓸모라는 건 다른 말로 의미 같아요. 다 의미
있다고 여기려고 하지만, 문득 무의미한 것 같다는 생각이
치고 들어올 때가 있어요. 누구에게나 그런 순간은 있을
것 같아요. 허무함, 무력감… 그런 걸 견디며 의미를 찾아
나가는 게, 그렇게 살아가는 게 해야 할 일이란 생각을
유독 많이 했어요.

올해 의미 있다고 느낀 일을 꼽아볼까요?

올 초에 친구가 강아지 여섯 마리를 구조했는데 같이
임시 보호하면서 다섯 마리를 입양 보냈어요. 전부 좋은
가족을 만난 게 가장 뜻깊은 일이었어요. 에너지가 넘치는
강아지들이라 임시 보호하는 게 사실 힘들었거든요.
근데 한 마리, 한 마리 보낼 때마다 벅차더라고요. 이제
딱 한 마리 '보들이'만 남았는데 올해 안에 보들이를
입양 보내는 게 목표예요. 사람들이 여전히 펫숍에서
강아지를 사고팔고 있어요. 입양하는 사람은 8퍼센트에
그친다더라고요. 불법 상업 행위가 이제는 사라졌으면
좋겠어요. 보들이는 에너지가 넘치는 어린 강아지라
몸 쓰는 걸 좋아하는데요. 머리를 쓰는 멋진 강아지가
되려고 지금 학교에 입학해서 교육도 받고 있어요. "앉아.
서." 하는 훈련이 아니라, 무작정 몸만 이용하는 게 아닌
머리로 대화하는 법을 배우는 교육이죠. 정말 순하고 착한
아이인데, 보들이가 올해 안에 꼭 새로운 가족을 만나면
좋겠어요. 이런 의미 있는 일도 제가 살아 있기 때문에
할 수 있는 거겠죠? 그러니까 내년도, 후년도 이렇게
의미를 찾으면서 살아가고 싶어요. 마지막으로 한마디만
남길게요. 강아지는 꼭 사지 말고 입양하세요!

《쓸데없는 짓이 어디 있나요》에 수현은 손글씨로 이렇게
적었다. "'쓸데없는 짓은 없다'라는 믿음이 마냥 막연하지
않은 이유는 걷기 때문"이라고. 사려 깊은 수현과 함께
발맞춰 걷고 싶다. 가끔 다정하게 이름을 부르면서.

다정한 소우주와 웰컴 드링크

몬구—뮤지션·유승연—영상 감독

에디터 이주연

포토그래퍼 Hae Ran

지구를 살아가는, 지구를 사랑하는 두 지구인이 그려낸 우주의 여름밤이 있다. 그 밤 안엔 춤추듯 걷는 두 아웃사이더가 있고, 나는 이 괴짜들의 표정을 사랑한다. 한 손엔 결코 끊이지 않을 음악을, 또 다른 손엔 보이지 않는 잔을 쥐고 걷는 그들. 이건, '한 잔만 더 마시고 우리 이 우주를 걷자' 뮤직비디오에 관한 이야기다.

참 귀여운 공간이에요. 두 면만 노란색인 벽도, 커다란 초록색 레터링도, 구석구석 숨어 있는 소품이나 키보드 색깔까지도요. 문 앞에 '초중고 스튜디오'라는 스티커가 붙어 있던데, 공간 소개부터 해볼까요?

승연 여긴 문래동에 있는 제 작업실이에요. 2년 정도 사용했는데, 최근 들어 동네 분위기가 부쩍 많이 바뀌었어요. 음악 소리도 크게 들리고 오래된 작업장들 사이에 밤늦게까지 여는 술집이나 스티커 사진 가게 같은 게 생기고 있죠. 초중고 스튜디오는 이 공간에 있는 모든 게 중고로만 채워져 있어서 붙인 이름이에요. 컴퓨터 말고는 중고가 아닌 게 하나도 없거든요. 어느 날 문득, 더는 지구에 짐을 늘리면 안 된다는 생각이 들어 전부 당근마켓으로 저렴하게 구입했어요. 테이블, 의자, 소파, 브라운관, 작은 소품들, 기타와 거울까지도요. 이케아 선반 2만 원, 테이블이랑 의자 네 개 세트 2만 5천 원(웃음).

그래서 초중고였다니, 지구도 이 공간을 좋아할 것 같아요. 이번엔 두 분 소개를 들어볼까요?

몬구 저는 음악 하는 사람 몬구예요. 최근에 [장르는 여름밤]이라는 앨범을 발매하면서 동명의 에세이를 출간했어요.

승연 영상을 매개로 이야기를 즐겁게 확산시키는 필름 메이커 유승연이라고 해요. 보통 카메라 뒤에 서지만 앞에 서는 것도 좋아하는 사람이죠. 영화 〈낙서〉(2018)와 〈할리보다 좋은〉(2022) 연출을 맡았고, 유튜브 '일린 밀기'를 운영하고 있어요. 밀린 일기 아니고 일린 밀기(웃음).

여태까지 '밀린 일기'로 알고 있었는데(웃음). 두 분 다 활동명을 따로 두고 있죠. '유스영Youth Young'과 '몬구'.

승연 유승연이라는 이름이 평범하게 느껴져서 이리저리 변형하다 만들어진 이름인데, 유스Youth와 영Young의 조합이 꽤 좋아서 사용하게 됐어요. 할머니가 되었을 때 사람들이 '왜 노인이 젊은 척하지?'라고 생각하진 않을까 싶기도 했는데요. 금세 생각이 바뀌었어요. 오히려 할머니가 됐을 때 더 멋진 이름이 될 것 같아서요.

몬구 저도 할아버지가 되어서도 몬구라 불리고 싶어요. 이 이름은 밴드 '몽구스'를 할 때 몽구스니까 '몽구'가 필요하지 않겠느냔 회사 의견에 따라 만든 이름인데, 이미 몽구로 활동하는 분들이 있어서 '몬구'라 바꿔서 활동하게 됐어요. 그러다 지금은 제 이름처럼 굳어졌죠. 몬구 님, 몬구 씨 말고 언제나 몬구로 불리고 싶어요. 할아버지가 되어서도 꼬맹이들이 "몬구!" 하고 불러주면 좋겠어요.

오늘은 뮤직비디오라는 연결고리로 만나게 됐어요. 몬구의 '한 잔만 더 마시고 우리 이 우주를 걷자' 뮤직비디오를 승연 씨가 제작했죠. 어떻게 닿은 인연이에요?

몬구 작년에 순이우주로의 '푸른불나방' 뮤직비디오를 보고 흠뻑 빠져서 순이우주로 멤버에게 감독님 연락처를 물어봤어요. 올해 4월 처음 이 자리에서 만났고, 오늘이 네 번째 만남이네요.

승연 사실 저는 고등학생 때부터 몬구를 알고 있었어요. 2015년 즈음부터 페이스북 친구였거든요.

몬구 네?

승연 친구 신청을 했는데 바로 받아주시더라고요(웃음).

몬구는 승연 씨 작업의 어떤 점이 특히 마음에 들었어요?

몬구 '이 사람 뭐지? 왜 내 취향을 다 알고 있지?' 이런 영상을 만들어내는 사람이라면 제 이번 앨범 테마인 여름밤 느낌도 잘 구현해 낼 것 같았어요. 농담이지만, 할 수 있다면 '푸른불나방' 뮤직비디오를 그대로 제 노래에 쓰고 싶을 정도로 좋았거든요. '한 잔만 더 마시고 우리 이 우주를 걷자'를 작업하면서 음악을 처음 만들던 시절을 많이 떠올렸어요. 스무 살 때 만든 곡들 분위기가 있어서 그런 것 같은데, 그 느낌이 소중해서 어떤 방식으로든 기록하고 싶었죠. 방식을 고민하던 찰나 '푸른불나방' 뮤직비디오를 보고 머릿속에서 스파크가 팍 튀었어요. 이 감독님 영상이면 좋겠다는 생각이 든 거죠.

승연 몬구는 제가 처음 만나보는 유형의 클라이언트였어요. "감독님이 하고 싶은 거 다 해주세요."가 요청 사항의 전부였거든요. 그래서 일단은 몬구가 하는 이야기를 적어보기 시작했어요.

어떤 이야기들이 나왔어요?

승연 (노트를 펼친다.) '함께'라는 게 가장 큰 키워드였어요. '한 잔이 꼭 술이 아니다.'라는 이야기도 했죠. '스무 살', '여름밤', '그땐 모든 걸 다 가진 것 같았다.', '내가 그때 갖고 있던 건 어찌 보면 싸구려지만 밝게 빛나는 것들이었다.'

몬구 처음 만나는 자리에서 제가 정말 많은 걸 이야기했네요(웃음). 첫 미팅 날 감독님이 이 곡을 듣고 "아웃사이더랄까, 부적응하는 사람들의 마음이 느껴졌어요. 어딘가에서 도망치는 듯한 느낌도 들었고요."라는 말을 해주신 게 기억에 남아요. 그게 맞다고 생각했거든요. 이 곡의 주인공들은 현실에 완전히 밀착해서 살아가는 사람들은 아니라고 생각해요. 그들은 어떤 면에서 괴짜고, 아웃사이더일 거예요. 그래서 외로운 사람들일 거고요. 노랫말을 따라가다 보면 '우주 끝까지

두 사람만 있을 때까지 걷는다.'는 스토리가 읽히거든요. 외로운 사람 둘이 의지하면서 우주 끝까지 걸어가는 거죠. 그 끝에 서서 "여름을 춤추자"고 하고요. 이 뮤직비디오는 특히 마지막 가사를 잘 살린 작업이라고 생각해요.

마지막 가사가 정확히 "우주의 끝에 서서 우리 여름을 춤추자"죠.

몬구 맞아요. 사실 처음엔 '여름을 춤추자'가 아니었어요. 1절과 2절은 "한 잔만 더 마시고 우리 이 우주를 걷자"로 끝이 나거든요. 그러다 3절에선 우주는 그만 걷고 우리 한잔하러 가자는 내용으로 마무리했는데요. 감독님이 "곡은 팽창하고 있는데 노랫말은 여기서 멈춰버리는 느낌"이라고 하시더라고요. 그 말을 듣고 머리에서 뭔가 '뎅' 하고 울렸어요. 고민하다가 "여름을 춤추자"로 바꾸고 녹음도 새로 했어요.

무척 중요한 피드백이었네요. 그 문장이 곧 뮤직비디오의 표정이 된 거니까요. 두 분은 이번 작업에 어떤 이야기가 들어 있다고 생각해요?

몬구 여름밤, 반짝이는 추억과 기억, 그리고 그 공기가 그대로 들어가 있어요. 이 모든 요소가 영상 곳곳에서 흔들리고, 그 속에서 두 사람이 이야기를 건네죠.

승연 저는 만든 사람이어서 그런지 이런 이야기들이 궁금해요. 에디터님은 어땠어요?

가장 먼저 떠오르는 키워드는 '함께'예요. 처음엔 혼자 음악을 듣는데 한 명이 나타나면서 둘이 이야기를 같이 만들어 가잖아요. 그다음 키워드를 꼽자면 '아날로그'. 줄 이어폰으로 카세트테이프를 듣는 게 이 시대에 흔한 장면은 아니니까요. 과거의 경험일 거라 생각했고, 그 좋았던 기억이 지금까지 힘이 되는 이야기가 아닐까 생각했어요.

승연 뮤직비디오 로그라인은 뚜렷해요. '주위에 아무도 없다고 생각했을 때 유일하게 음악만이 곁에 있었다.' 교복을 입은 주인공이 음악을 듣기 시작할 때 한 사람이 나타나요. 설정상으로는 음악 안에서 튀어나온 가상의 인물이에요. 사실 제 경험이기도 한데, 10대 후반에 혼란스럽고 힘들 때마다 음악을 들으면서 이겨냈거든요. 그래서 음악을 의인화한 거죠. 음악과 함께하면서 답답함을 깨뜨리고 자유로워지는 이야기를 담고자 했어요. 학생에겐 금기되어 있는 새벽 탈출이라든지, 갇혀 있던 나를 해방시키고 음악과 연결되는 경험 같은 거요. 마지막 장면에선 주인공이 음악을 들으면서 잠드는데요. 해석하기 나름일 텐데, 둘이 함께한 시간이 상상일 수도 꿈일 수도 있다는 걸 넌지시 알리고 싶었어요. 또 다른 우주에서는

음악과 친구가 되는 게 가능하다는 걸 보여주고도 싶었고요. 하지만 이건 제 연출일 뿐 정답은 아니에요. 그래서 섣불리 제 견해를 밝히는 걸 주의하려고 해요. 제가 '이 사람은 사실 가상 인물이다.'라고 단언해 버리면 다양한 해석을 막게 되니까요. 이 이야기를 우정이나 사랑으로 보는 분도 있었는데요. 저는 그런 해석을 듣는 게 흥미로워요. 영상은 그래서 재미있는 것 같아요. 모두의 해석이 다를 수 있다는 점 때문에요.

저는 책가방을 열어서 책이랑 노트를 탈탈탈 쏟아내는 장면이 특히 좋았어요. 이 장면을 비롯해서 학생의 표본에서 벗어나려는 흐름을 여러 장면에서 읽었는데, 그런 시도가 전체적으로 아날로그를 향해 있는 듯해요.

승연 언젠가부터 뉴트로라는 단어가 대두되면서 아날로그의 표면적인 것만 재현하려는 시도들이 이어지는 것 같아요. 그런데 저는 그걸 따라가고 싶지는 않더라고요. 음악이라는 걸 곰곰이 생각해 보니 역시 제 경험이 떠올랐는데요. 초등학교 3학년 때 mp3 같은 것도 없어서 컴퓨터로 듣고 싶은 음악을 재생하고 그걸 녹음기로 녹음해서 들었거든요. 그게 제가 음악과 연결된 첫 순간이니까 뮤직비디오에서도 녹음기를 사용해야겠다 싶었어요. 영상에 나오는 기기도 제가 실제로 쓰던 녹음기예요. 얼마 전에 재생해 보니 오빠랑 떠들던 목소리가 녹음돼 있더라고요. "아 치과 가기 싫어!" 이런 거요(웃음).

아날로그 요소들은 몬구랑도 닿아 있죠. 휴대폰 메모장 대신 작은 노트에 메모하는 사람이고, 첫 앨범을 컴퓨터가 아닌 테이프 머신으로 만들었고, 여전히 카세트테이프로 음반을 발매하잖아요.

몬구 아날로그는 재미있고 편해요. 일단 모든 걸 직접 느낄 수 있다는 점이 좋아요. 디지털 세상은 가상의 버튼 하나로 모든 게 해결되지만, 아날로그는 손이 많이 가기 때문에 모든 과정을 직접 해야 하거든요. 그런 점이 즐겁고 재미있어요. 디지털은 보통 아날로그를 재현하는 방식으로 구성되는데 악기는 특히 더 그렇거든요. 근데 다시 만들어내는 게 고유의 것보다 좋기는 어렵잖아요. 그러니까 저는 아날로그 소리를 더 좋아할 수밖에 없는 거죠. 사실 디지털이 발달하는 걸 보면서 아날로그 소리도 대체할 수 있지 않을까 기대한 적이 있어요. 디지털 기기로 그런 시도도 많이 해봤고요. 그런데 결국엔 아날로그로 돌아가게 되더라고요. 최근에는 '테이프 딜레이'라는, 소리를 지연해 주는 장비를 구입했는데요. 요새는 디지털 신호로 작동하는 장비가 대부분인데, 일부러 진짜 카세트를 넣고 딜레이하는 오래된 기계로 구했어요. 아직 아날로그 소리의 힘을 믿고 있어서요.

아날로그가 편하다는 건 어떤 의미예요?

몬구 아날로그 기계는 굉장히 직관적이에요. 고장이 나도 고치기가 편하다는 의미죠. 뜯어보면 회로가 눈에 다 보여요. 이 모든 게 가상이 아닌 현실이니까, 직접 만질 수 있다는 점에서 편해요. 그 안에선 심지어 세월도 느껴지거든요.

몬구는 에세이에 "음악을 하는 사람보다 음악적인 사람이 되고 싶어졌다."라는 문장을 썼죠. 악기 이야기를 듣다 보니 그 이야기가 좀더 궁금해졌어요.

몬구 저는 한강, 바람 같은 자연이 흐르는 걸 느끼는 게 좋아요. 근데 음악도 잘 흐르는 성질을 가졌잖아요. 저 역시 잘 흐르고 잘 스며드는 사람이 되면 좋겠다고 늘 생각하거든요. 음… 지금 이 장소에도 계속 음악이 흐르고

승연 어떤 영상이냐에 따라 다를 것 같은데 뮤직비디오 작업에서는 보통 관계 이야기를 해요. 그래서 두 사람이 등장하는 작업이 많고요. 두 사람이 협업하거나 대치하는 식이죠. 가끔 다른 데로 달아나 버리는 순간도 있지만, 어쨌든 끝까지 맞춰나가면서 새로운 관계를 담아내는 걸 좋아해요. 뻔하지 않은 걸 생각하고 싶어서 상황을 살짝 비트는 시도도 하고요. 돌발적인 생각이나 직관을 중요하게 생각해요.

몬구는 뮤직비디오 콘티를 봤을 때 어땠어요?

몬구 느낌이 좋았어요. 콘티를 굉장히 자세하게 만들어 줬거든요. 그것만 보고도 장면이 하나씩 상상되는 게 특히 좋았죠.

있는데요. 이런 게 음악의 좋은 점 같아요. 어디서도 잘 스며들고, 흐를 수 있다는 거요. 저도 그러고 싶어요. 누군가와 있을 때도, 혼자 있을 때도 잘 스며들 듯 지내고 싶어서요. 인생의 절반을 음악 하는 사람으로 살아왔어도 제 삶 전체를 따져보면 악기를 들지 않은 시간이 더 많거든요. 근데 그 삶을 음악적으로 보낸다면 나쁘지 않은 사람으로 나이 들 수 있을 것 같아요. 요새는 괜찮은 사람보다 나쁘지 않은 사람이 되고 싶단 생각을 자주 해요.

승연 갑자기 저도 영상 하는 사람보단 영화적인 사람이 되고 싶어졌어요(웃음).

승연 씨는 영상을 만들 때 기준이 있어요? '이것만큼은 지킨다.' 하는 거.

승연 콘티를 이렇게까지 열심히 그려본 적이 없어요(웃음). 이 배경에서 배우들이 이런 행동을 하고, 소품은 이렇게 배치되고…. 최대한 많은 게 전해지도록 자세히 그리려고 했어요. 이 뮤직비디오에선 배우 역할이 큰데요. 제가 올해 5월에 웹드라마 〈오늘부터 여자친구〉 메이킹 촬영에 함께 했거든요. 그 작품 주인공들이기도 한데, 두 분 시너지가 무척 좋아 보였고 이미 친밀해진 상태니까 작업하기 좋겠다는 생각이 들었어요. 잘 나올 거란 확신이 있었죠.

현장 분위기는 어땠어요?

승연 어우, 그날 역대 최고로 비가 많이 왔어요. 올해 비가 가장 많이 쏟아진 날 있죠? 그날이 촬영 날이었거든요. 비 예보가 있어서 수시로 날씨를 체크하면서 진행했는데,

한강으로 장소를 옮기자마자 비가 내리기 시작하더라고요.
처음엔 마냥 즐거웠어요. '우리가 구할 수 없는 소품이다!'
싶어서요. 비 오는 걸 연출하려면 살수차를 불러야
하는데 그럴 필요도 없고, 빛도 비에 비쳐서 더 예쁘게
반짝거리더라고요. 근데 어느 순간 비가 너무 많이 내리기
시작하는 거예요. 원래 두 사람이 마주 보는 장면은 한강을
배경으로 찍으려고 했는데 비를 더 맞을 수가 없어서 급히
다리로 옮겨서 촬영하기도 했죠. 두 배우가 앉아 있는
뒷모습 장면에서 '번쩍' 하는 거 보셨나요? 그거 진짜
번개예요. 촬영할 땐 절대 못 쓰겠다 싶었는데 나중에
보니 분위기랑 잘 맞아서 신나게 편집한 장면이죠(웃음).
곡과 장면이 점점 고조되는 찰나에 번개가 치니까 하늘이
도왔구나 싶더라고요. 마지막엔 반짝거리는 공간에서
둘이 춤을 추는데요. 그것도 사실 옥상에서 춤추는 걸로
콘티를 잡았는데, 도저히 외부에서 촬영할 수 없는 상태라
새벽 2시가 넘어가는 시각에 이 공간에 있는 걸 다 치우고
급하게 연출한 거였어요.

아, 그 장면이 이 공간이군요?
승연 맞아요. 엄청 힘든 상황인데도 다들 짜증이나 화 한
번 내지 않았어요. "우리 남은 시간 동안 뭐든 해봅시다!"
하고 의기투합한 게 정말 좋았죠. 한 사람이라도 '이런
촬영 못 하겠다.'고 했다면 쉽게 무너질 상황이었는데,
배우도 스태프도 협조해 주니까 처음 콘티는 생각나지
않을 만큼 멋진 장면이 나왔어요.
몬구 아마 그건 감독님의 긍정적인 에너지 덕분일 거예요.
그게 사람을 버티게 해주거든요.

**맞아요. 이야기 나누면서 씩씩해지는 느낌을 계속 받고
있어요.**
승연 (한 손으로 브이 자를 그린다.) 낮 3시에 시작한 촬영이
새벽 5시에 끝났어요. 콘티대로 찍어야 한다는 강박이
있었다면 새로운 걸 발견하지 못했을 텐데, 오히려
여기저기 돌아다니면서 눈에 띄는 걸 활용하니까 더 좋은
장면이 탄생하더라고요. "여기 오토바이가 있는데 한번
타보는 건 어때요?"라든지 "편의점에서 아이스크림 하나
사볼까요?" 하는 식으로요. 원래 시나리오엔 '두 사람이
동네를 누빈다.' 정도로 적혀 있었어요. 작업실이 있는 이
동네에서 촬영하다 보니까 잘 알기도 해서 더 좋은 장면을
끌어낼 수 있던 것 같아요.
몬구 아이스크림 냉장고를 열었을 때 푸른빛이 배우분들
얼굴로 쏟아지잖아요. 그 장면 너무 좋았어요.

**아, 저도요. 나란히 아이스크림 먹는 장면도요. 두 분의
베스트 장면을 꼽아본다면요?**

몬구 너무 많은데요(웃음). 음…. 뮤직비디오 섬네일이기도
한데, 두 배우가 누워서 서로 바라보는 장면도 좋고요.
두 배우가 오토바이에 앉아서 아이스크림 먹는 장면도
좋았고, 책가방 터는 장면도 좋았어요. 그때 배우가
주머니에서 뭔가를 막 꺼내려고 하잖아요. 그게
라이터였고, 그걸로 빛을 비추는 장면도 좋았어요. 하나만
못 꼽겠어요(웃음).
승연 짧게 지나가는 장면인데 동네 누빌 때 둘이 같이
음악을 듣는 장면이 있어요. 저는 그 장면이 기억에
남더라고요. 한 명이 계속 다른 한쪽을 데리고 이동하는 게
이 영상의 큰 흐름인데요. 처음에는 혼자서 음악을 듣다가
그다음엔 이어폰으로 같이 듣고, 이어폰을 빼고 함께
듣고, 나중엔 스피커에 연결해서 음악을 더 크게 들어요.
한 명이 계속 다른 한쪽을 이끄는 게 그 이유예요. '둘이
같이 음악을 듣기 위해서.' 마지막엔 음악을 크게 들으면서
춤추는 걸로 흘러가는데, 이런 장면들이 서로 연결돼
있다는 느낌이 들어서 좋았어요.

**뮤직비디오는 음악을 할 때 꼭 필요한 요소는
아니잖아요. 근데 왜 계속 이어지고 있다고 생각해요?**
몬구 음악은 눈으로 보이는 장르는 아니에요. 근데
사람들은 보이는 걸 더 확실히 믿거든요. 그러니까
들리기만 하는 걸 구체화하고, 좀더 내게로 끌어당기고
싶어 하기 때문에 영상에 기대는 게 아닐까 싶어요. 같은
음악을 듣고도 서로 다른 장면을 생각해 낸다는 지점이
재미있기도 하고요. 거기서 또 새로운 것들이 확장되니까
사람들은 그런 걸 즐기는 게 아닐까요? 또 다른 버전의
음악인 거죠.

**우리나라 뮤직비디오에 이렇게 본격적으로 이야기가
들어가기 시작한 게 조성모의 'To Heaven'부터래요.
아… 승연 씨는 모르려나요?**
승연 그게 뭐죠?

**드라마 뮤직비디오라고도 하는데, 이병헌, 김하늘,
최지우, 강동원, 신민아 같은 초호화 캐스팅에 스케일도
엄청 큰 뮤직비디오가 한때 붐처럼 제작됐어요. 한 편의
영화나 드라마를 보는 것 같았죠. 그 이전엔 립싱크하는
형태의 뮤직비디오만 있었는데, 왜 우리는 뮤직비디오에도
이야기를 넣기 시작한 걸까요?**
승연 좋아하는 뮤직비디오가 여럿 있는데, 생각해 보면
이유가 각기 달라요. 이미지적으로만 승부하는 것도 있고,
가수나 배우가 예쁘게 나와서 좋아하는 것도 있고요.
최근엔 뉴진스의 '하입보이Hype Boy'를 즐겨 보고 있어요.
근데 뮤직비디오가 힘을 갖는 건 무엇보다 서사가 있을

때인 것 같아요. 얼마 전에 《스토리텔링 애니멀》이라는 책에서 이런 구절을 읽었어요. "경험을 해석하는 자체가 이야기이기 때문에 우리가 이야기에 끌리는 건 사실 재미있고 즐거워서도 있지만 본능적인 것이다." 우리가 삶을 해석하는 것 자체가 이야기이기 때문에 우리는 이야기의 힘에 끌릴 수밖에 없다는 거죠.

몬구 전 뮤직비디오 하면 아하A-Ha의 'Take On Me'가 생각나요. 저는 뭐든 가장 초창기 것을 궁금해하는 편이거든요. 그래서 그 최초를 좇다 보니 'Take On Me'가 생각나는 것 같아요. 뮤직비디오가 왜 나왔고, 사람들이 왜 좋아할까 생각해 보면 노래도 좋지만 뮤직비디오가 주는 감정 때문이 아닐까 싶어요. 그 안에 있는 이야기들이

여러 사람이 등장해서 자기의 직업적인 행동에서 나오는 손짓들로 안무를 만들어 퍼포먼스를 해요. 저도 그런 연출을 좀더 해보고 싶어졌어요.

몬구 저는 이번 작업을 통해 부탁하고 싶은 게 생겼어요. 다음엔 꼭 저 좀 카메오로 등장시켜 주세요. 지나가는 사람도 괜찮고, 가게 점원이나 뒤에서 얼쩡거리는 역할이어도 좋아요. 엑스트라로 잠깐이나마 출연해 보고 싶어요. 제가 출연료를 내도 좋으니까요(웃음).

왜 나오고 싶어요(웃음)?
몬구 현장을 관찰하고 싶고 음악과 더불어 제 모습도 재미있게 남겨보고 싶어서요. 제가 주인공인 건

재미있잖아요. 'Take On Me' 뮤직비디오에서는 만화책 속에 있던 캐릭터가 튀어나오고, 움직이고, 실제 배우를 끌어당겨요. 만화 속 캐릭터가 현실로 나오기도 하고, 현실 세계 인물이 만화책 속으로 들어가기도 하죠. 그게 음악이랑 연결되는 감각이 정말 좋아요.

이번 작업에 꼭 하고 싶었는데 못 한 것도 있어요?
승연 이 작업에서 하고 싶다기보다는 다음에 해보고 싶은 게 생겼어요. 스케일을 좀더 키워보고 싶거든요. 지금까지는 계속 두 사람이 나오는 뮤직비디오를 만들었는데, 좀더 여러 사람이 나오는 영상이면 좋겠어요. 좋아하는 뮤직비디오 중 하나가 이랑의 '신의 놀이'인데요.

부담스럽고요. 아주 짧지만 저는 알 수 있는 장면이면 좋겠어요. 너무 재미있을 것 같아요.

몬구는 뮤직비디오 주인공으로 출연한 적도 있잖아요. 일러스트로 만든 뮤직비디오도 있었고, 서사가 있는 뮤직비디오도 있었는데 왜 하필 카메오예요?
몬구 제가 주인공인 뮤직비디오는 직접 제 노래를 부르는 거니까… 제가 보기엔 좀 민망해요(웃음). 현장에서 고생한 느낌이 생생히 전해져서 잘 안 보게 되기도 하고요. 일러스트 뮤직비디오는 그래픽 디자이너 오혜진 씨랑 같이 작업한 건데, 곡의 내밀한 이야기를 그림으로 나타냈거든요. 그런 흐름이다 보니 작가가 곡을 어떻게

해석했는지 알게 되는 게 좋았어요. 와닿는 것도 있었고요. 그런데 아무래도 제 취향은 서사가 있는 뮤직비디오 같아요. 저는 원체 이야기라는 걸 궁금해하는 사람이어서 계속 생각하게 됐거든요. '저 주인공은 왜 저렇게 행동했을까?', '저 상황에선 어떤 생각을 할까?' 같은 거요.

카메오 출연을 부탁한다는 걸 보면, 다음 작업도 승연 씨랑 같이 할 생각이로군요(웃음).
몬구 안 그래도 얼마 전에 숲과 음악이 어우러지는 작업을 함께했어요. '고양, 숲, 소리풍경'이라는 영상인데요. 푸른 산을 탐험하여 얻은 영감과 소리로 음악을 완성했고, 그 과정을 기록한 작업이죠. 고양시에 있는 숲을 소개하면서 그 숲에서 생기는 마음의 균형 감각을 담고 싶었어요.
승연 이전에 〈나경의 봄날〉이라는 숏다큐를 찍은 적이 있는데, 그 작업으로 만난 숲 해설사 분이 소개해 주신 숨은 공간이에요. 푸른 숲과 햇빛을 촬영했고, 물과 바람, 동물과 곤충의 소리도 담고자 했어요. 저만 알고 싶은 숲이었는데 함께 누리니 좋더라고요.

갑자기 묻고 싶은 게 생겼어요. 내 인생을 한 편의 영상으로 만든다면 어떤 장르일 것 같아요?
승연 어, 너무 어려운데요? 생각 좀 해볼게요.

저는 짧은 시트콤이면 좋겠어요. 더도 말고, 덜도 말고 20분 정도. 웃긴 것 같은데 알고 보면 삶의 희로애락이 다 있는 그런 영상이요.
몬구 왠지 잘 어울려요(웃음). 저는 〈그랑블루〉(1988)나 〈그 여름 가장 조용한 바다〉(1992)처럼 바다가 배경인 영화면 좋겠어요. 재미있는 건 〈그랑블루〉에서는 다이빙이, 〈그 여름 가장 조용한 바다〉에서는 서핑이 주요 키워드인데요. 주인공이 다이빙을 하다가, 서핑을 하다가 젊은 나이에 바다에서 죽음을 맞거든요. 제 장래희망이 자연사예요. 사고나 질병, 자살이 아닌 자연스럽게 죽음을 맞이하는 거요. 두 영화처럼 바다에서 자연사하는 내용으로 끝이 나는 영화면 좋겠어요.
승연 저는 최근에 〈썸머 필름을 타고!〉(2020)를 봤는데 정말 좋았어요. 그런 삶을 살고 싶고, 사실 지금도 그렇게 살고 있다고 생각해요. 저는 아무래도 청춘 영화랑 분위기가 잘 맞나 봐요(웃음). 혹은 성장 드라마여도 좋겠다는 생각이 드네요.

이번 뮤직비디오 제목이 '한 잔만 더 마시고 우리 이 우주를 걷자'잖아요. 두 분이 생각하는 우주는 미지의 것이나 거창한 세계는 아닐 거라고 생각했어요. 승연 씨는 주변에 있을 법한 이야기를 작품의 우주로 다뤄왔고,

몬구는 'Alaska'라는 곡에서 "우주는 사랑이야." 하고 외치잖아요. 결국 길고양이나 사랑처럼 우리 주변에 있는 무엇이 아닐까 싶더라고요.
승연 사람들은 저마다 작은 우주를 가지고 있다고 생각해요. 저희가 만나서 얘기하는 것도 거기 닿으려는 시도 같고요. 그래서 우주는 저한테 따뜻한 존재예요. 오히려 아무 판단도 내릴 수 없어서 더 좋은 세계인 거죠. 요새 자주 생각하는 건데, 지금 세상에선 사람들이 자꾸 정답을 찾으려 해서 힘들어지는 것 같아요. 저도 작업할 때 '이게 맞는 거다.'라는 생각으로 움직일 때가 많은데, 사실 정답은 없어요. 그냥 제가 좋아하는 걸 추구하면 되는데 정답이 있다고 생각하고 거기 가까워지려고 하는 게 절 어렵게 만드는 것 같아요. 우리가 모두 우주라고 생각하면 어떤 형태든 상관없고 모든 존재가 받아들여질 수 있어요. 그래서 우주라는 표현이 참 좋은 것 같아요.
몬구 감독님 이야기처럼 우리는 모두 하나의 작은 우주일 거예요. 인류는 긴 시간 살아왔지만 우주가 어디까지 펼쳐져 있고, 얼마나 더 팽창할지 아직도 모르잖아요. 자신도 마찬가지예요. 어디까지 팽창하고 넓어질지 나도 알 수 없죠. 근데 우리는 타인이 하나의 우주라는 사실을 인정하기 싫어해요. 다른 사람이 끊임없이 팽창하고 나아가는 걸 인정하지 못해서 자꾸 싸움이 일어나고요. 요즘은 저마다의 우주를 존중하면 좋겠다는 생각을 많이 해요. 지금은 모두가 블랙홀 상태인 것 같거든요. 모두 너무 많은 소비를 하고, 지나치게 많은 돈을 쓰고, 그만큼 버리는 것도 너무나 많은 상황 같아서요.

우주가 사랑이 되기 위해서는 이해와 인정이 필요하군요. 곡 제목 이야기를 좀더 해볼게요. 아까 한 잔이 꼭 술이 아니라는 이야기가 나왔는데, 두 분은 우주에서 나눠 마실 한 잔이 어떤 거라고 생각해요?
몬구 어떤 의미를 담느냐에 따라 달라질 것 같아요. 그냥 물을 따르더라도 의미를 부여하면 세상에 없는 물이 되니까, 결국 이 안에 뭐가 담겼느냐가 중요한 게 아니라 어떤 의미인지가 중요한 것 같아요.
승연 비슷한 생각이에요. 어떤 음료든 서로에게 웰컴 드링크 역할을 하면 좋겠어요. 웰컴 드링크는 여행 중간에 머무는 숙소에서 오늘 하루도 고생했다는 의미로, 혹은 우리 호텔에 와서 반갑다는 의미로 건네는 거잖아요. 그 이후에 우린 또 계속 여행을 하게 될 거고요. 그러니까 어딘가로 향하는 여정에서 누군가를 환영하고 안아줄 수 있는 음료면 좋겠다고 생각해요. 사람에 따라 시원할 수도, 따듯할 수도 있고, 달콤할 수도, 청량할 수도 있겠죠? 어쨌든 의미는 같을 거예요. 누군가를 환영하는 작은 마음이 담긴 한 잔.

한 잔 속에도 이렇게 많은 이야기가 깃드는군요. 두 분은 앞으로 또 어떤 이야기를 만들어가고 싶어요?

몬구 몽구스로 밴드 활동을 할 때는 '멋있는 걸 만들자.'는 생각이 강했어요. 그러다 솔로로 활동하면서부터는 편안한 음악, 메시지가 담긴 음악을 만들고 싶었죠. [MONGOO 1], [MONGOO 2], [3]에서 그런 느낌이 특히 많이 드러난 것 같아요. 그리고 이번 [장르는 여름밤]에는 반짝거리는 여름밤 느낌을 가득 담고 싶었어요. 나이가 들어갈수록 차려진 것보다는 편안하고 거친 것들로 마음이 많이 향해요. 앞으로는 사람들 이야기에 귀 기울이고 관찰하면서 더 정직한 이야기를 만들어가고 싶어요. 사실 '한 잔만 더 마시고 우리 이 우주를 걷자' 첫 소절도 누군가와 대화하다 나왔거든요. 대화 도중에 "저 요즘에도 혼자 울어요."라는 말을 들었는데, 그 말이 계속 맴돌았어요. '모두 혼자 울 때가 있지. 할머니·할아버지도 그럴지 몰라.' 하면서요. 그렇게 "가끔 혼자 울기도 해"라는 첫 소절이 나온 거죠.

승연 어떤 매체든 좋으니 계속 제가 좋아하는 이야기, 생각하는 이야기를 전달하는 작업을 하고 싶어요. 친구가 되어줄 수 있는 작업이요. 제가 갖고 있는 유쾌함이나 다정함을 잃지 않고 꾸준히 작업에 담아내고 싶어요.

몬구 다정함을 잃지 않는다는 게 진짜 중요한 것 같아요. 그걸 잃지 않으려고 창작 활동을 하는 것 같기도 하고요.

아직 하고 싶은 이야기가 산더미처럼 쌓여 있는데 시간이 너무 빠르네요. 마지막으로 남기고픈 이야기 있어요?

승연 에디터님 인터뷰해 보고 싶어요(웃음). 저는 요즘 낯선 사람한테 말 거는 게 너무 좋거든요. 우리나라는 서로에게 무관심하려고 노력하고 낯선 이가 말을 걸어오면 경계부터 하잖아요. 얼마 전에 발리 여행을 다녀왔는데, 발리에선 낯선 사람이랑 대화하는 게 문화처럼 자리 잡고 있더라고요. 모르는 사람이 다가와서 "오늘 나는 서핑 했는데, 넌 뭐 했어?" 하고 물어봐 주는 게 좋았어요. 앞으로 저도 그런 작업을 하고 싶어요. 스몰 토크와 웰컴 드링크 같은 작업. 그렇게 누군가에게 스스럼없이 말을 걸 수 있는 사람이 되고 싶고요.

몬구 사람들에겐 누구나 저마다의 이야기가 있고 저는 그런 게 궁금해요. 앞에서 뭔가를 보여주려 애쓰는 사람보다 뒤에서 혼자 꼼지락대고 있는 사람들의 생각이 특히 궁금하죠. 이럴 땐 제가 키가 작은 게 좋아요(웃음). 키가 크면 일단 경계하는 경향이 있는데, 키가 작다 보니 아이도, 노인도 대화할 때 장벽이 거의 느껴지지 않거든요. 저는 이 작은 키로 계속 세상을 관찰하면서 사람들 이야기를 듣고, 새로운 이야기를 만들어 가고 싶어요.

한 잔만 더 마시고 우리 이 우주를 걷자

가끔 혼자 울기도 해 네가 내게 말했을 때 아무렇지도 않은 듯 너를 보았지만 사실 나도 그래

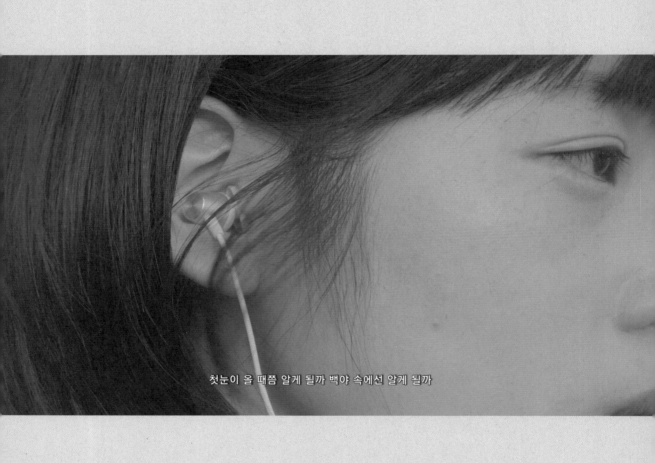

첫눈이 올 때쯤 알게 될까 백야 속에선 알게 될까

아무것도 보이지 않아 그래서 눈을 감아

아무도 없을 때까지 걸어 볼래 네가 내게 말했을 때 아무렇지도 않은 듯 너를 보았지만 아까부터 우리 둘 뿐이야

우주의 끝에 서서 우리 여름을 춤추자

M/V—먼구 '한 잔만 더 마시고 우리 이 우주를 건져'

새하얀 종이와 길게 깎은 연필, 지우개가 화면에 등장한다. 곧이어 한 손이 연필을 꼿꼿이 쥔 채 드로잉을 시작한다. 사운드를 끄고 보면 그림 유튜브로 보이지만, 귀를 쫑긋 세우면 이것이 한 편의 이야기라는 걸 알 수 있다. '만만해 보이지 않는 방법', '너무 열심히 살면 안 되는 이유'…. 궁금한 제목 속에서 들려오는 이연의 목소리는 부드럽고 편안하다. 유하게 흘러가는 그 목소리에서 80만 구독자가 쉬이 귀를 닫을 수 없는 건 뼈가 만져지기 때문일 테다. 무르지 않고 튼튼한, 연하지 않고 야무진 뼈가 나날이 단단해지는 모습이 《매일을 헤엄치는 법》에 담겼다. 이연이 헤엄쳐 온 시간을 엿볼수록 마음 어딘가가 조금씩 강건해진다.

오늘의 나를 가장 좋아해

이연—유튜버

에디터 이주연
포토그래퍼 이요셉

와, 작업실이 엄청 깨끗해요.

요새 스튜디오에 잘 안 나와서 그래요(웃음). 일을 자꾸 집으로 가져가게 되네요. 하필 인터뷰를 앞두고 감기에 걸렸어요. 목소리가 좀 답답하죠? 엊그제 친구들이랑 발리에 다녀왔는데, 비행기가 건조해서 잠을 잘 못 잤거든요. 면역력이 떨어지면서 목감기가 온 거 같아요.

오늘 대화는 쉬엄쉬엄해 보도록 해요. 발리 여행은 어땠어요?

너무 좋았어요. 제가 이제까지 여행을 계속 혼자 다니다가 친구들이랑 해외여행을 처음 가봤거든요. 근데 그런 말 있잖아요. '혼자 하면 기억이고 같이 하면 추억이다.' 7박 8일 있었는데 매일매일 정말 즐거웠어요.

즐거운 마음으로 만나니까 좋네요. 이연 씨는 보통 어떻게 소개하곤 해요? 유튜버?

시간에 따라 조금씩 바뀌는데, 요즘은 '그림 그리면서 생각을 전하는 유튜버'라고 이야기해요. 안 그래도 얼마 전에 저를 소개할 말이 필요할 것 같아서 생각해 봤는데 '드로잉 에세이스트'라는 단어가 떠올랐어요. 그냥 작가라는 말은 너무 광범위해서 제대로 설명이 안 되는 것 같아서요. 저는 유튜브 채널 '이연LEEYEON'에 그림 그리면서 제 이야기를 하는 영상을 업로드하는데요. 어떻게 보면 라디오이기도 하고, 에세이이기도 하거든요. 근데 시각적으로는 드로잉을 하니까 드로잉 에세이스트가 어떨까 싶었죠.

포맷은 영상인데 라디오라고 하니까 신선하네요.

제 유튜브의 모티프가 사실은 라디오였거든요. 제가 생각하는 라디오는 좀 개념적이지만 '혼자 있는 기분이 들지 않게 하는 거'예요. 혼자 작업하다 보면 비슷한 고민을 하는 사람들이 그리울 때가 있어요. 그 대상을 책에서 찾을 수도 있지만 목소리에서 찾고자 한다면 라디오가 되는 것 같아요. 그래서 저는 제 작업을 영상보다도 라디오라고 생각하면서 만들고 있어요.

그 라디오를 유튜브에 업로드하고 있는데, 어느 인터뷰에서 "내 본캐를 유튜버라고 생각하지 않는다."라고 하시더라고요.

제가 하는 일이 저를 설명한다고 생각하는데, 사실 유튜브 하는 시간은 일주일 중 얼마 되지 않거든요. 그림 그리는 시간도 되게 짧고요. 그렇다고 다른 일을 하는 시간이 기냐 하면 그것도 아니에요. '그럼 난 뭘 하는 사람이지?' 나 자신에게 물었는데 이것저것 다 하는 사람인 거예요. 그때그때, 지금만 할 수 있는 이야기를 다양하게 펼치면서 살고 있어서 본캐를 유튜버라고 하면 안 될 것 같았어요.

"지금만 할 수 있는 이야기"에 관해 좀더 들어보고 싶어요.

저는 '지금 내가 중요하게 생각하는 게 뭐지?'를 자주 생각해요. 이를테면, 오늘은 샤워하면서 '완벽한 샤워의 기준'을 생각해 봤어요. 저는 여행 갔다 돌아왔을 때 제일 좋은 게 집에 있는 익숙한 제품들로 샤워하는 거거든요. 그래서 요즘 샤워는 제법 완벽해요(웃음). 매일 하는 샤워에도 최대치의 샤워가 있고 간략한 버전이 있는데, 오늘은 '인터뷰 샤워'라고 정성스러운 샤워를 하고 왔어요. 저는 나무 향이나 플로럴한 향을 좋아해서 중요한 날엔 향수를 뿌리곤 하는데요. 향수를 사용하는 날엔 향이 안 나는 바디워시랑 로션을 써요. 그러고 나서 향수로 저만의 향을 입히죠. 사실 이건 단순히 씻는 이야기가 아니라 나 자신을 어떻게 가다듬어 가는지에 대한 철학이기도 해요. 이런 이야기가 생각이 나면 그때그때 애플워치로 녹음해 놓고 유튜브 콘텐츠로 발전시켜요. 그러니까 '지금' 중요하게 생각하는 것들에서 영감을 얻는 거죠.

이연이라는 활동명을 사용하고 있죠. 펼 연演 자를 쓴다고 했는데, 본명을 쓸 때랑 어떤 점이 좀 달라요?

이름은 불러주는 사람이 얼마나 인정해 주느냐에 따라 그 힘이 달라지는 것 같아요. 친구들이 별명으로만 부른다면 별명이어도 이름보다 힘이 강해지곤 하잖아요. 이를테면, 제 친구 성이 '방'인데요. 본인은 그 성을 별로 안 좋아하거든요. 근데 한 친구가 영어 단어를 따서 "방을 영어로 하면 룸Room이니까 '루미'로 부를게." 하고 부르기 시작했고, 그 이후로 본명보다 루미로 더 많이 불리고 있어요. 본인도 그렇게 불리는 걸 좋아하고요. 그러면서 새로운 의미가 생기고 시너지와 영향력이 생기는 것 같아요. 저 역시 이제 제 본명인 '이연수'로 부르는 사람이 훨씬 적어졌어요. 이연 채널의 구독자가 80만 명이 넘었으니 이연으로 더 많이 인정받은 거죠. 이젠 저도 제 이름이 이연 같아서 그 전의 삶은 전생처럼 까마득하게 느껴지기도 해요. 〈센과 치히로의 행방불명〉(2001)에서도 이름을 빼앗기지 말라는 이야기가 나오잖아요. 아우슈비츠만 생각해도 이름을 빼앗고 번호로 부른단 말이죠. 그만큼 누군가를 정의하는 개념, 그 기초가 되는 게 이름 같아요.

그런 의미에서 뭔가 펼치고 싶다는 마음으로 펼 연演 자를 선택한 게 아닐까 싶었어요.

유튜버가 되기 전엔 회사 소속의 디자이너였기에

디자이너로 불리는 일이 많았어요. 저는 언제나 그림을 많이 그리고 싶은 사람이었는데, 디자이너라고만 불리니까 그림 그리는 자아가 상대적으로 작아지더라고요. 그래서 좋아하는 그림을 더 많이 그리면 좋겠다는 생각이 들었죠. 제가 그림 그리는 사람이란 걸 많이 알아주면 좋겠다는 마음도 컸고요. 요새는 목소리를 좀더 펼치고 싶다는 생각이 들어요. 목소리 없이 제가 이만큼 이름을 알릴 수 있었을까 싶어서요. 사실 그림은 어릴 적부터 재능이 있다고 생각했어요. 근데 점점 나이가 들수록 이만한 재능을 갖추는 게 쉽지 않다는 걸 깨닫게 됐거든요. 재능이 귀하다는 생각을 하고 보니까 목소리나 말하기가 저의 재능일 수 있겠다는 생각이 들더라고요. 그래서 목소리를 좀더 많이 펼치고 싶다는 생각을 자주 하고 있어요.

유튜브에서 말하기를 하고 있지만, 쌍방 소통은 아니라고 생각해요. 대화하는 것도 좋아해요?
엄청 좋아해요.

혼자 말하기랑 대화는 어떻게 달라요?
혼자 말할 때는 어떤 면에서는 좀더 단호해져요. 누구나 혼잣말은 좀 차분하게 한다고 생각하는데요. 저는 차분할 때 이성적이고, 논리적이고, 차가워지는 경향이 있거든요. 전달력을 높여야 한다는 생각 때문에 좀 냉정해지기도 하고요. 반면, 대화할 때는 다정하고 따뜻하게 말하게 되는 것 같아요. 사실 유튜브도 보이지 않을 뿐 상대를 염두에 두기 때문에 완전한 독백보다는 좀더 따뜻한 편이에요. 어떻게 보면… 약간 환상적인 어투이기도 하고요. 눈앞에 사람들을 두고 할 만한 말투는 아니거든요. 저 자신에게도 그런 말투는 써본 적이 없고요. 이런 면에서 유튜브 말하기가 신기하다는 생각도 들어요.

구독자 80만 명은 굉장히 큰 숫자잖아요. 이렇게 많은 사람에게 내 말이 전달된다고 생각하면 어때요?
무엇보다 '언제나 내가 바라왔던 일이다.'라는 걸 항상 상기하려고 해요. 남들이 저를 좋아해 주고 제 콘텐츠를 찾아주고 저를 궁금해하는 것에 늘 갈증이 있었는데 그걸 이루었다는 걸 생각하려고 하죠. 앞으로도 계속 그걸 기대하고 싶고요. 반면, 우려하는 점이라면 구독자와의 관계예요. 80만이란 숫자 안에는 굉장히 다양한 사람이 있어서 가끔은 난감한 상황이 벌어지기도 해요. 제가 하는 이야기에 너무 몰입해서 제 말이 자신에게 하는 거라고 착각하는 경우도 자주 있거든요. 과하게 친밀감을 느끼거나 그걸 넘어 오해가 생길 때도 있어요. 유튜브에서 한 말일 뿐인데, "저한테 이렇게 말씀하셨죠." 하면서 일대일 대화로 받아들이고 과몰입하는 경우가 있어요.

제가 어떻게 할 수 있는 부분이 아니어서 고민스러운데, 비슷한 일을 겪는 사람들이 대부분 응답하지 않는 쪽을 선택하더라고요. 그러다 보니까 진짜 제 채널을 좋아하는 구독자들이랑도 제대로 소통할 수 없게 되는 게 특히 아쉬워요.

이연 씨 채널은 앞서 언급한 '겁내지 않고 그림 그리는 10가지 방법'이라는 영상으로 구독자가 껑충 뛰었죠. 일주일 만에 200명에서 2만 명이라니. "그림 그릴 때 망칠까 봐 겁이 나요."라는 댓글을 보고 만든 콘텐츠라고 들었어요.
그 댓글을 써주신 분께는 지금도 감사해요. 좋은 콘텐츠를 만들 수 있게 해줘서라기보다는 구독자가 200명인 유튜버에게 고민을 털어놓았다는 점 때문이에요. 저는 지금도 유튜브 콘텐츠를 만들 때 이런 생각을 해요. '내가 뭐라고 영상을 만들지?' 그러다가도 영상 조회수를 보면 안심하는 경우가 많아요. 숫자에 무슨 의미가 있나 싶다가도 그 숫자가 제 이야기에 귀 기울여주는 사람이라고 생각하면 감사해지죠. 근데 구독자가 200명일 때도 저는 똑같은 콘텐츠를 만들었거든요. 사실 '네가 뭔데 그런 영상을 만들어?'라는 말을 들어도 이상하지 않을 때인데, 그런 저한테 마음을 열어주셨다는 게 감사해요. 그 댓글이 없었다면 지금 제 채널이 어떻게 되었을까 생각해 본 적도 있는데요. 그래도 전 6개월 내지 1년 안에 다른 걸로 성과를 냈을 거 같아요. 왜냐하면 저는 유튜브를 지속할 흥미와 체력이 있었기 때문에 계속했을 것 같거든요. 그럼 언젠가는 성과가 났겠죠? 지금처럼 빠른 성장은 아니더라도요.

나를 믿는다는 건 굉장히 멋진 모습이에요. 가끔은 유튜브라는 플랫폼이 사라지거나 또 다른 매체가 성행할까 봐 걱정되진 않아요?
걱정되죠. 제가 디자이너일 땐 디자이너가 사라질 거란 걱정은 없었거든요. 근데 유튜버는 속성 자체가 그 사람이 하는 일이 아니라 플랫폼에서 출발하다 보니까 사라질 수도 있을 거란 생각이 들어요. 그래서 저는 유튜브를 하지 않는 시간에 할 일을 계속 만들어요. 유튜브를 안 해도 아쉽지 않도록요. 한 가지에 올인하게 되면 약점이 드러났을 때 치명타를 입는 일이 많은데, 그 외 다양한 일을 하고 수익을 만들어두면 충격이 덜해요. 이건 회사도 마찬가지예요. 어느 날 내가 다니던 회사가 와르르 무너지거나 사라질 수도 있잖아요. 그럴 때 난감해지지 않기 위해서 다양한 일을 하는 건 무척 중요해요. 제가 그렇게 생각한 건 겁이 많아서이기도 하고요.

오히려 겁이 없어서 여러 가지에 도전할 수 있는 거라고 생각했어요.
오, 아니에요. 저는 겁이 너무 많아서 열심히 살아온 거예요. 망하면 안 되니까요.

지금은 어떤 거에 가장 겁을 먹고 있어요?
요즘 겁나는 건… 어떻게 보면 너무 유명해지는 거요. 얼마 전에 유튜버 친구 네 명이 모여서 그런 이야기를 했어요. '인터넷에 내가 남기지 않은 말이 너무 많이 돌아다닌다.'고요. 제 콘텐츠가 캡처돼서 다르게 해석된 내용으로 떠돌아다니기도 하고, 누군가 가공한 형태로 업로드하기도 하거든요. 제 이름을 잠깐만 검색해 봐도 그런 파편이 정말 많은데 이게 다 남들이 생산해 낸, 제가 하지

살아남은 기록이 잘 없는 거예요. 마치 "공주님이 왕자님과 행복하게 살았답니다." 하고 끝나버리는 느낌이었어요. '그래서? 공주가 어떻게 살았는데? 왕자랑 어떻게 지냈는데?' 하는 다음 내용이 전혀 없는 듯한 느낌이었죠. 계속 그 뒤가 궁금하더라고요. 그 후에 어떻게 살아남았는지, 그 시간이 배드 엔딩이었다면 또 어떻게 견뎠는지, 고군분투했다면 어떻게 지나왔는지. 저는 사실 그 시간이 되게 찌질했지만 그만큼 제 인생에서 중요했거든요. 저처럼 그 시절을 궁금해할 사람이 많을 것 같아서, 그런 이야기를 해준다면 희망이 보이지 않을까 싶어서 이야기를 꺼낼 수 있었어요. 퇴사하고 나서 정말 가난하게 지낸 이야기부터 그래서 더 자유롭게 뭔가를 할 수 있던 이야기까지…. 그때 주변 사람들이 저한테 "한창

않은 말들이라는 게 문득 무서웠어요. 매일매일 제가 예측할 수 없는 규모로 제가 하지 않은 말들이 생겨난다는 게 저를 불안하게 해요. 그래서 요즘엔 내 작업을 성실하게 하면서 적당히 유명한 사람이 되고 싶다는 생각을 많이 해요.

지금은 80만 구독자와 함께하는 유튜버가 되었지만, 책 《매일을 헤엄치는 법》에는 그 이전의 이야기가 담겨 있죠. 힘들었던 직장 생활과 퇴사 후에 진짜 하고 싶은 일을 찾아 나가는 다소 고된 과정이 촘촘히 기록돼 있어요.
저는 콘텐츠를 만들 때 과거의 나, 혹은 미래의 나에게 도움이 됐으면 좋겠다는 생각을 많이 해요. 퇴사하기 전에 저는 퇴사에 관련된 책을 참 많이 봤어요. 근데 퇴사하고 나서 개운하다는 내용은 많은데, 퇴사하고

젊을 때 일해야지, 지금 퇴사할 때 아니다."라고 했거든요. 근데 저는 반대로 젊으니까 퇴사할 수 있다고 생각해요. 회사 밖에서도 할 수 있는 게 아주 많으니까요.

"당신도 할 수 있다는 이야기를 하고 싶었다."라는 구절을 보고 '너도 할 수 있어!' 하고 독려하는 느낌을 받았거든요. 그런 피드백을 준 사람이 있었어요?
정말 많았죠. 제 이야기 덕분에 퇴사했다는 사람도 있었고, 저보다 나이가 훨씬 많으신 분이 본인도 이런 시간을 거쳤다고 이야기해 주시기도 했고요.

많은 사람이 비슷한 고민을 하고, 비슷한 시기를 거친다는 의미 같기도 해요. 그만큼 보편적인 일인데도

이연 씨 이야기를 찾는다는 건 같은 이야기를 효과적으로 전달한다는 게 아닐까 싶어요. 나의 말하기에 어떤 힘이 있다고 생각해요?

애쓰는 부분이기도 한데, 힘을 많이 안 주려고 해요. 어떤 분야든지 힘이 많이 들어가면 부담스럽거나 촌스럽더라고요. 특히 딱딱한 글 보면 부러질 것 같은 느낌이 들잖아요. 그림도 마찬가지예요. 너무 힘이 들어가면 손도 아프고, 그림도 경직돼 있단 말이죠. 그래서 편안하게 말하는 걸 중요하게 생각해요. 편안함을 유지하기 위해 운동도 하고, 잠도 자고, 책도 읽고, 좋은 사람도 만나려고 해요. 그래야 제가 편안한 상태가 되고 편안한 말하기가 나오거든요. 사실 지금 이 시대에 편안함을 누리는 건 굉장히 어려운 일이에요. 불편한 일이 너무 많잖아요. 그래서 애를 쓰는 거죠. 편안함을 유지하기 위한 노력이 말하기로 나와서 그게 하나의 매력이 되는 게 아닐까 싶어요.

그럼 자극적인 건 피하려고 해요?

아뇨. 엄청 좋아하죠(웃음). 언젠가 기질 검사를 한 적이 있는데, 자극을 추구하는 성향이 아주 높더라고요. 그러니까 편안함을 미친 듯이 추구하지만 막상 편안해지면 지루해하는 거예요. 이런 성향이라는 걸 저도 잘 알아서 관련된 책도 읽어 봤는데요. 원래 인간은 고통을 느낄 때보다 지루할 때 더 괴로워한대요. 작은 방에 사람과 전기충격기만 두고 지켜보는 실험을 했는데, 여자는 10퍼센트, 남자는 50퍼센트 이상이 전기충격기를 사용했다는 거예요. 그 정도로 인간은 지루함을 못 견디는 존재인 거예요. 그러니까 저도 편안함을 못 견디는 상황이 오면 제가 뭔가를 안 해서 부족함을 느끼는 거라고 생각하지 않고 인간이라는 종이 원래 그렇다는 걸 생각하려고 해요.

요새는 어떤 자극을 즐겼어요?

마약이요(웃음). 유튜브로 마약 관련된 콘텐츠를 정말 많이 봤어요. 제 삶에서 마약을 접할 일이 없으니까 그런 걸 유튜브로 알아가는 게 재미있더라고요. 저는 키워드 하나에 꽂히면 종일 그것만 찾아보거든요. 마약 거래를 할 땐 계좌 이체를 하면 걸리니까 비트코인으로 거래한다는 것도 알게 됐고, 그 계좌가 한 번 거래하고 나면 폭파된다는 정보도 접했어요. 제가 모르는 세상이 너무 많다는 걸 알아가고 있죠. 자극적으로요(웃음).

저는 이연 씨가 졸업 작품을 끝내고 '다시는 만화 그리지 말아야지.'라고 생각했다는 게 꽤 자극적이었어요(웃음). 《매일을 헤엄치는 법》은 만화 에세이잖아요.

이 책엔 제 삶에서 가장 어둡고 우울한 시기의 이야기가 담겨 있어요. 워낙 무거운 이야기다 보니 이 이야기를 우울한 톤으로 풀어내면 안 되겠다는 생각이 들더라고요. 너무 사적이고 어두운 이야기니까 출판사에서도 초고를 받아보고 어떻게 남들이 읽을 만한 이야기로 다듬을 수 있을까, 고민을 많이 하셨대요. 그러다 만화로 전달하면 좋겠다는 생각이 들더라고요. 사실 제가 졸업 작품을 끝내고 '다시는 만화 그리지 말아야지.' 했던 건, 너무 좋아하는 장르인데 제대로 못 해내니까 야속한 마음에서 한 이야기였거든요. 그러니까 다시 안 한다고 하면서도 꼭 도전해 보고 싶은 분야이기도 했어요. 그래서 용기를 낸 거죠.

만화라는 장르가 무거운 이야기의 무게감을 조금 덜어줄 수 있다는 의미 같기도 해요.

그렇죠. 일단 제 책은 캐릭터가 귀엽게 설정되었기 때문에 덜 심각해 보일 수 있었어요. 요새 제 모토 중 하나가 '심각하게 살지 말자.'거든요. 심각하다는 건 지나친 걱정이에요. 제가 좋아하는 작가 데일 카네기Dale Carnegie가 말하기에 걱정은 쓸모가 없다는 이야기를 해요. 걱정하느라 중요한 일, 소중한 사람에게 집중을 못 하는 순간이 생각보다 너무 많다는 거예요. 그러니까 걱정을 안 하려면 심각해지지 말아야겠죠. 그 생각을 하다 보니 표현도 심각하게 하고 싶지 않더라고요. 유튜브는 마음에 안 들면 비공개로 돌리면 되지만 책은 그렇지 못하니까 덜 부끄러운 내용을 담고 싶었어요. 사실 캐릭터가 말을 하면 좀 덜 심각해 보일 수 있거든요. 가벼운 캐릭터와 편안한 무드로 무거움을 중화해 보자고 생각했어요.

책에 등장한 캐릭터는 전구인데, 또 생각한 오브제가 있었어요?

책을 쓸 땐 딱 전구뿐이었는데 오히려 그 이후에 여러 오브제를 생각하게 됐어요. 그다음 제가 생각한 건 식물이에요. 저 뒤쪽에도 그림이 있는데, 선인장 머리를 한 사람이거든요. 언젠가 가시가 많은 식물은 독이 없다는 이야기를 들은 적이 있어요. 독이 없어서 약하기 때문에 가시를 만든 거라고 하더라고요. 그래서 조난당하면 가시가 있는 나무의 열매를 먹으라는 말도 있더라고요. 인간도 마찬가지 같아요. 가시 돋친 말을 하는 사람은 사실 약한 사람이 아닐까 싶어요. 그래서 선인장이나 시든 꽃 같은 걸 인물에 접합하여 드로잉해 보기 시작한 거죠.

"영원할 것처럼 찬란히 빛나다가 죽는 점이 인간과 닮"아서 만화 캐릭터를 전구로 설정했다고 했죠. 지금 이연 씨는 전구의 생애 중 어느 지점에 닿아 있다고 생각해요?

하얀빛과 노란빛 사이의 온도로 가장 환한 상태 같아요. 언제나 이성을 유지하려고 하면서도 동시에 따뜻함을 놓치지 않으려는 욕심이 있거든요. 또 지금이 리즈 시절인 것 같아서 환하다고 표현한 거고요(웃음).

환한 시절을 기록하게 되어 영광이에요(웃음). 그림을 그리려고 퇴사했고, 만화에서도 계속 "다시 그림을 그리자."라는 문장이 나와요. 이연 씨에게 그림이라는 건 어떤 존재예요?
'이렇게 재미있는 게 또 없다!' 누구에게나 자기만의 재미가 하나씩 있을 것 같아요. 저한텐 그게 그림인 거죠. 제 삶에 있어 가장 꾸준하고 건강하게 도파민을 뿜어내는 행위거든요. 저는 어떤 목표를 세우든 그 목표에서 그림이 빠지지 않아요. 그림으로 뭔가를 이루겠다는 게 아니라 할머니가 되어서도 그림을 그리고 싶은 마음이죠.

그림을 보는 건 어때요?
보는 덴 흥미가 없어요. 사실 저는 그림을 잘 그리기 때문에 좋아해요. 지금 제 실력에 확신을 가지고 감사함을 느끼고 있어서요.

내 자존감을 올려줄 수 있는 게 뭔지 안다는 건 참 중요한 것 같아요.
맞아요. 사람이 필요한 일이 아니어서 더 좋아요. 그게 사람이면 힘들어져요. 물론 항상 나를 안아주는 사람이 있으면 너무 좋겠죠. 근데 그 사람이 아플 수도 있고, 떠날 수도 있고, 하다못해 잘 수도 있잖아요. 근데 그림은 그런 게 없으니까요.

그림으로 뭔가를 이루겠다는 마음은 없다고 했는데 정말 전혀 없어요?
네. 고등학교 때는 목표가 잘 그리는 거였고, 좋은 대학에 가는 거였어요. 근데 막상 대학에 가고 나니 제가 미친 듯이 잘 그리는 사람이 되고 싶은 건 또 아니라는 걸 알게 됐어요. 학생 때는 딱 지금의 저만큼 그림을 그리고 싶어 했어요. 이 정도 그림체를 가지고 싶었거든요. 누군가는 이런 상황에서 길을 잃을 수도 있을 거예요. '그럼 앞으로 뭘 더 해야 하지?' 하고요. 그런데 전 이걸로 충분해요. 너무 좋고, 재미있어요. 근데 신기한 건 이렇게 만족해도 1년이 지나서 보면 그림이 늘어 있어요. 창작의 좋은 점은 그런 거 같아요. 인간은 나이를 먹고 노화하는데 창작 실력은 계속 늘게 된다는 거요. 몸을 쓰는 활동은 전성기가 분명히 있지만, 그림은 그렇지 않아요. 마흔, 쉰이 되어도 젊은 화가라고 하니까요. 갈수록 더

많은 그림을 그릴 수 있다는 게, 더 좋아질 거라는 게 기대돼요.

퇴사를 결심하고 막막했을 텐데 "나는 나를 행복하게 해줄 거야.", "내가 책임질게. 그냥 하고 싶은 대로 해."라고 이야기했죠. 어떻게 나를 그렇게 믿을 수 있었어요?
어머니가 어느 날 제 사주를 보고 오셨는데, 제가 가세를 일으킬 거라고 했대요. 그래서 어릴 때부터 제가 뭘 한다고 하면 "그래, 넌 가세를 일으킬 인물이니까!" 하시는 거예요(웃음). 미술 한다고 했을 때도 "그래, 미술로 가세를 일으킬 수도 있겠다!" 하셨고요. 지금 생각해 보면 진짜 가세를 일으키는 사람이 저였나 싶기도 해요(웃음). 사실 두 번째 회사를 퇴사할 때 주변 사람들이 다 말렸거든요. 근데 엄마가 "네가 거기 다니면서 가세를 어떻게 일으키니? 네가 할 일은 따로 있어. 넌 네 일을 해야 해."라고 해주셨어요. 그 말 덕분에 퇴사를 결심하게 됐죠. 물론 사주가 원동력이라는 이야길 하려는 건 아니고요, 확신을 심어주는 사람이 중요한 것 같아요. 그건 가족일 수도 있지만 친구나 이웃, 선배나 선생님이 될 수도 있겠죠. 제 친구들 역시 저한테 "난 네 걱정 하나도 안 돼."라는 말을 자주 해줬어요. 진심으로 저를 믿어준 거죠. 원동력이라는 게 있다면 저한테는 그게 사람들이지 않을까 싶어요.

그 믿음이나 기대에 못 미칠까 봐 걱정되진 않았어요?
오히려 제 기대에 못 미칠까 봐 겁이 났어요. 사람들은 제가 엄청난 사람이 되기를 강요하지 않는데, 오히려 저만 제가 특별하기를 바라고 잘되기를 바랐거든요.

그럴 땐 어떻게 했어요?
좋아하는 책《빅매직》에 창작할 때 고통을 마주하면 '이거 내가 항상 겪던 거지.' 하면서 되새기라는 이야기가 있어요. 그러니까 슬럼프 앞에서 도망치고 싶고, 숨고 싶을 때 '아, 나 지금은 이런 단계지.' 하고 이해할 수 있도록 자기의 사고를 프로세스화하는 거죠. 그걸 인지하고 나면, 그 시간을 버티면 이겨낼 수 있다는 걸 아니까 견디게 돼요. 유튜브 조회수가 안 나온다고 '이제 접어야지.' 하는 게 아니라 기다리는 거예요. 그러다 차츰차츰 조회수가 잘 나오면 '그래! 이게 나다!' 하면서 기분이 좋아진다는 걸 알고 있으니까요. 정말 두려울 땐 유튜브에 제 이름을 검색해요. 그럼 제가 업로드한 영상 개수가 뜨거든요. 만일 그게 200개라면, '난 이 겁나는 걸 200번을 넘게 해왔구나.' 하면서 안심하는 거예요.

책에서 '내가 되는 것'을 많이 강조하셨죠. 자연스러운

나를 찾자는 말 같았어요. 그러기 위해서는 나를 잘 알아야 할 텐데, 이연 씨는 본인을 어떤 사람이라고 생각해요?
이번 여행에서 특히 더 잘 알게 됐는데, 친구들이랑 가니까 제가 더 잘 보이더라고요. 극명한 비교군이 캐리어였어요. 저는 캐리어의 반 정도 여분이 있었고, 모든 게 정리가 되어 있었거든요. 바퀴 쪽에는 이거, 오른쪽에는 이거, 위쪽에는 이거, 저만의 로직이 있었단 말이죠. 근데 옷만 무진장 넣어 온 친구도 있었고, 저랑 완전히 다른 방식으로 정리한 친구도 있었어요. 화장품을 챙겨 오는 스타일도 제각각이었죠. 한 친구는 본품을 챙기고, 다른 친구는 샘플을 챙기고, 저는 소분을 해 왔죠. 그걸 보면서 제가 정리정돈이나 로직에 얼마나 집착하는지가 보이더라고요. 저는 그런 사람 같아요. '항상

그걸 느끼는 순간마다 질문하고 답변하다 보니까 저를 좀더 알게 되더라고요.

너무 좋은 방법인데요. 종종 써먹어야겠어요(웃음). 요즘은 유난히 자기 이야기를 꺼내놓는 콘텐츠가 많아졌어요. 책도, 유튜브도, SNS도 그렇죠. 사람들 이야기엔 어떤 힘이 있다고 생각해요?
자기를 꺼내놓는 것만으로도 그 사람의 시간이 헛되지 않았다는 위로가 되는 것 같아요. 한때 저는 해놓은 건 없고 나이만 먹는 것 같아서 불안해한 적이 있어요. 근데 그사이에 그려놓은 그림이나 써둔 글이 보이면 위로가 되는 거예요. 제가 뭔가 했다는 게 증명이 되니까요. 그러니까 다들 자기 존재에 대한, 삶에 대한 허무함을

단정하고 선명하고 싶은 사람. 거기에서 편안함을 느끼는 사람.'

나를 찾기 위해서는 관찰도 중요할 텐데요. 어떻게 나를 관찰하곤 해요?
질문을 해요. 살다가 무기력하고 기분이 나빠지는 순간이 생각보다 많은데, 그럴 때 질문을 던지면 제법 많은 게 해결돼요. "넌 지금 왜 기분이 나빠?", "너 지금 왜 불만족스러워?" 하고 묻는 거죠. 저는 만족스럽지 못한 부분에서 제가 뭘 원하는지를 찾을 수 있다는 게 좋아요. "너 왜 이 음식 싫어해?"라고 묻거나 "너 왜 여기 안 가려고 해?"라고 물으면 반대급부에서 진짜 제 모습을 찾을 수가 있어요. 예전엔 불평불만이 많은 제가 싫었는데,

느끼지 않기 위해 흔적을 남기는 게 아닐까요? 사실 이런 문화는 요즘 일만은 아닌 것 같아요. 옛날엔 벽화에 이런 흔적을 남긴 게 아닌가 싶어서요. 내가 잊히고, 소모되고, 한편으로는 죽어가는 생각이 드는 게 결코 바람직하지는 않으니까 어떤 식으로든 남겨놓으려고 했던 거죠. 저는 그 방법 중 제게 가장 잘 맞는 게 그림이라고 생각해요. 제가 진짜 좋은 그림을 그리고 싶은 이유는 기억되고 싶어서예요.

그럼 반대로 우리는 왜 영상이나 책으로 다른 사람의 이야기를 엿보려고 하는 걸까요?
저는 드라마나 소설 같은 픽션보다는 뉴스나 다큐멘터리를 좋아해요. 재연되지 않은 원천 소스들을 좋아하는 거죠.

거기서 공감할 지점을 찾으면 제 삶에 큰 위안이 되거든요. 가끔 누워서 빈둥거리면서 시간을 보낼 때면 저 자신이 부끄러워질 때가 있어요. 근데 다큐멘터리에서 누군가 누워서 유튜브를 보는 장면이 나오면 위로가 되는 거예요. '아, 나만 이런 게 아니구나!' 하고요. 또 공감할 수 없는 걸 보는 재미도 있어요. 우리가 우주를 궁금해하는 것도 그런 맥락이 아닐까 싶고요.

결국 영상은 내가 겪어본 것과 겪어보지 못한 세계를 전부 알려주는 셈이네요. 그럼 이연 씨는 어떤 이야기를 전하는 사람이 되고 싶어요?
둘 다요. 서문은 '나도 이런 거 알아!' 할 만한 공감의 이야기로 시작하고요. 그다음엔 뻔하지 않은 이야기를 하고 싶어요. "돈을 많이 벌고 싶다면 이렇게 투자 공부를 하세요. 퇴근 후에 사이드 잡을 하세요." 같은 건 이제 누구나 알 법한 사실이잖아요. 더 이상 궁금하지도 않고요. 예전에 유튜버 친구 한 명이 그러더라고요. 네 가지 솔루션을 말할 거면 세 가지 정도는 보편적이어도 한 가지는 완전 처음 듣는 걸 이야기하라고요. 최근에 제가 '만만해 보이지 않는 방법'에 관한 콘텐츠를 올렸는데요. 저는 여기서 "떠나보내고 싶지 않을 만큼 아까운 사람이 돼라."고 했어요. 누군가에게 사기를 당했다면 대부분 '내가 순하게 생겨서. 말을 잘 들어서. 만만하게 보여서.'라고 생각하기 쉬운데요. 어쩌면 그 사람에게 자신이 엄청 귀한 사람이 아니어서일 수도 있거든요. 저는 그런 것들을 말하려고 해요.

결국 흥미를 유발할 무언가를 가지고 있어야겠네요.
그렇죠. 그런 건 계속해서 생겨난다고 생각하는데, 중요한 건 제가 겁먹지 않고 계속 이어가는 거겠죠.

이야기를 누군가에게 계속해 준다는 건 다정한 일이라는 생각도 들어요. 책에서 다정이 후천적이라고 했는데, 그걸 알려준 사람 이야기도 들어보고 싶어요.
초등학생 때 스승의 날이라기에 에이포 용지에 그림을 그리고 선생님께 편지를 쓴 적이 있어요. 정사각형으로 접어서 리본 모양을 그리고는 편지를 선물처럼 만들었죠. 그걸 갖고 등교했는데 교탁 위에 선물이 수북한 거예요. 저 어릴 땐 부모님이 선생님 선물을 준비하고 아이들이 전달하곤 했는데, 그걸 까맣게 몰랐던 거죠. 산처럼 쌓인 선물을 보니까 좀 부끄럽더라고요. 그래서 선물 구석에 제 편지를 두고 왔는데요. 선생님이 교실에 들어오셔선 선물을 쫙 보시더니 "너희에게 하고 싶은 말이 있어. 선생님은 이런 선물이 제일 좋아." 하시면서 제 편지를 들어 올리시는 거예요. 와, 정말 감동적이었죠. 그때 느낀 다정함 덕분인지, 지금도 손 편지 쓰는 걸 좋아해요.

편지는 그걸 쓴 당사자도 다시 볼 수 없는 글이잖아요. 그래서 더 가치 있는 것 같아요.

편지도 하나의 흔적일 텐데요. 글이나 그림, 영상 같은 흔적을 남기는 이유가 '사후에도 사람들에게 기억되고 싶어서'라고 했어요.
영화 〈디태치먼트〉(2011)에서 선생님이 학생들을 처음 보자마자 이런 질문을 해요. "내 장례식장에서 사람들이 나를 어떻게 추모할 것 같은지 한번 적어보아라." 저는 지금 이 모습 그대로 기억되면 좋겠어요. 언제나 제가 가져가고 싶은 태도로 살고 있으니까요. "이연? 걔 사람 좋아하고, 사람들한테 잘해줬어. 위로하는 메시지도 많이 남겼지. 생각해 보니 걔가 선물도 많이 줬다?" 하고요.

따뜻한 사람으로 기억되고 싶군요.
맞아요. 저는 항상 곁에 귀여운 사람들을 많이 두고 싶어요. 외형적으로 앙증맞다는 게 아니라, 인간적인 면모도 있고, 애쓰는 모습도 있고, 다정한 마음도 있는 그런 사람들이요. 조금 다른 이야기긴 한데, 아우슈비츠에 가면 불자 같은 사람을 만날 수가 있대요. 절대 망가지지 않는 고고한 사람이요. 그런 사람들이 저는 애쓰는 사람이라고 생각해요. 자주적인 거지만 한편으로는 귀여운 거이도 하죠. 저는 그런 사람들을 좋아해요. 많이 애쓰는 사람들을.

"나는 이연의 최신판이 언제나 마음에 든다."고 했지요. 오늘도 오늘의 이연이 가장 마음에 들어요?
그럼요. 예전의 저는 아플 때 어떻게 해야 하는지 몰랐지만, 지금은 목감기가 걸리면 어떻게 해야 하는지 아는 사람이거든요. 이렇게 삶의 매뉴얼을 갖게 되는 게 너무 좋아요. 몇 번 감기에 걸려 보니까 제 감기는 목에서 시작해서 코로 나간다는 것도 알게 됐어요. 지금 코맹맹이 상태니까 이게 내일 정도면 나갈 거라는 것도 어렴풋이 알 수 있어요. 감기에 걸리면요, 하루하루 깨어나는 기분이 들어서 좋아요. 점점 나아지는 느낌이거든요. 그러니까 또 최신판 이연이 마음에 들 수밖에 없는 거죠. 내일은 또 내일의 저를 가장 좋아하게 되겠죠?

《매일을 헤엄치는 법》을 다 읽고 내내 마음에 남은 말이 있다. "잘해낼 줄 알았어. 고마워." 이연이 이연에게 보낸 말이 나에게로 건너와 오래 마음에 고였다. 가끔 그럴 때가 있다. 눈썹과 어깨 모양이 비슷한 각도로 축 처질 때, 입꼬리가 자꾸 아래로 주저앉을 때. 이제 그런 내가 보여도 너무 걱정하지 않기로 했다. 미래의 내가 지금의 나에게 말해줄 거라 믿는다. "잘해낼 줄 알았어. 고마워."

지난 겨울, 모빌스그룹의 소호·모춘 홈오피스에 방문했다. 그때 그들은 마음 놓고 쉰 적이 없어
지금은 나를 행복하게 해줄 것들을 찾아 충분히 쉬어보겠노라 했다. 휴식기 이후가 기대된다는
말에 "모빌스그룹의 새로운 챕터가 시작되지 않을까요?" 하고 씩씩하게 이야기한 것을
기억한다. 4개월 만에 모빌스그룹의 유튜브 채널 '모티비MoTV'에 영상이 업로드되었다. 뭔가
재미있는 일이 시작되겠구나 싶어 열어보았더니 웬걸? 극장을 만든다고요?

극장주가 되고 싶어요

에디터 이주연 자료 제공 모빌스그룹

손에 잡힐 듯한 생생한 경험

극장이라는 말에 단순히 '상영'을 하는 프로젝트인 줄 알았다. 거기에 모빌스그룹만의 아이디어를 담아 반짝 빛나는 무언가를 해내겠지 싶었는데, 그게 아니었다. 모춘이 말한다. "극장주가 되고 싶어요." 극장주? CGV, 롯데시네마, 메가박스… 에무시네마, 아트하우스모모, 필름포럼… 같은 극장을 말하는 건가? 아니면 대학로에서 연극을 올리는 그 극장? 아니, 다 차치하고, 그러니까 '극장'을 만드는 게 가능한 일인가?

"극장 프로젝트는 올해 봄 즈음부터 시작한 일이에요. 저희가 전개하고 있는 브랜드 '모베러웍스'의 오프라인 공간 프로젝트지요. 지금까지는 저희 활동들을 기록해서 유튜브 채널 모티비로 보여드렸는데요. 온라인으로 활동하다 보니 왠지 허공에 떠 있는 느낌이 컸어요. 구글 시스템 오류로 어느 날 갑자기 채널이 없어져버릴 수도 있는 일이고요. 좀더 저희 손에 잡히는 오프라인 세상에서 브랜드 경험을 만들어보고 싶어서 시작하게 됐어요. 층당 20평 정도 되는 아주 작고 낡은 주택을 개조해서 30석 단관 극장으로 만들고 있어요."

4개월 만에 업로드된 모티비 영상 안에 익숙한 얼굴이 보인다. 책상에서 골똘히 고민하고, 동네를 바지런히 누비며 시종일관 바쁘게 무언가를 한다. 언뜻 보면 한가롭게 제주 여행을 가고, 편하게 놀이터에 앉아 대화하는 듯도 하지만 모든 이야기에 뼈가 있다. 2층짜리 주택을 구한 모빌스그룹 멤버들이 낡은 구옥을 어떻게 개조할지 고민하는 것이다. 작은 빔 프로젝터를 가져다 두고 삼삼오오 모여 먹을거리를 나누는 그런 가벼운 자리가 아니다. 이들은 몇 석짜리 상영관을 어떻게 구성할지, 어떤 영화를 상영하고 어떤 먹거리를 제공하며 어떤 콘텐츠를 어떻게 재해석할지 다각도로 고민한다. '이거, 장난이 아니구나!' 싶었다. 이리 보고, 저리 봐도 명백한 사업이었다. 건축사 사무소와 만나 낡은 주택을 새로이

하기 위해 준비하고 안팎의 한계를 확인하는 일, 가능과 불가능을 계산하고 치열하게 토의하는 일. 더불어 영화관에 대한 전문 지식을 하나씩 익혀가고 극장을 세우는 데 필요한 인테리어와 자격을 상담하는 걸 보며 여긴 감히 내가 예상할 수 없는 세계구나 싶었다. 그리고 나는 이 엄청나게 재미있을 프로젝트에 대한 진심을 읽었다.

"건축 리모델링은 '쿠움 건축사 사무소'와 함께하고 있어요. 모티비에도 출연한 적이 있는 김요섭 대표님의 '블룸즈베리랩' 도움도 많이 받고 있죠. 블룸즈베리랩은 국내 주요 영화관에 스크린을 공급하고 있는데, 저희 극장에 무려 무상으로 스크린을 주기로 하셨어요. 먹거리는 수제 가공육을 만드는 '소금집SALT HOUSE'과 함께 준비하고 있고요."

극장 프로젝트가 차근차근 진행되는 것을 보면서 모빌스그룹과 함께 걷는 사람들에 놀라지 않을 수 없었다. 이것을 인맥이란 단어로 설명하기엔 턱없이 부족하고, 인연이라 말하기엔 너무 느슨하다. 그 어떤 단어도 적당하지 않은 것 같다. 그들이 극장을 하고 싶단 콘텐츠를 업로드했을 때 수많은 메일이 도착했다고 한다. 영화관에 오래 근무한 사람부터 영화관을 만들어보신 분, 장비 공급 업체 대표님 등…. 여러 전문가와 연결되는 걸 보면서 강력한 어떤 힘을 읽었다. 모빌스그룹이 지나온 길에 켜켜이 쌓인 노력을, 지나는 사람 한 명에게도 소홀히 하지 않은 세심함을. 그 모든 게 한순간 반짝 빛을 발하는 것 같았다. 그러나 이렇게 저렇게 전문가와 만났다고 해서 극장이 뚝딱 완성되고 성행하는 것은 아닐 터. 그 안을 채우는 건 온전히 모빌스그룹의 일이며 모든 아이디어와 구성은 모베러웍스라는 브랜드에서 탄생할 테다. 지금 내가 궁금한 것은 그 안이 어떤 표정으로 채워질지, 또 어떤 재미를 보탤지다.

순수한 재미보다 강한 건 없으니까

나는 이름의 힘을 믿는다. 그 안엔 적잖은 가치와 신념이 담긴다. 나아갈 방향을 정리해 주기도 한다. 그래서 늘 이름이 궁금하다. 모빌스그룹이 전개하는 브랜드 이름은 모베러웍스. 그렇다면 모베러웍스가 만들어낼 극장 이름은 무얼까. 모티비에서 모춘이 말한다. 생각해 둔 이름이 있다고. 툭 던진 그 단어는 '모스'다. 워낙 똘똘 뭉쳐 단단하게 굴러가는 그룹이기에 모스라는 이름에 각기 다른 의미를 부여하며 이야기를 담으리라 생각했는데, 대오가 말한다. 새로운 걸 한다고 극장에 이름 붙이고 싶진 않다고, "모베러웍스 플래그십은 극장입니다."라고 말하는 게 훨씬 좋지 않겠냐고. 모춘이 내뱉은 이름이 퉁겨나가는 장면을 보며 나는 어떤 풍경을 기대했던가. 각자 이름을 설득하는 치열한 설전? 한 명이 쉽게 수긍하는 흐름? 무엇도 아니었다. 이들은 내 의견만 고집하지도, 내 생각만 굳히지도 않는다. 그들은 각자 자리에서 유연하게 사고하고 의견을 모은다. 그리고 다음 화 영상에서 이내 생각을 통일한다. 새로운 이름보다는 모베러웍스라는 브랜드 이름을 사용하는 게 맞겠다고.

"현재 시점에서의 극장 이름은 '모베러웍스 픽처스'예요. 지금까지 만들어 온 모베러웍스의 DNA를 녹이는 공간이다 보니 모베러웍스라는 이름은 들어가는 게 좋겠다고 결론 내렸어요. 모베러웍스 시어터, 시네마, 플래그십 같은 단어들을 두고 고민했는데 '픽처스'가 주는 제작사나 스튜디오 같은 뉘앙스가 좋았어요. 기존 영화관을 저희 식대로 재해석한 극장이니까요."

지금 모빌스그룹은 세 팀으로 나뉘어 각자 할 일을 해내고 있다. 건축, 브랜딩, 콘텐츠. 그리고 그 안에서 세세한 내용을 쪼개 천천히 채워가는 것이다. 아직 이 프로젝트는 진행 중이기에 그들의 결정은 번복되거나 수정될 수 있다. 주말만 무료로 운영하는 비상설 영화관을 이야기해

구독자를 놀라게 했지만, 주중과 주말로 운영 프로그램이 나뉘고 그에 따라 기획이 흩어지다 보니 정체성을 잃어 기획을 수정했다고 고백하기도 했다.

"머쓱하지만 모티비에서 이야기한 결정을 뒤집게 됐어요. 비상설 영화관으로 꾸리면 주중은 주중대로, 주말은 주말대로 다른 기획이 나와 프로젝트가 산으로 가더라고요. 이게 영화관인지 팝업 스토어인지 모를 공간이 되어버리는 게 아쉬웠어요. 이 공간의 정체성은 명확히 '극장'이어야 하고, 그러기 위해서는 상시 영화를 상영하는 '상설' 영화관이 되어야 한다고 결론 내렸죠. 이 또한 번복될 수 있지만 지금 시점에선 티켓을 판매하고 상영하는 유료 상설 극장을 목표로 삼고 있어요."

현재 시점에서 마지막으로 업로드된 영상은 극장을 위해 구옥을 철거하는 영상이다. 이 영상에서 대오가 말한다. "난 모춘의 순수한 동기가 계속 지켜져야 한다고 생각해. 사실 그렇게 하려고 브랜드 만든 거 아닌가?" 모빌스그룹 멤버들의 성공 지표는 재미에 다름 아니다. 영화를 상영하고 그걸로 우리가 너무 재미있으면 성공인 거라고, 돈은 다른 방식으로도 분명히 벌 수 있다고. 이 프로젝트, 왠지 너끈히 성공할 것만 같다.

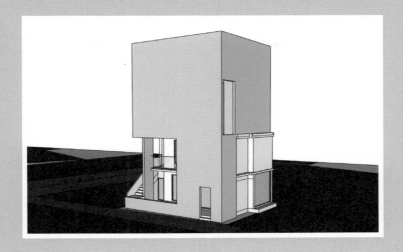

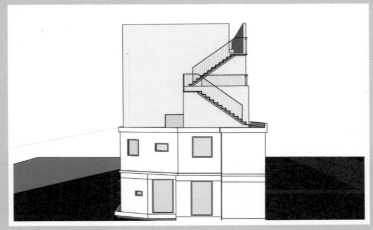

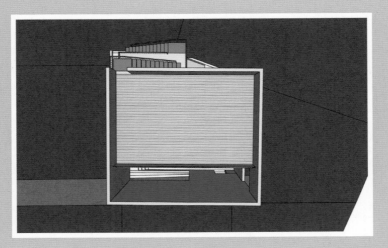

소호 모빌스그룹

지난겨울에 만났을 때 좀 쉬고 싶다는 이야기를 하셨죠. 큰 챕터가 하나 마무리되었으니 새로운 시즌이 시작될 거라고도 이야기했는데, 그게 '극장 프로젝트'라니요!
분기점마다 이야기 나눌 기회가 생기네요. 이런 인연이 무척 기뻐요. 지난겨울엔 모든 것에 지쳐서 쉬고 있을 시기였는데 어느덧 이렇게 다시 일을 벌이게 됐어요. 극장 프로젝트는 올해 봄 즈음 시작한 새로운 챕터예요.

"돈 안 되는 생각만 하는 것 같다."면서 꺼낸 콘텐츠가 극장과 영화여서 조금 놀랐어요. 모빌스그룹에게 영화는 어떤 의미예요?
간혹 오해하는 분들도 있는데 저희가 대단한 영화광은 아니에요. 다른 사람들보다 영화를 좋아하는 것도 아니고, 그냥 보통 사람들만큼 좋아하죠. 저희한테 영화는 취미나 취향이라기보다는 이야기의 의미예요. 영화는 두 시간가량 함축된 시간에 이야기의 기승전결을 담는 종합 예술이잖아요. 모베러웍스라는 브랜드에서 가장 중요한 것도 모티비에서 보여드린 브랜드를 만드는 과정에 대한 이야기라고 생각해요. 모베러웍스의 오프라인 공간에도 이야기가 빠질 수 없다고 생각했고, 이야기 그 자체인 영화를 가져오게 된 거죠.

그럼 프로젝트명이 왜 '영화관'이 아니라 '극장'이죠?
처음에는 단순히 극장이 주는 어감이 좋아서 부르기 시작했는데요. 단지 영화에만 국한되지 않아서 좋더라고요.

신작 영화만 상영하는 영화관을 만들고 싶지는 않거든요. 구작 영화들을 틀고, 어느 날은 유튜브 채널 정주행도 함께 할 수 있는 극장을 만들고 싶어요. 작은 공연을 하는 소극장이 될 수도 있겠고요.

사실 영화라는 이야기를 다룬다면 제작사도, 배급사도, 촬영도, 배우도, 영화 그 자체도 가능할 텐데 왜 공간이었요? "난 극장주가 되고 싶다."는 말이 너무 신선했어요.
영화를 하고 싶은 마음이 아니라 극장주가 되고 싶다는 마음이 전부니까요(웃음). 우리 극장을 만들어 놓고 마음 맞는 친구를 불러서 같이 영화 보고 이야기하면 좋겠다는 단순한 생각이었어요. 여름에는 밤새 호러 영화를 보고 시원한 계절에는 옥상에서 맥주 한잔하면서 놀 수 있는 장소가 있었으면 한 거죠. 그러려면 배급사나 제작사가 아닌 공간을 가져야 한 거고요.

이제 그 공간도 차츰 모양을 갖춰가고 있죠. 2층 구옥을 구하셨다고요.
장소를 구할 땐 극장 할 생각이 전혀 없었어요. 그저 성수동 연무장길이라는 입지만 생각해서 덜컥 구한 건데, 극장을 하려다 보니 증축이 불가피해서 일이 좀더 커졌어요. 정말 대책 없이 무작정 돌진하는 것 같아서 답하면서도 머쓱해요(웃음). 우선, 지금 기획으로는 1층에 매표소와 매점이 들어올 예정이고요. 모바일 티켓도 있겠지만

손으로 만질 수 있는 티켓은 꼭 만들고 싶어서 티켓 부스를 굳이 넣으려고 해요. 매점에서는 팝콘과 핫도그를 팔고, 한쪽에는 기념품처럼 사갈 수 있는 모베러웍스 숍이 자리할 것 같아요. 2층은 영화 시작 전이나 끝난 후에 편하게 앉아서 이야기 나눌 공간이 될 듯하고, 3층은 상영관, 그 위층은 옥상 테라스로 꾸밀 준비 중이에요.

모빌스그룹은 참 신기해요. 주변에선 다 말리고, 놀리고, 말도 안 된다고 하는 일에 멤버들이 똘똘 뭉쳐 함께하잖아요.

정말로 하고 싶어서 하는 일이 재미있다는 걸 알고 있기 때문이에요. 물론 재미로 시작했지만 재미없어지는 일도 있어요. 하지만 재미가 있으면 다른 사람들이 다 말려도 어떻게든 하게 돼요. 아무도 안 시키는데 혼자 몰래 하는 일들을 생각해 보세요. 재미있어서잖아요. 더불어 '이런 동기로 시작해서 먹고살 수 있을까?'에 대한 실험이기도 해요. 저희는 서로 반론을 제기하는 일이 거의 없어요. 오히려 계속 자신에게 반대 의견을 묻죠. '재미로 시작했는데 재미없을 땐 안 하는 게 맞아?', '들인 돈을 회수 못 해도 하는 게 맞는 거지?', '극장 운영하느라 빚에 허덕이는 거 감수하고 할 수 있어?' 하고요. 우리가 매일같이 하는 일이죠.

항상 대답은 "Yes!"일 것 같아요. "망해도 극장 해서 망하면 안 쪽팔릴 것 같다."는 말이 생각나서요.

이 프로젝트를 왜 하는가에 따라 달라지는 것 같아요. 그 동기가 나를 향하고 있는지, 남을 향하고 있는지에 달려 있죠. 내가 정말 하고 싶어서 한다는 내재적 동기가 있다면 망한다 하더라도 하고 싶어서 해봤다는 경험치가 남잖아요. 반대로 누가 잘된다고 하니까, 남이 좋아할 거 같으니까, 돈이 될 거 같으니까… 이런 외재적 동기로 움직인다면 망했을 때 남는 게 없어요. 쪽팔림만 남을 뿐이죠.

갑자기 묻고 싶네요. 사업이 뭐라고 생각하세요?

모티비에선 "나 없이도 굴러가는 게 사업이다. 나 없이 안 굴러가면 장사다."라고 당차게 얘기하긴 했는데요. 잘 모르겠어요. 그런 게 사업이라면 '내가 사업을 할 수 있을까?' 하는 생각도 들고요. 사업에 대해 생각하기보다는 하고 싶은 거 일단 해보자는 무식한 마음으로 덤벼보고 있어요. 무식한 사람이 제일 용감하다잖아요(웃음).

극장 프로젝트는 크게 '건축', '브랜딩', '콘텐츠'로 나뉘는 것 같아요. 그 안에도 세부 분야가 상당히 많을 텐데 지금 어떤 과정에 있나요?

극장을 쉽게 생각했는데 생각처럼 단순하지가 않아요. 영화를 공식적으로 상영하려면 보안이 되는 규격의 프로젝터나 그 외 장비가 필요하고, 소규모 극장이라 배급권을 받는 것도 쉽지 않아요. 하다못해 영화 예매 시스템도 영화진흥위원회와 연동되는 솔루션을 써야 하죠. 매달 이용료를 내면서요. 영화관 허가를 위해 좌석

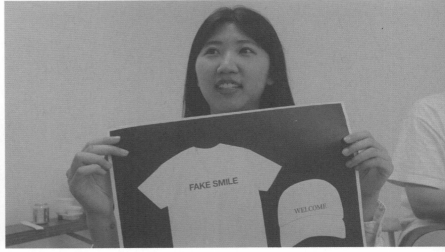

수나 소방 규정 같은 것도 지켜야 하고요. 영사기사 자격증도 필요해요. 영화를 영사기에 필름으로 돌리던 시절부터 시작된 규정이라고 하는데요. 전문적인 기술을 요하다 보니 영사기사 자격증이란 것이 있고 영화관은 이 자격증을 보유한 사람을 필수로 고용해야 하죠. 재미있는 점은 시대가 바뀌어서 필름은 사라지고 온라인 서버로 영화를 트는데도 이 제도가 남아 있다는 거예요. 실제로 멀티플렉스 영화관에서 근무하는 분들 중엔 이 자격증을 소지한 사람이 꽤 된다고 해요. 그래서 저희도 자격증 취득 스터디를 해볼까 싶어요. 이런 제반 사항들을 파악하고 공부하는 데만도 시간이 많이 소요됐어요. 그래도 어떤 걸 해야 하는지는 파악했고 기본적인 사항을 갖추어서 현재 상영관 증축 리모델링 인허가 단계에 있어요. 허가가 나면 본격적으로 건축과 인테리어가 진행될 거예요. 콘텐츠에 있어서는 배급사들을 만나서 설득하고 배급권을 받아오는 숙제가 남아 있어요. 극장은 만들었는데 영화를 받지 못한다면 난감해지니까요. F&B는 맛있는 핫도그가 필수라고 생각해서, 국내에서 가장 맛있는 소시지를 만드는 소금집과 함께 메뉴를 개발할 예정이에요. 팝콘 튀기는 팝퍼기도 중고로 알아보고 있어요. 그밖에도 예매 사이트 개발, 운영 매뉴얼 등등 할 일은 줄줄이 쌓여 있는 상황이에요. 어쨌든 내년 5월 1일 노동절에는 개관하는 것이 목표지요. 근데 아직 기획 단계여서(웃음)… 올겨울은 유독 추울 것 같아요.

전문가의 도움 없이는 불가능한 과정이란 생각도 드는데요. 먼저 연락해 준 지인과 모빌스그룹의 팬 '모쨍이'가 많았던 걸로 알아요. 이런 도움이 없었다면 어떻게 해결하려고 했어요?

전문적인 조언이 필요할 거라는 생각도 안 했으니 얼마나 철이 없었는지 아시겠죠(웃음). 생각보다 많은 관심에 얼떨떨하고 감사한 마음뿐이에요. 이번 프로젝트 정말 잘 해보고 싶어요. 과분한 애정에 어깨가 무겁지만 꼭 기쁨을 나누고 싶어요. 여기저기서 도와주지 않았다면 본격적으로 돌입하기도 전에 우리가 덤빌 일이 아니었다며 일찌감치 포기했을지도 몰라요.

전문가와 함께해도 시행착오는 있을 것 같아요.

많죠. 기능적인 부분에서 전문가의 도움을 받고 있다면, 공간의 경험적인 부분은 저희가 만들어야 하니까요. 한 번 와보고 마는 공간이 아닌 몇 번이고 다시 찾는 공간으로 만들고 싶은데, 그러려면 어떤 경험을 설계해야 할지 시행착오를 겪으며 기획해 나가는 중이에요. 아마 오픈하고 나면 그때부터 본격적인 시행착오를 겪게 되겠죠?

1년에 열 명을 정해서 그 사람의 일상을 볼 수 있는 다큐멘터리를 찍고 싶다는 기획도 있었고, 그 사람이 추천하는 영화를 상영해 극장의 쓸모를 찾아가겠다는 이야기도 나왔어요. 그러나 다음 영상에서 "이게 맞나?" 하시더라고요. 고민이 끊임없는 것 같아요.

고민이 너무 많으니 계속 군더더기가 붙어요. 그래서 요즘은 최대한 단순하게 생각하려고 해요. 특별해야 한다, 달라야 한다는 압박에 이런저런 아이디어를 덧붙이다 보니 어느 순간 '이거 극장 맞나?' 싶은 생각이 들더라고요. 극장인지 놀이공원인지 모르겠는 수준까지 갔거든요. 상영하는 영화 한 편, 한 편에도 너무 큰 의미를 부여한 거 같은데, 최근엔 불편함 없이 편하게 영화를 즐기고 가는 핵심 경험에 더 집중하려고 해요.

소호 씨는 "깜냥에 비해 이번 프로젝트가 너무 크다."는 이야기를 하셨죠. 옷이나 파우치, 텀블러를 만들던 것보다 훨씬 규모가 커서 여러 면에서 겁이 날 것 같아요.

빚더미에 앉고 극장까지 접어야 하는 상황이 생기면 어쩌나 걱정이 커요. 극장업은 사양 산업 중에서도 특히 더 사양 산업이라고 하잖아요. 인생 최대 지출 앞에서 자꾸만 작아져요.

그럴 때 어떻게 용기를 내요?

할 수 있는 일에 집중하고 최대한 가볍게 생각하려고 해요. 손에 잡히지 않는 지점을 고민하기보다는 내 손에 닿는 일들에 최선을 다하려고 하죠. 무거움에 짓눌리지 않게 가벼운 감각을 유지하면서요. 계속 돈과 재미의 밸런스를 찾으려고 하는데요. 그게 생각만큼 쉽지 않아요. 극장 프로젝트도 재미로 시작했는데 드는 돈을 생각하면 재미가 싹 사라질 때도 있거든요. 지금도 이 프로젝트를 하는 게 맞는지 고민을 멈추지 않으면서 일하고 있어요. 이렇게 인터뷰한 뒤에 '아무래도 아닌 것 같아.'라며 접을 수도 있어요. 정말로요. 다만 하루하루 할 수 있는 일에 집중하면서 균형의 지점을 찾기 위해 애쓰는 중이에요.

"어설퍼도 된다."고 이야기했잖아요. 재미를 찾으면서 좀 어설퍼져도 좋을 것 같아요.

근데 지금은 뭘 어떻게 해도 어설플 수밖에 없을 거 같아요(웃음). 무엇을 상상하든 그 이상으로 어설플 텐데… 아마 내년 5월에 두 눈으로 확인하게 되겠죠.

이 극장 프로젝트를 사업이라고 볼 수 있을까요?

글쎄요. 이건 뚜껑을 열어봐야 알 수 있을 것 같아요.

뚜껑을 열었을 때 '이거 의외로 신박한 사업인걸?'이라고 얘기할 수 있기를 간절히 바라고 있어요.

아이템이 영화가 아니라 극장이기에 여기까지 왔다는 생각도 들어요. 영화 자체보다도 영화를 보고 나서 나누는 소감이나 커넥션을 중요하게 생각하기에 할 수 있는 선택이 아닐까 싶어서요.

맞아요. 영화를 통해, 극장을 통해 파생되는 이야기의 힘을 믿거든요.

결국 모티비에서 모빌스그룹의 이야기가 탄생하는 걸 텐데요. 모티비의 이야기는 쌓여서 어떤 힘을 가지게 될까요?

요즘은 '어떤 힘도 갖지 않아도 된다.'고 생각하고 있어요. 다만 할 수 있는 이야기를 하면서 현재를 채워 나가는 데 집중하고 싶어요. 사실 곧 모티비 100화인데요. 100화를 앞두고 여러 일이 바쁘게 맞물린 것도 있지만 왠지 선뜻 카메라가 손에 안 잡히더라고요. 100화에 혼자 의미를 부여하는 중이라 100화는 조금 늦게 업로드할 것 같아요. 앞으로 어떤 일들이 펼쳐질까요? 저도 모르고, 멤버들 아무도 모르겠지만 주어진 것들을 열심히 채워가다 보면 선물 같은 날도 올 거라고 믿어요. 저희가 만들 극장은 아마 엉성하고 대단할 게 없을 텐데요. 부담 없이 영화 한 편 보고, 콜라에 핫도그 먹으면서 이야기 나누기 위해 누구든 편히 놀러 오면 좋겠어요. 무사히 오픈하면 꼭 초대할게요. 같이 영화 봐요!

H. youtube.com/c/MoTVshow

Interview Collections

특별한 언어로 말하는 사람들

작업 밖으로 잘 드러나지 않는 사람들이 있다. 작품이 큰 빛을 받을수록 더 가려지는. 영상이 아직 영상이 아닐 때,
우리에게 익숙한 형태로 존재하지 않을 때, 그 결을 매만지는 사람들. 집에서, 오고 가는 길에서, 어디서든 작고 큰
화면으로 매일 마주치는 영상이 만들어지기까지 자신의 이야기를 마련하고 전달하는 사람의 눈에 담긴, 렌즈 이면의
이야기에 귀 기울여본다.

영상을 매만지는 사람   권오성—영상 감독

에디터 송재은
사진 권오성

안녕하세요. 소개 부탁드려요.

안녕하세요. 저는 현재 영상과 이야기를 만들고 있는
서른네 살 마포구 주민 권오성입니다.

영상 일은 어떻게 시작하게 되셨나요?

복합적인 이유가 있어요. 학부 때 연극과 연기를
전공했는데, 연기를 하다 보니 내 이야기를 하고 싶다는
갈증이 많이 생겼어요. 졸업 작품에서는 연출을 맡았는데,
무대 올라가는 것도 재밌지만 무대 뒤에서 기획하고
연출하는 것이 재밌고, 또 마음이 편했어요. 연극 연출은
한 공연 당 30–40명이라는 많은 사람을 통솔해야 해서
다른 스트레스가 있지만요. 졸업하고는 독립 영화에 많이
출연했어요. 그때 영화나 드라마 제작에 관심이 생겼고요.
1년에 한두 번씩 교회에서 교회 활동과 관련된 영상을
제작했는데, 사람들 반응이 너무 좋았어요. 지금 보면
어설프지만 교회에서 다양한 활동을 해본 경험이 도움이
됐어요. 어쩌면 어릴 때부터 제 예술적 활동의 배경이 된
게 아닐까 싶어요. 그러다가 유튜버 시대를 맞이했어요.
당시 배우는 부업이었고 수익을 얻기 위한 본업이
있었는데 시간 여유가 많아서 영상을 독학으로 배웠어요.
국내외 자료를 찾아보고, 주변 지인들을 많이 괴롭히는
물음표 살인마로 지냈죠. 주변에서 늦게 시작한 것에 비해
성장이 빠르다고 놀라시는 분들이 많은데, 밥 먹고 영상만
만들었던 것 같아요. 코로나19를 맞이하면서 본업이
어려워졌고, 마침 그때 적은 돈이지만 돈을 받고 영상을
만들 수 있는 기회들이 조금씩 생겨서 본격적으로 영상
제작을 업으로 삼았습니다. 여러 상황이 맞물려 지금까지
온 것 같아요.

**다른 일을 하다가 영상 작업을 시작하셨는데, 진입
장벽이 있지는 않았는지 궁금해요. 어려운 점은 없나요?**

저한테는 없었던 것 같아요. 제가 연기와 영상 외에도
20대 때 수많은 직업을 거쳤기 때문에 새로운 일을 시작할
때 어떻게 해야 하는지 체험적으로 알고 있거든요. 다만
원래 영상 제작이 진입 장벽이 높아요. 물론 유튜브나
온라인 강의가 많이 있지만, 영상을 찍고 편집하는 데
필요한 최소한의 장비들이 꽤 많거든요. 최소한이라고
해도 비영상인이 생각했을 땐 비용이 꽤 높고요. 영상이나
유튜브를 하려다가 포기하는 이유가 그 부분이 꽤 커요.
저는 취미로 영상을 조금씩 만들면서 하나씩 구매해 둔
덕분에 그나마 괜찮았고요.

**영상 작업은 만드는 사람과 그 안에 담기는 사람, 그걸
보는 사람, 다양한 사람이 얽힌 작업이죠. 이해관계를
조율하는 것도 쉽지 않겠어요.**

영상 작업은 생각보다 많은 사람이 필요해요. 1인 크리에이터의 경우는 좀 다르겠지만, 일반적으로 촬영, 음향, 조명, 프로듀싱, 후반 편집, DI(후반 색보정), CG 등 수많은 사람이 하나의 영상을 제작하기 위해 참여해요. 저처럼 의뢰를 받아서 영상을 제작하는 경우엔 더 많은 이해관계가 형성되어 있어요. 영상을 같이 제작하고 영상 안에 담기는 사람들과의 이해관계는 특별히 어렵진 않아요. 스태프나 출연하시는 분들은 대부분 연출자를 믿고 따라와 주시거든요. 문제는 보는 사람, 그리고 제작을 의뢰한 사람이에요. 특히 제작을 의뢰한 클라이언트 혹은 광고주와의 이해관계가 가장 어렵지요. 클라이언트의 성향을 파악하는 게 가장 어렵고, 그것 때문에 영상 제작자의 의도나 시장 트렌드를 반영하기 힘든 경우도 많아요. 일을 맡기는 클라이언트는 대부분 회사이고, 아무리 담당자가 있어도 결정권자는 따로 있으니까요. 영상이 시청자를 위해 만들어지는 것이 아닌 결정권자의 마음에 들기 위해 만들어지는 경우도 많죠.

개인 작업도 하지만, 브랜드를 위한 영상이나 유명인과 함께 하는 작업도 하시잖아요. 어떤 기준으로 작업을 선택하시는지, 혹은 작업에서 어떤 점을 중요하게 생각하시는지 궁금해요.
이 부분은 명확한데요. 제가 아주 유명한 게 아니다 보니 작업을 선택하는 기준은 일정과 비용입니다. 특별하게 문제가 없다면 요청이 온 작업은 일정이 허락하고 견적이 맞는 한 대부분 진행해요. 혼자 일하는 것이 아니라서 월급도 챙겨줘야 하기 때문에(웃음)…. 영상 제작은 예술의 범위보다 사업의 범위에 들어갈 때가 많아요. 작업 분야도 가리지 않아요. 광고, 바이럴, 화보, 패션 필름, 드라마, 영화 등 다양한 장르의 일을 다 하고 있어요. 유명한 분이나 브랜드가 의뢰하는 경우가 점점 많아지는 건 제가 좋은 방향으로 가고 있다는 신호 같아요.

직접 영상 작업을 하시는 만큼 영상 콘텐츠를 많이 보기도 할 텐데요, 콘텐츠 동향이 자연스럽게 읽히실 것 같아요. 요즘 유행하는 콘텐츠나 트렌드는 무엇이 있을까요?
아무래도 '숏폼'이죠. 2-3년 전부터 숏폼의 시대가 올 거라는 사람들이 많았는데 이제야 체감하고 있어요. 특히 플랫폼에서 숏폼 콘텐츠를 밀어주면서 그 파도가 더 커진 것 같아요. 영상은 사진에 비해 플랫폼 영향을 많이 받아요. 방송국도 OTT나 유튜브로 진출하는 모양새니까요. 짧게 보거나, 빨리감기를 통해 빨리 보거나, 결국 빠른 시청이 유행하는 것이 1차적인 트렌드이고, '스낵형 콘텐츠'가 함께 각광받고 있어요.

무겁고 진지한 콘텐츠가 아닌 스낵처럼 가볍고 재밌게 즐기는 콘텐츠인데요. 밥반찬이랄까요. 혼자 밥을 먹으면서 부담 없이 볼 수 있는 영상이 대세 같아요. 또 정보에 짧은 스토리를 삽입한다는 점이 특징이에요. 노하우, 리뷰, 건강, 뷰티 등에 짧은 이야기와 콩트를 넣어 초단편 드라마를 만드는 것이 유행입니다. 특히 '너덜트'라는 채널이 흥하면서 이 흐름이 더 강해졌어요. 오랜 기간 활동하면서 새로운 콘텐츠에 한계를 느끼던 크리에이터들이 사람들의 공감을 유도할 수 있는 짧은 콩트를 통해 새로운 성장을 하기에 매우 좋은 타이밍 같아요. 특히 유튜브 크리에이터들에게요.

영상을 만드는 사람으로 살면, 마냥 광고나 유튜브, OTT 콘텐츠를 즐기기 어려울 것 같아요.
어떤 영상을 보건 어느 정도 인원이 참여했는지, 비용은 얼마 정도 들었을지, 장비는 어떤 걸 썼을지, 비용 회수는 얼마나 했을지, 사람들이 왜 좋아하는지, 내가 찍으면 더 잘할 수 있을지를 무의식적으로 스캔해요. 저는 혼자서 제작, 기획, 촬영, 편집, DI까지 하다 보니 더 세세하게 보게 돼요. '이거 어떻게 찍었지?'를 가장 많이 생각하게 되더라고요.

한 사람의 크리에이터로서 눈여겨보는 콘텐츠나 눈에 띄는 크리에이터가 있다면요?
'좋좋소' 시리즈를 항상 눈여겨보고 있어요. 박재한(유튜버 빠니보틀)이라는 사람이 좋은 사람들을 만나서 좋은 작품을 만들었다는 점에서도 그렇고, 국내에서는 최초의 Bottom-up 콘텐츠인 것 같아요. 개인 유튜브 채널에서 시작해서 OTT까지 올라갔다는 것이 놀라워요. 크리에이터 개인이 유튜브로 시작해서 방송까지 진출하는 경우는 어렵지 않게 볼 수 있지만, 콘텐츠 자체가, 심지어 예능형 콘텐츠에 비해 상대적으로 제작비나 프로덕션 규모가 큰 드라마 콘텐츠가 그 점에 도달한 거니까요. 제가 지향하는 지점이기도 하고요.

기억에 남는 작업과 그 이유를 소개해 주실 수 있을까요.
작년 겨울 같이 사무실을 쓰고 함께 많은 작업을 하는 사진작가 규형 님과 진행한 'tete project'가 있어요. 외국인 모델들과 강원도 산골짜기로 가서 패션 사진과 영상을 찍어 왔는데, 의뢰가 들어온 작업이 아니라 100퍼센트 사비를 들여서 찍은 개인 작업이었어요. 장소와 모델 섭외, 기획까지 많은 시간과 비용이 들었는데, 그 작업 이후로 제 작업물을 알아봐 주시고 찾아 주시는 분들이 부쩍 늘었어요. 예술 작업이 신기한 게, 상업을 추구할 때보다 비상업 안에서

발버둥 칠 때 한 단계 성장하는 경우가 무척 많은 것 같아요.

앞으로 어떤 작업을 해보고 싶으신가요?
결국은 다시 이야기를 만드는 사람으로 돌아가려 해요. 현재 일을 드라마와 영화를 제작하는 콘텐츠 회사로 키우려고 해요. 첫 시작은 웹드라마인데요. 올해 하반기나 내년 상반기에 릴리스 될 것 같아요. 영화 시나리오도 많이 구상하는데, 대중의 반응을 바로 보고 싶어서 웹드라마를 첫 시작으로 정했어요. 성공하면 다음 작품, 그다음 작품까지 예정이 있고요. 좋은 배우들과 사람들의 삶에 희망과 낭만, 그리고 환상을 새겨주는 작품들을 만들고 싶어요. "영상은 요리와 같아요." 제가 강의할 때마다 가장 처음에 하는 말이에요. 내가 만든 요리는 태우지만 않으면 일단 먹을 만 하거든요. 영상도 비슷해요. 일단 내가 만들면 어느 정도 잘 찍은 것 같고 재밌어 보이거든요. 하지만 이상하게 남들은 잘 안 봐줍니다. 이 점을 항상 되새기면서 작업하지 않으면 도태되는 것 같아요. 조금 더 객관적이고 보편타당한 예술을 하는 것이 제가 지향하는 바예요.

타인의 삶을 자신의 몸과 목소리로 표현하는 사람. 자신이 바라보는 세상을 타인에게 보여주기 위해 기꺼이 용기를 내는 이에게 우리는 왜 저도 모르게 끌리는지. 배우의 몸짓 하나, 목소리와 섬세한 표정에서 우리는 각자의 인생을 발견한다. 하나의 이야기가 만들어지기까지는 제 몫을 다 하는 퍼즐 조각이 있어야 하고, 작은 조각일지라도 그 무게는 결코 가볍지 않다는 것을 우리는 종종 새삼스레 깨닫는다.

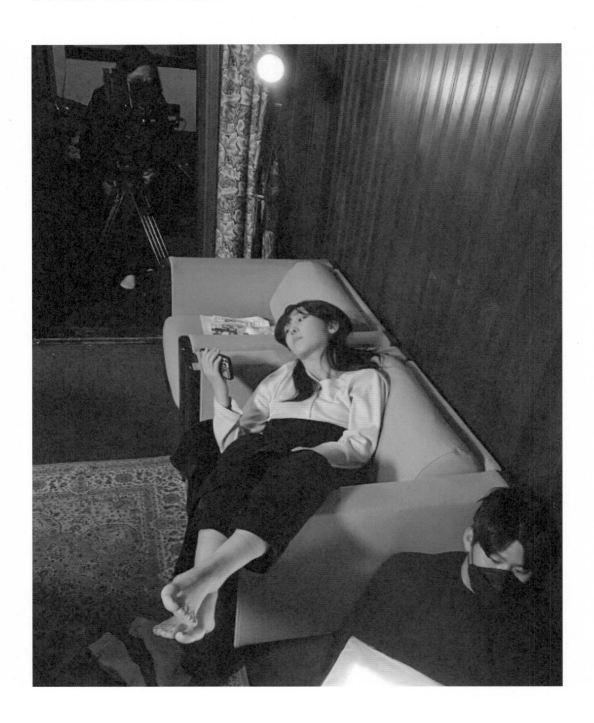

내 몫에 대한 책임감

김예별—배우

에디터 송재은
사진 김예별

안녕하세요. 소개 부탁드립니다.
안녕하세요! 저는 현재 배우로 활동 중이며, 단편영화
〈나도 왜 여기 있는지 모르겠어〉, 〈여기까지〉를 연출한
김예별입니다.

**연기를 시작할 때의 계기나 목표가 있을까요? 배우가
되기로 마음먹은 이유라고 할 수도 있겠고요.**
어릴 때부터 제가 느끼는 감정들을 표현하고 분출하고자
하는 의지가 있었어요. 거리를 지나다니면서도 혼자
조용히 감정 연기를 했던 기억이 나요. 극장에서 영화를
보는 날이면 심장이 막 뛰기도 했고요. 친구들 말에 영향을
많이 받는 중·고등학생 땐 "너무 감성적이다." 요즘 말로는
'오글거린다'와 비슷한 말들을 듣고는 움츠러들곤 했어요.
그래서 "난 연기가 하고 싶다."고 말하는 것부터 큰 용기가
필요했어요. 처음엔 뚜렷한 목표는 없었고 그냥 저 영화
세계의 일원이 되고 싶다는 마음이었어요.

첫 작품의 경험은 어땠는지 궁금해요.
영상물로서의 첫 작품은 제가 다니던 용인대학교 영화과
와의 작업이었어요. 독립 단편 영화 〈봄을 그리다〉라는
작품이었는데 7년 전 일이라 가물가물하지만 카메라
앞에서 연기하는 것이 많이 어색했어요. 굳어 있었다고
해야 할까요. 지금 누군가에게 보여줘야 한다고 하면
필사적으로 숨기고 싶을 정도예요(웃음). 그때까지만 해도
지문에 쓰여 있는 것들을 카메라 앞에서 그저 수행하던
때였어요. 인물의 마음이나 주관적인 것들을 배제한 그냥
김예별의 행동 수행. 그럼에도 불구하고 현장에서 같이
촬영에 임하는 과정이 행복했어요. 배우도 스태프도 각자
역할이 있고 하나의 작품을 위해 맡은 역할들을 해내며
중간중간 주고받는 어색한 농담과 쌓이는 시간이 즐겁게
느껴졌어요.

**영상에 담긴다는 건 어떤 순간의 내가 반복해서
재생되고, 또 오래 남겨지는 일이기도 한데요. 부담이
되거나 신경 쓰이지는 않아요?**
그런 부분이 부담도 크지만, 전 제 인생에 기록을 남기고
싶은 마음이 커서 영상 작업이 가진 그 특징이 소중하게
다가와요. 물론 아쉬움이 남는 영상도 있지만 조금씩
성장하는 게 제 눈엔 보여서 그 과정을 보면 뿌듯하기도
하고, 쑥스러운 모습이 있어도 그것마저 결국엔 소중한
저의 지난날이라 여깁니다. 이제 김예별은 그저 연기를
했을 뿐, 김예별이라는 사람보다는 그 작품 속 인물이
남는다고 생각하고 있어요. 제가 맡은 역할이 가능한
모든 신에서 그 인물로 존재하도록 많은 노력을 기울이는
중이에요.

직접 연출한 작품들이 있는데요. 카메라 뒤에서 바라보는 장면은 카메라 앞에 섰을 때와 무척 다를 것 같아요.

배우로 카메라 앞에 섰을 땐 제 역할 위주로만 생각하기에도 바빴는데, 연출을 할 땐 작품 전체를 봐야 하고 여러 사람들과 소통해야 해요. 나무만 바라보던 시각에서 숲을 바라보는 시각으로 확장된 것 같아요.

영상을 연출하기로 마음먹은 이유나 계기가 있을까요? 같은 분야지만 전혀 다른 일이라는 생각이 들어요.

배우로 몇 년을 지내고 공부하면서 자연스럽게 관심을 가지게 됐어요. 영화를 많이 보는데, 처음엔 배우 연기가 보이다가 점점 영화 전체가 보이고 영화가 주는 힘이 느껴졌어요. '와, 어떻게 저런 연기를 했지?' 하다가 '와, 어떻게 이런 영화를 만들었지?'로 생각이 바뀌었고, 배우보다 연출이 더 궁금해지는 순간들도 있었어요. 어떤 삶을 살고 어떤 생각을 했길래 저런 글을 쓰고 혹은 저런 장면을 연출했지, 싶었어요. 그런 생각들이 쌓여서 도전할 용기까지 내게 됐죠.

두 역할을 다 해본 사람으로서 일할 때나 영상을 시청할 때 관점이 달라지기도 했나요?

앞선 질문에 대한 답처럼 영상을 시청할 때 이젠 배우의 연기 위주가 아닌 전체적인 그림들이 보이고, 연출적인 배치들이 보여요. 아직 다른 연출자들에 비해서는 한참 덜 보이는 걸 텐데 점점 더 많이 보이게 될 거라고 생각하면 앞으로가 기대돼요. 그리고 아무래도 배우 일에서도 더 꼼꼼해졌다고 느껴요. 나 혼자만의 감정에 함몰되는 경우가 있었는데 조금 더 객관적으로 작품을 바라보게 되기도 하고, 또 각자가 얼마나 공들여 준비하는 일인지 직접 느껴봤으니까 내가 할 몫에 대한 책임감이 더 커지기도 했어요.

연기나 연출을 하시면서 기억에 남는 순간이 있다면요?

두 번의 연출 경험이 아무래도 기억에 남아요. 친한 배우들이 스태프 역할까지 해줬는데 단 한 명도 힘든 내색이나 생색을 내지 않았어요. 돌아보니 진짜 멋진 사람들이라는 생각이 들더라고요. 제가 상상하고 쓴 이야기가 배우들과 스태프들을 통해 실현되고, 그들의 능력에 따라 상상치 못한 새로운 느낌이 나기도 하고, 그 느낌들이 모여 이 영화만의 흐름이 된다는 게 감동스러웠어요.

예별 씨가 느끼는 영상의 매력은 무엇인가요?

영상에서도 사람이 보이더라고요. 이 사람이 이 현상을 어떻게 바라보고 있고, 어떻게 표현하고 싶으냐에 따라 영상 느낌이 달라져요. 그래서 영상마다 느껴지는 매력이 달라요. 그 점이 또 매력이에요. 이야기를 상상하는 데 그치지 않고, 구현해 내기 위해 많은 노력이 필요하잖아요. 필요한 요소도 많고요. 끝까지 포기하지 않고 고집 있게 밀고 나가서 결국엔 한 편의 작품을 완성해 내는 과정이 멋지게 느껴져요.

가장 좋아하는 영상 콘텐츠가 있다면요?

시간이 흐르며 좋아하는 게 조금씩 바뀔 수도 있겠지만 지금 가장 좋아하는 건 영화예요. 제 마음에 와닿는 영화를 만나면 하루 종일 기분이 좋거나 엄청난 위안을 얻고, 궁금했던 영화를 보러 갈 땐 마음이 막 설레요. 그만큼 제 마음을 크게 움직이게 하는 영상 콘텐츠는 아직까진 영화예요.

앞으로의 목표가 궁금해요.

아무래도 배우는 누군가 같이 일하고 싶어 해야 할 수 있는 일이잖아요. 작품마다 최선을 다하고 그 결과물이 쌓이면 점점 더 많은 사람에게 같이 일하고 싶은 배우가 될 수 있지 않을까 싶어요. 연출 공부를 위해 수업을 받아보고 싶다는 생각도 들고요. 현재 배우로서 주어진 일을 잘 해내고, 연출 관련 공부를 시작하는 것이 목표가 되겠네요. 지금처럼 조금씩 꾸준히 갈고닦아 결국엔 영화계의 도인이 되고 싶어요.

말하고, 읽고, 쓰는 것만이 언어는 아닐 것이다. 그렇다고 믿고 자신의 취향을 언어로 활용할 수 있을까. 영상과 그 안에 담긴 것들이 말하는 바를 이해하고 아끼며 자신의 삶으로 가져가 세계의 크기를 넓혀 가려고 애쓰는 사람도 있다. '현실에 있는 듯 없는 듯 모호하고 환상적인 요소와 상상의 여지'를 가진 영상이라는 언어로 수많은 사람과 소통하고 대화 나누는 키노라이츠 마케터의 이야기.

영상, 유일하고 특별한 언어

소슬이—키노라이츠 콘텐츠 마케터

에디터 송재은
사진 소슬이

안녕하세요. 소개 부탁드려요.

안녕하세요. OTT 통합 검색 플랫폼 '키노라이츠' 콘텐츠 마케터 소슬입니다. 키노라이츠의 얼굴이라고 할 수 있는 SNS 계정을 운영하고, 영화와 티브이 프로그램, OTT 정보를 전하는 뉴스레터 '유브 갓 키노'를 발행하고 있어요.

키노라이츠는 어떤 서비스인가요?

넷플릭스, 디즈니플러스 같은 OTT 플랫폼에서 감상할 수 있는 콘텐츠 정보를 알려주는 서비스예요. 콘텐츠를 고르는 데 걸리는 시간과 고민을 덜어드리기 위해 매일 인기 있는 작품을 확인할 수 있는 콘텐츠 랭킹 차트나 에디터가 취향껏 콘텐츠를 추천하는 아티클도 제공하고 있고요.

키노라이츠의 마케터로 합류하게 된 계기가 있을까요? 확실한 개성을 가진 플랫폼이다 보니 영상 콘텐츠에 정말 관심이 많은 분일 것 같고, 어떻게 일을 시작하셨을지 궁금해요.

합류 계기가 살짝 독특해요. 제가 영화를 좋아해서 영화 관련 콘텐츠를 만들어 올리는 SNS 계정을 운영했어요. SNS 계정을 운영하면서 서울시에서 진행하는 청년지원사업에도 선정돼서 영화 모임도 운영해 보고, 영화 잡지를 만들어서 펀딩도 진행했죠. 그 모습을 좋게 보셨던 건지 대표님이 연락을 주시고 미팅을 제안하셨어요. 미팅을 한 뒤에 키노라이츠에 합류했고요. 졸업을 앞둔 4학년 마지막 학기였는데 다 감안해 주시고 함께 일을 하게 됐죠. 제가 합류했을 당시 키노라이츠는 저까지 팀원 네 명이 전부였는데, 1년 사이에 30명에 가까운 팀원으로 회사가 채워져서 지금도 너무 신기해요.

키노라이츠에서 콘텐츠를 발행하고 있어요. 다루는 범위가 굉장히 넓으실 것 같아요. 단순히 영화와 드라마의 개봉 정보를 넘어서 영상 콘텐츠 산업과 OTT 시장 트렌드와 환경, 이슈를 자연스럽게 습득할 수밖에 없는 환경이 아닐까 싶어요. 성공한 덕후 느낌입니다.

저도 제가 '덕업 일치'에 성공한 사람이라고 생각해요. 1년 전까지만 해도 영상 콘텐츠를 좋아하는 학생에 불과했는데, 이제는 누구보다 빠르게 OTT 시장의 트렌드나 콘텐츠 관련 이슈를 접하고 더 나아가 업계의 시선을 담은 콘텐츠를 만들고 있으니까요. 뉴스레터를 제작하면서 직접 취재하고 발행한 콘텐츠가 업계에서 공유되고 보상처럼 다시 돌아오는 일도 있었고요. 2022년 OTT 상반기를 결산한 특집호는 업계 분들 사이에서 바이럴이 돼서 그 후로 영화와 티브이 프로그램, OTT 업계 분들의 구독이 늘기도 했어요. 이슈를 빠르게 접할 뿐만 아니라 시사회나 스크리너 자격도 가지고 있어서 영화관에서 개봉하는 영화와 OTT 플랫폼에 공개되는 작품들을 미리 볼 수도 있어요. 최근 넷플릭스에서 공개한 〈수리남〉도 공개일 전에 전편을 모두 감상할 수 있었죠. 팀원들도 저처럼 영상 콘텐츠에 애정을 가지고 있고, 뛰어난 식견이 있으셔서 매일 이야기를 하면서도 많이 배우고요.

영상 콘텐츠를 좋아하는 분들과의 소통을 위해서 많은 노력을 기울이실 텐데, 요즘 사람들이 어떤 콘텐츠에 반응하는지 궁금해요.

코로나19 팬데믹 이후에 급성장했던 OTT 플랫폼처럼 영상 콘텐츠도 더 많은 사랑을 받았다고 생각해요. 사람들은 밖에 나가거나 다른 사람을 만나지 않고도 집 안에서 혼자 OTT 플랫폼을 통해 더 많은 양질의 영상 콘텐츠를 쉽게 접하고 선별할 수 있게 됐죠. 저는 요즘 사람들이 콘텐츠 자체보다 그들을 둘러싼 것에도 관심을 기울이고 또 거기에 기반해 콘텐츠를 선별하고 반응한다고 생각해요. 넷플릭스의 신작 소식을 전해주는 'TUDUM' 온라인 행사를 밤새 기다리기도 하고, '왓플릭스'나 '헐왓챠에'처럼 신선한 마케팅을 선보이는 왓챠에 팬심을 가지기도 하고, 역사 왜곡 논란을 일으킨 〈설강화〉를 독점적으로 스트리밍하는 디즈니플러스 불매 운동까지 벌이기도 하면서요.

그야말로 영상 콘텐츠가 범람하는, OTT 춘추전국시대라고 할 수 있는데요. 어떤 OTT 서비스 구독하고 계시나요?

지금은 넷플릭스, 왓챠, 디즈니플러스를 구독 중이에요. 넷플릭스는 구독하고 한 번도 해지한 적이 없어요. 4년 정도 됐어요. 가장 트렌디한 콘텐츠를 접할 수 있는 OTT라고 생각해요. 국내 구독자만 해도 1천만 명이 넘잖아요. 우리나라 사람 다섯 명 중 한 명은 보는 셈인데, 명색이 영상 콘텐츠 업계에서 일하는 사람인데 안 보면 섭섭한 OTT 아닐까요? 왓챠에는 넷플릭스에 없는 영화들이 있어서 좋아해요. 〈아네트〉(2021), 〈애프터 양〉(2021) 같은 작품들은 왓챠에서 수입을 맡아 국내에 들어온 작품이라 왓챠에서만 볼 수 있는데 그런 영화들이 보고 싶을 때마다 애용합니다. 디즈니플러스는 제가 마블 작품을 좋아하기도 하고, 오래된 로맨스 코미디나 시트콤이 많아서 구독하고요. 제 영원한 밥 친구인 〈뉴 걸〉도 지금은 디즈니플러스에서만 볼 수 있답니다. 다른 OTT도 보고 싶은 작품이 올라오면 한 번씩 구독했다가 해지하는 편이에요.

요즘은 선택지가 너무 많아 오히려 볼 게 없다는 말을 하는 것 같아요. 저도 한참을 뭐 보지 찾다가 시간만 흘려보내고 말았던 적이 꽤 있어요. 어떤 기준으로 콘텐츠를 선택하시나요?

아, 저도 한동안 그 '넷플릭스 증후군' 때문에 영상 콘텐츠에 권태기가 왔어요. 그래서 요즘에는 OTT 플랫폼 메인에서 띄워주는 작품은 대부분 거르게 돼요. 아무리 취향에 맞춰 추천해 준다지만 OTT 플랫폼에서 밀고 있는 신작이나 오리지널 작품이 대부분이에요. 저는 유튜브나 인터넷 커뮤니티, 뉴스레터를 보고 흥미로운 작품을 찾으면 일단 찜을 해둬요. 보고 싶다고 당장 볼 수 있는 것은 아니니까요. 볼 수 있는 기회가 생기면 찜 목록을 열고 그날 분위기나 컨디션에 따라서 볼 작품을 선택해요. 광고성 발언일까 싶지만 저는 키노라이츠를 애용하는 소비자 중 한 명이라서 키노라이츠의 신호등 평점 지수를 참고하거나 필터 기능을 이용해서 작품을 선정할 때도 많아요. 요즘에는 콘텐츠 큐레이션 뉴스레터도 많이 발행되고 있어서 그쪽도 참고하고요.

한 달에 영상 콘텐츠를 얼마나 소비하시는지도 궁금해요.

일주일에 두 편 이상은 봐요. 한 달로 치면 열 편 정도 보려나요? 드라마는 매주 기다리는 게 힘들어서 한 번에 몰아서 보는 편이고, 짧은 시간 안에 볼 수 있는 영화를 더 선호하는 편이에요. 혼술을 좋아해서 영화 보면서 맥주 마시는 걸 굉장히 좋아하거든요. 되도록 금요일에는 약속을 잡지 않고 집에서 혼자 빔프로젝터로 영화와 맥주를 함께 즐기는 편입니다. 좋아하는 작품은 몇 번이고 다시 보기도 해요. 미국 시트콤 드라마 〈뉴 걸〉은 열 번 넘게 정주행 했고, 최근에 푹 빠졌던 〈탑건: 매버릭〉(2021)도 영화관에서만 여덟 번을 봤어요.

영상 콘텐츠에서 어떤 매력을 느끼시나요?

제가 정말 좋아하는 수상 소감이 있어요. 봉준호 감독이 〈기생충〉(2019)으로 골든글로브상을 받으면서 얘기한 "우린 단 하나의 언어를 쓴다. 바로 시네마다."라는 말인데요. 저는 봉준호 감독이 말한 '시네마'가 영화만을 의미하진 않는다고 생각해요. 남녀노소, 국적 불문하고 모두가 보고 즐길 수 있는 영상 콘텐츠가 시네마라고 봐요. 영상 콘텐츠는 그런 유일하고 특별한 언어이기 때문에 더 매력을 느끼는 것 같아요.

가장 좋아하는 영상 콘텐츠가 있다면요?

전 영화를 정말 좋아해요! 다음 에피소드나 시즌을 기다려야 하는 호흡이 긴 드라마보다는 '호흡이 짧고',

현실을 있는 그대로 담은 다큐멘터리보다는 '현실에 있는 듯 없는 듯 모호하고 환상적인 요소를 담고 있고', 실재하는 크리에이터가 등장해 콘텐츠를 진행하는 유튜브 콘텐츠보다는 '실제 사람과 사건 그 이상의 상상의 여지를 남겨두는' 영화를 좋아합니다. 장르적으로는 제가 영화를 처음으로 좋아하게 된 계기였던 〈어벤져스: 엔드게임〉(2019) 같은 히어로물을 좋아해요. 현실에 있을 법하지만 실재하지 않고, 하지만 또 너무 먼 나라 이야기 같지는 않은, 그런 현실성 없고 핍진성만 가득한 영화들이요. 사실 심오하고 철학적인 메시지가 담긴 어려운 영화는 그다지 선호하지 않는 편이라 선과 악 사이에서 무조건 이기는 선을 보여주면서 가슴 벅차오르는 감정을 느끼게 하는 히어로 장르를 좋아하는 것 같기도 해요.

어떻게 보면 시청자인데, 그 이야기를 전달하는 역할이기도 해요. 능동적인 시청자지만 오히려 영상을 즐기기 어려운 측면도 있을 것 같아요.

맞아요. 덕업 일치에 성공했다고 말했지만 아주 가끔 영상 콘텐츠를 보는 게 일처럼 느껴질 때가 있어요. 보기 싫은 영화나 영상도 꼭 봐야 하는 일은 아니지만 영상을 보면서도 자연스럽게 다른 영상들과 엮어서 콘텐츠화할 생각을 하고, 어떻게 하면 더 좋은 콘텐츠로 만들지 생각하는 저와 팀원들을 볼 때면 자주 놀라요. 그래도 아직까지는 덕업 일치의 선 안에서 일하고 있는 것 같아요.

앞으로도 키노라이츠를 통해 들려주시는 이야기 기다리고 있을게요!

네! 앞으로도 더 다양한 채널을 통해서 꾸준히 소식 전해드릴게요. 감사합니다.

다큐멘터리 하면 떠오르는 시가 있다. 김승일의 〈지옥〉이다. 거기엔 이런 구절이
있다. "내가 시인이 아니라 고대 그리스의 철학자였으면 좋겠다 너도 그랬으면
좋겠다 영상 다큐멘터리 감독이 우리 둘의 일생을 촬영했으면 좋겠다" 나는 이
시를 수년 전 어느 연극에서 먼저 접했다. 이 시에 나오는 '우리 둘'이 김승일과
황인찬 시인이라는 이야기도 들었다. 그러니까 이 시에는 얽힌 이야기가 아주
많았다. 궁금한 마음에 시인에게 메시지를 보냈다. "〈지옥〉에 관한 에세이를
써줄래요? 그럼 제가 질문을 할게요. 김승일이 답했다. "좋아요."

이런 지옥이라면 가보고도 싶다

김승일, 〈지옥〉

글 김승일 에디터 이주연 일러스트 추세아

지옥

내가 시인이 아니라면 고대 희랍 속 ... 였으면 좋겠
다 너...으면 좋겠다 영...다큐멘터리 감독이 우리
둘의 일...을 촬영했으면 좋겠다 둘의 철학은 구별된다
너는 나의 ...도를 나는 너의 생활...사랑한다 너와 나는
지옥이 무엇인...에 대해 좋...견을 나눈다 지옥은 내
가 아직 겪어보지 않은 곳이다 내 ...관점이고 지옥은 이미
겪은 괴로움을 ...는 곳이다 네...관점이다 내가 맞다 내가
지옥에 가면 ...는 거...지옥이 아니라고 할 것이고 내
가 옆에 있다면 너는 여기가 지옥이 맞다고 할 것이다 아
니야 여기보다 더 괴로운 데가 있을 거야 너는 지옥에서
도 내 해석을 좋아해줄 것이다 그러나 너는

둘 중 하나가 병에 걸려 먼저 죽으면 다큐멘터리 감독
이 편집을 시작했으면 좋겠다 은근슬쩍 한쪽 편을 들어
주었으면 좋겠다 그리하여 시름시름 앓고 있는 나의 거
...로 영상 다큐멘터리 감독이 찾아온 것이다 ...그렇게 마
...막으로 하고 싶은 말이 무엇입니까? 나는 잠...고심하
다가 손으로 땅을 짚었다 천천히 상반신을 일...켜 세우
...카메라를 똑바로 쳐다보았다 고르기아스...난 항상 왜

지옥

내가 시인이 아니라 고대 그리스의 철학자였으면 좋겠다 너도 그랬으면 좋겠다 영상 다큐멘터리 감독이 우리 둘의 일생을 촬영했으면 좋겠다 둘의 철학은 구별된다 너는 나의 태도를 나는 너의 생활을 사랑한다 너와 나는 지옥이 무엇인지에 대해 종종 의견을 나눈다 지옥은 내가 아직 겪어보지 않은 곳이다 내 관점이고 지옥은 이미 겪은 괴로움을 겪는 곳이다 네 관점이다 내가 맞다 내가 지옥에 가면 나는 저기가 지옥이 아니라고 할 것이고 네가 옆에 있다면 너는 여기가 지옥이 맞다고 할 것이다 아니야 여기보다 더 괴로운 데가 있을 거야 너는 지옥에서도 내 해석을 좋아해줄 것이다 그러나 너는

둘 중 하나가 병에 걸려 먼저 죽으면 다큐멘터리 감독이 편집을 시작했으면 좋겠다 은근슬쩍 한쪽 편을 들어주었으면 좋겠다 그리하여 시름시름 앓고 있는 나의 거처로 영상 다큐멘터리 감독이 찾아온 것이다 그에게 마지막으로 하고 싶은 말이 무엇입니까? 나는 잠시 고심하다가 손으로 땅을 짚었다 천천히 상반신을 일으켜 세우고 카메라를 똑바로 쳐다보았다 고르기아스, 난 항상 왜

네가 누구랑 있는지가 궁금하지? 내 앞에는 아테네의 다른 모든 시민들처럼 은근슬쩍 너의 편만 들어왔던 감독 님이 서 계시다 너는 지옥에서 누구랑 있나?

김승일   시인이다. 《에듀케이션》, 《여기까지 인용하세요》라는 시집을 냈다. completecollection.org를 운영한다. 영상이 있는 세계에서 영상이 우리에게 줄 수 없는 것이 무엇인지 찾으려고 하지만 거의 찾아내지 못하며 살고 있음. 영상을 좋아함.

오르페우스도 좋지만
페르세포네가 훨씬 더 좋다

〈지옥〉이라는 시는 내가 아주 좋아하는 시라서 누가 이 시를 좋아한다고 말하면 그 사람이 좋아진다. 갑자기 내가 이 시를 왜 좋아하는지 알겠다. 이 시에는 내가 좋아하는 것들이 아주 많이 등장한다. 나는 그리스에 살았다고 하는 궤변 지식인 집단인 소피스트를 좋아하고, 다큐멘터리 감독 중엔 베르너 헤어조크를 좋아하고, 여기가 지옥이라고 믿고 있는 사람인 시인 황인찬을 좋아한다. 자기 연극 공연에 쓰기 위해 지옥이라는 제목으로 시를 하나 써달라고 부탁한 이랑이라는 사람은 내게 아주 각별히 자랑스러운 사람이다. 그리고 지옥이라는 공간도 좋아한다. 나는 절에도 다녔고 성당도 다녔는데, 큰 절이나 성당에는 책방이 있었고, 그 책방에는 자기 종교에서 믿는 사후세계를 그린 만화책을 팔았고, 나는 만화책을 아주 좋아했다. 그래서 만화에 묘사된 지옥을 많이 보았다. 긴 젓가락이 나오는 지옥이 내가 아주 좋아하는 지옥이다. 극락에서는 긴 젓가락으로 다른 사람들에게 음식을 먹여주는데, 지옥 인간들은 서로 먹여줄 생각을 못 한다. 긴 젓가락으로는 음식을 집어서 자기 입에 넣을 수가 없다. 그래서 굶는다. 젓가락을 짧게 잡으면 되지 않나? 늘 너무 답답했다. 자살한 자들의 지옥도 좋아한다. 자살한 사람들은 지옥에서 나무가 된다. 그러나 내가 정말정말 좋아하는 지옥은, 어떤 동화에 나온 지옥인데 그 지옥에서는 또 죽을 수 있다. 또 죽으면 다음 지옥으로 간다. 먼저 죽은 사람들이 계속 먼저 죽기 때문에 그 사람들은 계속 다음 지옥에 있다. 그래서 빨리 죽어야 나보다 먼저 죽은 사랑하는 사람을 만날 수 있다. 무슨 동화였는지 모르겠다. 내가 만든 동화인가. 어쨌든 갑자기 마음에 드는 시를 쓰는 방법을 알겠다. 좋아하는 것들이 나오는 시를 쓰면 되는구나. 그러고 보니 지금까지 쓴 시들의 거의 대부분이 내가 좋아하는 것들이 나오는 시였구나. 그걸 몰랐네. 그래서 좋아하는 게 없을 때는 시를 쓰지 못하는 것 같다. 너무 우울하면 좋아하는 게 잘 떠오르지 않아서 시를 쓰러 카페에 가기를 주저하는 것 같다. 근데 아무리 우울해도 카페에 가서 좋아하는 것들을 생각하면 되지 않겠는가? 문제는 좋아하는 것들만 쓰다 보면 노벨상을 못 타게 되는 거 아닌가. 약간 걱정이 된다. 나는 노벨상을 좋아하는데. 그 상을 받은 사람들은 안 좋아하는 것도 자기 작품에 쓴 사람들이 태반이다. 싫어하고, 욕하고 싶은 것들도 다뤄야 한다. 그렇지만 내가 뭘 내 작품에 넣으려면 내가 싫어하는 것도, 나를 화나게 하는 것들도 일단은 조금이라도 내 마음에 들어야… 쓸모를 가질 것 같은데. 내 글에 아직 등장하지 않은 것들은 지옥보다 마음에 안 드는 것들이다. 지옥은 마음에 든다. 지옥이 왜 마음에 드는가. 내 생각엔 지옥에선 도망을 갈 수 있다. 만약에 도망을 갈 수 없는 지옥이라고 해도. 도망을 가고 싶다는 마음은 내 것이고, 그 마음은 사라지지 않을 것이다. 만약 도망갈 마음을 없애는 지옥이 있다면. 거기에선 좋아하는 것들이 없겠군. 만나고 싶은 것들이 없겠군. 나랑 사는 고양이에 대한 기억이 없겠군. 그럼 뭐. 거기서는 내가 내가 아니겠군. 아내를 만나고 싶지 않은 나라면 거기서 그렇게 도망갈 마음 없이 영원히 좌절해도 별 상관 없어. 그건 내가 아니니까. 아, 나도 알거든요. 나라는 게 본래 없다는 걸. 착각에 불과하다는 걸. 하지만 내가 사랑하는 고양이를 잊은 나는 싫거든요. 그리고 나는 요즘 한지(나랑 사는 고양이) 나오는 시를 엄청 많이 쓰는데요. 고양이 나오는 시를 엄청 많이 쓴다는 문장도 엄청 많이 써요. 나는 이 문장이 좋아요. 나는 고양이가 나오는 시를 쓴다. 더 정확히는 시를 쓰다가 막히면. 우울해지면. 내 시에 고양이가 나오거든요. 그럼 좋아요. 그런데 그거 아세요? 살다 보면 좋아하던 것만 좋아하게 되고, 좋아했던 것을 기억해 내서 아 그거 좋아했지? 다시 꺼내서, 아직도 꽤 좋군. 그러고 살고 있는데요. 그러니까 필사적으로 새로운 뭔가를 좋아하려고 애쓰고 있는데요. 그런데 사실은 내 시에 지옥만 나오면 좋겠어요. 소피스트가 나와서 궤변을 늘어놓다가 플라톤 같은 완고한 사람에게 혼나고, 혼나는 건 참 싫다. 사랑해도 혼나지 않는 꿈을 꾸고. 황인찬도 계속 좋아하고 싶고. 베르너 헤어조크가 안 죽고 계속 영화를 만들면 좋겠고. 고양이도 영원히 살고. 그렇게 지옥, 소피스트, 황인찬, 헤어조크만 나오는 시만 계속 쓰다가 죽어서 지옥에 가서 거기서도 지옥, 소피스트, 황인찬, 헤어조크, 고양이만 나오는 시를 계속 쓰면 좋겠어요. 그런데 계속 자기들 나오는 걸 쓰면 걔네가 싫어할 수도 있고. 날 싫어하기 시작하면 끝도 없이 싫어하겠지. 지옥이 날 싫어하고, 황인찬이 날 싫어하고, 헤어조크가 날 싫어하고, 고양이가 물기만 하고, 나만 보면 숨고. 그런 일이 쉽게 일어나진 않겠지만 일어날 수도 있고. 그러니까 좋아하는 것들에겐 잘해야 돼. 너무 질척이면 안 돼. 그래서 새로 좋아하는 것들을 계속 만들어야 돼. 그래서 요즘에 극장에 가서 영화도 보고. 책도 샀어요. 그러니까 당신들이 먼저 죽어도 괜찮아요. 날 싫어하지만 마요. 아니다. 싫어해도 괜찮아요. 다음 지옥에선 생각이 바뀔 수도 있으니까. 당신은 지옥에서 누구랑 있습니까. 아직도 난 자꾸 궁금합니다.

김승일 시인

소개말에 "영상이 있는 세계에서 영상이 우리에게 줄 수 없는 것이 무엇인지 찾으려고 하지만 거의 찾아내지 못하며 살고 있음. 영상을 좋아함."이라고 썼어요. 영상이 우리한테 줄 수 없는 걸 왜 찾으려고 해요?

시를 쓰는 사람이라서 문자 언어로만 전할 수 있는 걸 찾아야 해요. 그러니까 영상이 줄 수 없는 걸 찾으려는 건데, 영상을 좋아해서 언제나 영상을 보고 있어요.

문자 언어로만 전할 수 있는 건 뭐가 있어요?

판단이요. 영상은 카메라로 그것을 담은 사람의 판단이 담긴 것이라고 생각하기 쉽지만, 그 사람의 판단을 넘어선 것들도 함께 담겨 있어요. 하지만 문학에서의 판단은 오로지 화자가 하는 판단뿐이죠. 그래서 영상 언어가 우리에게 주는 것보다 폭이 넓지 않은 것 같고, 유연해 보이지도 않아요. 하지만 여기엔 판단들이 서로 엮여서 만들어내는 형언할 수 없는 부분도 있어요. 저는 문자 언어가 서로 간섭하여 만들어내는, 언어로 표상되지 않는 어떤 것을 독자에게 건네기 위해 시를 써요. 예컨대 많은 시가 마지막 구절에서 무언가를 판단하거나 중얼거리면서 끝나죠. "나는 왜 항상 네가 누구랑 있는지가 궁금하지?" 같은.

그럼 영상을 왜 좋아하는지도 물어봐야겠네요.

문학은 스트레스 풀려고 보는 때가 거의 없어요. 오히려 스트레스를 받죠. 웹소설을 대중적인 콘텐츠라고 여긴다 해도 저는 좀더 집중하고 몰입해서 보게 돼요. 설득이 잘 되지 않을 때는 참을성 있게 허용하고 넘어가 줘야 하는 부분도 많고. 하지만 영상은 그냥 소파에 누워 볼 수 있어요. 보다가 잠들어도 좋고, 약간 놓쳐도 좋고. 극장에 가면 좀 다르지만요. 그래도 저는 영상에 기대하는 바가 문학에 기대하는 것에 비해서는 크지 않아요. 물론 영상 역시 영상만이 전달할 수 있는 걸 고민하는 사람들 손에서 만들어지고 있겠죠. 그런 노력들을 보는 것도 좋아요.

최근엔 뭐 봤어요?

〈릭 앤 모티〉 시즌6랑 〈비 앤 퍼피캣Bee And Puppycat〉이요. 저는 애니메이션을 좋아해요.

에세이에 다큐멘터리 감독 '베르너 헤어조크'에 관한 이야기를 썼잖아요. 검색해 보다가 그가 〈릭 앤 모티〉 시즌2 에피소드8에 나왔다는 걸 알게 됐어요. 알고 있었어요?

그럼요. 목소리만 듣고도 알 수 있죠. 헤어조크는 제가 좋아하는 어딘가에서 갑자기 튀어나와서는 저를 웃겨요. 우린 취향이 비슷한 것 같아요. 저는 그런 웃긴 순간들도 좋지만, 헤어조크가 감독한 작품을 더 좋아해요. 저는 그 사람의 판단이 마음에 들어요.

앞서 "영상에는 그것을 담은 사람의 판단을 넘어선 것들도 함께 담겨 있다."고 했어요. 헤어조크의 판단을 넘어서는 어떤 것들에 관해서도 들어보고 싶어요.

헤어조크는 언제나 자신이 이해할 수 없는 사람들을 찾아다녀요. 좀더 구체적으로 이야기하자면 '자신이 이해할 수 없는 행동을 하는 사람들'이죠. 그들을 마냥 동경해서가 아니라, 세상엔 자신이 이해할 수 없는 게 존재한다는 걸 알고 있어서예요. 그는 섣불리 판단하지 않아요. 하지만 분명히 판단을 하죠. 위험에 너무 가까이 간 사람을, 누군가에게 쉽게 폭력을 저지른 사람을, 대중문화가 잠식해 버린 외로움들을. 반대하고, 긍정하고, 기록하면서요. 그의 최근 작품은 화산에 관한 다큐인데요. 화산은 결국 모든 걸 집어삼키잖아요. 헤어조크는 담담하게 활화산의 마그마 영상을 찍어요. 그건 우리 인식을 초월하는 어떤 것이죠. 하지만 동시에 그는 화산 곁에서 살아가는 사람들을 카메라에 담아요. 화산이 우리 모두를 죽일 수 있다는 사실을 누구보다 잘 알면서도요. 세계엔 이해할 수 없는 폭력이 도사리고 있고, 어떤 폭력은 마그마처럼 의도도 가지고 있지 않아요. 그건 우리의 판단을 넘어서는 것인데도 우리는 판단을 하려고 해요. '자, 그렇다면 나는 어떻게 할 것인가? 저 의도 없는 힘 앞에서. 재앙 앞에서. 어떻게 살아야 할 것인가?' 결국 판단을 넘어서는 이미지를 따라다니면서도 그 이미지와 함께 살아가는 존재들에 대한 사랑을 잃지 않는 것. 광인을 따라다니면서도 광인이 넘을 수 없는 한계에 집중하는 것. 그것이 헤어조크라는 엄정하고 위트 넘치는 감독이 하는 일이에요.

내가 시인이 아니라 고대 그리스의 철학자였으면 좋겠다 너도 그랬으면 좋겠다 영상 다큐멘터리 감독이 우리 둘의 일생을 촬영했으면 좋겠다 둘의 철학이 구별된다 너는 나의 태도를 나는 너의 생활을 사랑한다 같아 나는 지옥이 무엇인지에 대해 종종 의견을 나눈다 지옥은 내가 아직 겪어보지 않은 곳이다 내 편견이고 지옥은 이런

처로 영상 다큐멘터리 감독이 찾아온 것이다 그에게 마지막으로 하고 싶은 말이 무엇입니까? 나는 잠시 고심하다가 손으로 땅을 짚었다 천천히 상반신을 일으켜 세우고 카메라를 똑바로 쳐다보았다

30

이제 〈지옥〉 얘기를 해볼게요. 이 시를 2014년 '언리미티드에디션'에서 처음 들었어요. 이랑 감독의 연극 〈게이 시인 시집 제목 정하기〉에 사용되었지요. 저는 정작 그 연극을 못 봤어요. 이랑은 제 친구인데요. 처음 같이 해본 일인데 안 왔다고 이랑이 슬퍼했어요. 〈지옥〉은 연극에 시가 필요하다고 해서 "그럼 써줄게." 하고 쓴 시인데, 제안을 받고 이틀 후에 작업실에서 쓴 기억이 나네요. '지옥'이라는 제목으로 써달라서 지옥이 나오는 시를 썼어요. 연극에서는 게이 시인이 이 시를 짓지만, 연극에서의 화자성은 고려하지 않았어요.

제목이 정해져 있던 거군요. 에세이에 이 시에는 좋아하는 게 많이 등장한다고 했죠. 소피스트, 헤어조크, 황인찬. 궤변론자라 불리는 소피스트를 좋아한다고 했는데, 궤변이 뭐라고 생각해요?
궤변은 대화를 이어나가기 위한 방법 중 하나예요. 궤변은 이어지기 힘든 대화도 이어지게 하고, 가끔은 궤변이 궤변이 아니게 되는 때도 있어요. 저는 대화를 이어나가는 것을 좋아하는데, 저에게 시는 일종의 대화예요. 저는 살아 있는 동안 그 대화를 계속 이어나가고자 해요. 그래서 종종 우울해요. 인식의 한계에 사로잡히기도 하고요. 그럴 때 대화를 이어가려면 헛소리를 하거나 장난을 쳐야 하거든요. 경도된 의식에는 언제나 장난이 필요하니까요. 그러니까 궤변은 장난이에요. 저는 장난꾸러기고요(웃음).

'궤변'을 검색하니 "당신이 무엇을 잃어버리지 않았다고 하는 것은 당신이 그것을 가지고 있다는 뜻이다. 그리하여 뿔피리를 잃어버리지 않았다면 뿔피리를 가지고 있는 것이다."라는 문장이 가장 먼저 보이네요. 정말 장난 같아요.
장난을 친다는 건 장난치지 않을 때도 있다는 거예요. 저는 장난치지 않을 때가 아주 많아요. 하지만 장난을 치지 않는다는 건 장난을 칠 때가 있다는 뜻이죠. 장난이 좋아요. 장난을 이해하지 않는 사람들은 피곤해요. 하지만 장난만 친다면 장난이 재미가 없겠지요.

그래서 헤어조크를 좋아하는군요. "엄정하고 위트가 넘친다."는 건 장난을 치는 것도, 장난을 치지 않는 것도 모두 할 줄 안다는 말 같아요. 〈지옥〉이 연극에 쓰였으니 물어볼게요. 연기를 하는 것도, 연극을 보는 것도, 나아가 영상을 접하는 것도 내 이야기가 아닌 이야기를 궁금해하고 관심 갖는 일인 것 같아요. 사람들은 왜 걸어 다니면서까지 영상을 보는 걸까요?
연기는 내가 아닌 누군가가 되어보는 일인 동시에 내가 다른 누군가가 절대로 될 수 없다는 걸 인정하는 일이기도 해요. 영상을 보는 것도 비슷하죠. 몰입할 수는 있지만 저 배우나 저 캐릭터가 될 수는 없어요. 그런 입체적인 부분을 모두 느끼게 되는 거죠. 그래서 예술은 단순히 픽션이기만 한 것도, 현실이기만 한 것도 아니에요.

그 끼인 느낌이 좋아요. 다시 처음으로 돌아가서, 우리는 우리가 결코 타인이 될 수 없음을, 화산 가까이에 사는 사람이 될 수 없음을, 전쟁 중에 죽은 사람이 될 수 없음을 알아요. 그러나 더 알아야 해요. 타인의 고통을 상상해야 하죠. 그러나 그걸로 모든 걸 이해했다고 생각해서는 안 돼요. 예술은 그러한 행위를 하는 데 도움을 줘요. 우리는 그들을 알고자 하고 상상하려 하지만, 그 무엇이든 우리가 상상하는 그것은 아닐 거예요. 저는 그런 복잡함이 좋아요.

에세이에 쓴 만화책도 예술이겠지요? 지옥이 나오는 만화들이요.
지옥이 나오는 만화들은 겁을 주기 위해서 만든 게 많아서 싫어요. 교훈적이라서. 저는 어릴 때부터 그런 걸 보면서 '참 웃긴다.'고 생각했어요. 물론 그렇지 않은 지옥도 있어요. 끝나지 않는 지옥, 이를테면 단테의 〈지옥〉 같은 거요. 그 지옥은 웃기기보다는 이해할 수가 없거든요. 뭐 저런 데를 만들었나 싶고. 그래서 항상 끌리는 거고요.

에세이에 나온 '동화에 나오는 지옥'도 끝나지 않는 지옥 아닌가요?
아, 맞아요. 그 동화의 지옥은 교훈이라는 게 없어요. 교훈이 나쁜 건 아니지만 겁을 주는 건 별로예요. 교회나 불교의 지옥은 "말을 잘 들어라." 하면서 실제로는 별로

무섭지도 않은 지옥만 보여주거든요. 반면, 끝나지 않는 지옥은 정말 좋아요. 사랑하는 사람을 만나기 위해 계속 다음 세계로 가는 건 슬프지만, 만날 거라는 희망을 주니까요.

에세이에 자살한 사람이 나무가 된다는 이야기도 적었죠. 〈You can never go home again〉의 한 대목 "자살한 자들의 지옥에는 왕동백나무가 분명히 있다"를 떠올렸어요.
자살한 사람이 나무가 된다는 것도 단테의 《신곡》에 있는 이야기예요. 대학생 때 죽어서 나무가 되고 싶다는 선생님이 계셨는데요. 정말로 암에 걸려서 돌아가셨어요. 근데 저는 선생님이 죽어서 나무가 되는 게 싫었어요. 어떤 정서인지는 알겠는데, 나무를 왜 좋아하는지도 알겠는데, 그래도 나무 말고 사람이었으면 좋겠다고 생각했죠.

왜요?
모르겠어요. 제가 지옥에 갔는데 선생님이 나무가 되어 있으면 대화도 안 통할 것 같고, 무서웠고, 애초에 안 돌아가시면 좋겠어서 속으로 '나무가 되지 마세요.' 생각했어요. 근데 나중에 '나무 지옥'이라는 걸 알게 됐는데요. 그걸 알고 나니까 선생님은 나무가 아니라 나무숲 관리인이 됐을 거 같다는 생각이 들었어요. 그래서 〈가장 좋은 목표〉라는 시를 썼죠.

그런데 왜 선생님도 승일 씨도 지옥에 간다고 생각해요? 아니, 우선 지옥이랑 천국이 나뉘어 있다고 생각하나요?
아, 저는 지옥과 천국의 구분 같은 건 잘 모르겠고, 사후에 뭔가 더 있으면 좋겠다고 생각해요. 그걸 편의상 지옥이라고 부른 거죠. 저는 고양이와 살게 된 이후로 고양이와 영원히 살고 싶다는 생각을 자주 해요. 죽더라도 뭐든 더 있을 거라고 생각하는 거죠. 그렇게 생각하면 슬퍼도 절망하지 않을 수 있거든요. 계속 재미가 있을 것이고 장난이 있을 테니까요. 음… 없을 수도 있겠죠? 그건 그때 가서 생각할래요. 바라는 건 자유니까요.

그 자유라는 건, 에세이에 쓴 "지옥에서 도망치는" 거랑 비슷한 맥락일까요?
도망친다는 행위는 사실 자유가 박탈된 사람들의 마지막 발악이에요. 그리고 그것이 혁명을 부른다고 생각하죠. 저는 영상과 시가 각자 영역에서 탈출한다고 생각해요. 영상은 글로, 글은 영상으로 탈출할 수 있어요. 모두가 도망을 가죠. 저 또한 지옥에서 탈출한다고 생각해요. 도망갈 수 없다고 생각하는 사람, 도망가면 안 된다고 생각하는 사람은 불행한 사람이에요. 하지만 무조건 가장

먼저 도망가는 사람은 좀 비겁하죠. 저는 누군가와 같이 도망가고 싶어요.

그래서 지옥이 마음에 든다고 하는 거군요. 도망갈 수 있어서.
맞아요.

갑자기 시의 마지막 구절을 옮겨 오고 싶네요. "너는 지옥에서 누구랑 있나?"
제 아내랑 고양이 '한지'요.

요즘은 계속 고양이가 나오는 시를 쓴다고 했는데요. 마지막으로 고양이 한지를 자랑하며 마쳐볼까요?
한지는 다른 고양이를 싫어하고, 다른 사람은 좋아하지 않아요. 오로지 간식과 저만 좋아해요. 겁이 무척 많지만 안전할 땐 자기 자신을 용감하다고 생각하는 것 같아요. 저는 한지가 무슨 생각을 하는지 몰라요. 그걸 알고 싶다고 생각하면서, 동시에 몰라도 괜찮다고 생각하면서, 영원히 한지가 그루밍 하는 걸 바라보고 싶어요. 헤어조크가 화산에서 마그마에 홀려서 계속 바라보는 것처럼요. 한지는 제게 있어 시와 같은 존재예요. 시를 쓸 수 있게 해주고, 시 쓰는 일을 두렵지 않게 해줘요. 아, 그리고… 한마디 더 해볼게요.

좋아요.
영화를 봐야 늙지 않는다고 생각해요. 그래서 극장에 자주 가려고 안간힘을 쓰죠. 무엇보다 극장이라는 공간이 아직도 저를 두근거리게 만들어요. 나이가 들면서 두근거릴 일이 줄어들기 때문에 불이 꺼지고 조명이 켜지는 순간이나 스크린에 뭐가 나오는 순간을 점점 더 좋아하게 돼요. 문화생활을 위해 노력하면 좀 젊어지는 기분이 들어요. 예술 영화를 보러 다니려면 근면해야 하거든요. 늙는 게 싫은 건 아니지만, 두근거림을 느낄 수 있을 때 더 많이 느끼고 싶어요. 그런 의미에서 영상은 언제나 저를 추동하죠.

두근거릴 수 있는 영상 하나 추천해 줄래요?
11월에 출간되는 제 시집이요. 거기 영화나 영상에 대한 두근거림이 나오죠. 그 두근거림이 당신을 두근거리게 할 거예요. 영화는 다른 사람도 많이 추천할 테니 저는 제 시집을 추천할게요. 《항상 조금 추운 극장》을 읽어주세요.

좀처럼 영상을 끈질기게 못 보는 나는 재미있는 작품보다 영상 보는 사람들
이야기가 더 궁금하다. 뭐 봐요? 어떻게 봐요? 왜 봐요? 일단 물어보기로 한다.

보고 있어도 보고 싶은

글 이원석, 박진홍, 이루리   일러스트 임기환   에디터 이주연

I'm you—트루 디텍티브

우울한 형사가 나오는 미드를 본다
1화가 끝나면 2화를 보고 2화가 끝나면 3화를 본다
시즌1이 끝나면 시즌2를 시즌2가 끝나면 시즌3으로
넘어간다
끝없이 이어지는 이 형사물 미국 드라마의 장점은
하고 싶은 모든 말을 찾아낼 수 있다는 것이다
쓰러지고 싶을 때 쓰러지거나 망가지고 싶을 때 망가지는
건 물론이고
다시 살고 싶을 때는 기회를 준다 이번 멸망은
아무것도 아니라는 듯이
진실에 다가가며 천천히 뽑아 겨누는 총구처럼
떨리는 목소리로 중얼거린다
내 얼굴을 다시 볼 날이 있다고 했지?
불행을 모르는 작가가 제멋대로 꾸며 놓은
함정에서 끝없이 애를 쓰는 주인공처럼
잠이 오지 않아

형사는 술을 마신다 홀짝
출근하면 책상 서랍에서 꺼낸 위스키를
탐문하러 간 술집에서는 작은 병맥주를
퇴근하고 푹 꺼진 더러운 소파에서 얼음이 짤랑이는
언더락을
홀짝
들이켠다 나도 따라서

돌아보면
처음부터 꼬여버린 사건처럼
뒤죽박죽이 되어버린 사건일지처럼
아주 잘못된 일, 잘못 꿰어진 단추
백열등 하나를 켜놓고
수북이 쌓인 증거 자료들을 뒤적이다 보면
알 수 없지 누가 시작했고 누가 잘못했는지
톰은 마이클을 죽이고 마이클은 레이를 죽이고 레이는
톰을 죽이지
우리는 서로 총질을 한다 탕 탕탕
내가 쓰러지는 걸 보니 네가 빨랐구나
넌 뭘 사용했니
45구경이라니 그렇게 미웠니

내가 안주머니에서 빠르게 꺼낸 건
엄지와 검지
탕, 총 쏘는 시늉을 하며 윙크를 한 후
붉게 몰드는 셔츠를 내려다본다
안녕

하지만 드라마는 끝나지 않는다
구급차에서 수술대에서 형사는 자꾸만 살아난다
아직 맛보지 못한 고통이 있다고
더 혼나야 할 일들이 있다고
만족할 줄 모르는 시청자들이 납득할 때까지
다시 눈을 뜬다
아직도 여기에 있다니 어디서부터 잘못된 거지?
지옥 밑엔 늘 더한 진창이 기다리지
부모한테 물려받은
날개 같은 게 없다면 우리가 갈 수 있는 곳은
더 밑바닥뿐 아니겠어? 당연하게도

주인공도 시청자도 눈치채지 못하도록 느닷없이
범인은 총구를 겨눈다
넌 전편에서 죽지 않았니?
난 다른 고통이야 친구
Who are you?
I'm you, baby.

이젠 진짜 끝이라고 중얼거리며
불행을 모르는 작가는 다시 쓰기 시작한다

이원석
시인. 시집 《엔딩과 랜딩》을 출간했다. 낮에는 체육관 키즈부
차량을 운행하고 저녁엔 성인에게 주짓수를 가르치고 밤과
새벽엔 시를 쓴다.

의미 없이

아는 작가 한 분이 의미 없이 SNS 피드를 내리다가
우연히 본 사진을 내게 보여 주었다. 어떤 남자가
물고기를 들고 사뭇 진지한 표정으로 정면을 응시하고
있는 모습이었는데, 이상하게 의미 없어 보였다. 설명에는
"Fishing with John"이라고 쓰여 있었고, 나는 그것을
별 의미 없이 검색해 보았다. 〈존과 낚시를〉은 미국의
뮤지션이자 배우인 존 루리가 만든 짧은 티브이 시리즈다.
총 여섯 편이고, 1편에는 짐 자무시, 2편 톰 웨이츠,
3편 맷 딜런, 4편 윌렘 대포, 그리고 5, 6편에는 데니스
호퍼가 나온다. 이 쿨한 출연진은 뭐지? 구미가 당긴
나는 유튜브에서 'Fishing with John'을 검색했다.
1편부터 차례로 보기 시작했는데, 맨해튼의 거리에서
한 남자(이 사람이 존이다.)가 운전 중이다. 그는 우회전한
뒤 멀리서 걸어오는 남자를 보고 차를 세운다. 그가 짐
자무시다. 짐은 차에 타자마자 "낚시하러 가죠? 면허는
있어요?"라고 묻는다. 그런 뒤 그들은 쓸데없는 이야기를
나누며 맨해튼에서 세 시간 반 떨어진 몬탁으로 간다.
상어를 잡으러. 그런데 곧장 잡으러 가지 않고, 한 여관에
묵는다. 좋은 꿈을 꾸기 위해 하룻밤 묵는다. 다음 날
이른 아침 드디어, 그들은 작은 배를 타고 바다로 나간다.
상어를 잡으러. 배 위에서 둘은 블루피시 등을 낚으며
여전히 의미 없는 대화를 나누고, 짐은 반복적으로 "내가
왜 여기 있지?"라고 특유의 낮고 굵고 무미건조한 톤으로
말한다. 어쨌건 배는 세 시간여를 더 달려 상어가 출몰하는
지점에 도착하고, 선장은 그곳에서 선지 덩어리 같은 것을
통에 넣어 바다에 담근다. 새들이 모여들기 시작하고,
음, 상어가 나오긴 하는데, 뭐랄까, 이게 진짜 존과 짐이
상어를 낚는 장면인지 〈죠스〉(1975) 같은 영화에서 따온
장면인지 알 수 없다. 자꾸 상어에 습격당하는 것 같은
물속의 기포 같은 거만 보여주고. 또한, 이 영상에는 BBC
같은 곳에서 만드는 전형적인 자연 다큐멘터리처럼 정돈된
내레이션이 내내 깔리는데, 진짜 상어인지 아닌지 모를
이 장면에 이어지는 내레이션은 이렇다.
"목숨을 건 사투 끝에 상어는, 다치지 않고, 바닷속
왕국으로 돌아갔다."
짐과 존은 갑자기 악수를 하고, 에피소드는 끝난다.
그러니까, 상어가 진짜 미끼를 물어서 짐과 존과 '사투'를
벌이다가, 바닷속 왕국으로 돌아간 건지 아닌지 나는

지금도 잘 모르겠다.
톰 웨이츠가 나오는 다음 편을 보기 전에 이 이상한
콘텐츠를 검색하며 본 몇 가지 인상적인 이야기.

- 존은 짐 자무시의 영화 〈천국보다 낯선〉(1984)에
  나온 배우이자 재즈 그룹 라운지 리저즈의
  리더다.
- 존은 낚시에 관해 정말 아무것도 모른다.
- 그는 그저 친구들과 이국적이고 위험한 곳으로
  낚시를 가서 친구들이 물속에 낚싯줄을 실수로
  떨어뜨리는 것을 즐긴다.
- 이 티브이 시리즈 내내 이어지는 터무니없는
  내레이션은 미국의 어느 방송사 아나운서
  롭 웹이 했다.

2편도 3편도 다 이런 식인데, 존이 직접 만든 음악도
얼마나 쿨하고 의미 없는지, 한번 들어보시길. 스트리밍
서비스로 대변되는 요즘의 꽉 짜인, 조그만 빈틈도 없이 숨
막히게 잘(?) 만든 콘텐츠와 달리, 어설프고 빈틈투성이에
이상하고, 통째로 의미 없는 이 낚시 쇼는 누군가의 말처럼
'낚시도 쿨할 수 있다.'는 걸 보여준 최초이자 최후의
콘텐츠가 아닐까 싶다. 낚시에 일절 관심 없는 사람도 즐길
수 있는.

박진홍
소설과 글을 쓰고, 그림을 그릴 때도 있다. 기획자로 여러
출판 프로젝트를 진행하며 책을 만든다. 소설 《요리조리 달걀
요리 조리집》, 영화 장면 그림책 《부세미》 등을 쓰고 그렸다.
인스타그램은 @siwt_nofio

누워 보는 세상

함께 사는 영준의 얼굴은 캘린더 같다. 일요일 저녁부터 점점 어두워지는 그의 얼굴은 수요일이면 정점을 찍었다가 목요일 아침부터 서서히 밝아지기 시작해 금요일 저녁이 되면 활짝 핀다. 그날은 최대한 빨리 퇴근하기 위해 동이 트기 전에 출근하는 것도 마다하지 않는다. 저녁 6시, 퇴근 시간이 다가오면 이미 집에 도착한 그에게서 카톡이 온다. "치치킨킨, 시켜 먹을까? 기프티콘 날짜가 끝나 가." 글자에서 소리가 난다.

기분이 좋은 건 나도 마찬가지. 평소보다 이른 퇴근을 하고 활짝 핀 얼굴을 마주하며 그와 함께 저녁을 먹는다. 매일 한 침대에서 같이 자는 사람인데, 눈을 마주하는 건 오랜만이다. 평소 같으면 밥을 먹고 다시 각자 해야 할 일을 하기 바쁘지만, 오늘은 그럴 수 없지. 저녁 메뉴는 그가 정했으니, 그다음 메뉴는 내가 정해 본다. "⟨작은 아씨들⟩ 볼까?"

금요일 넷플릭스 타임을 위해서는 약간의 준비가 필요하다. 일단 씻고 잠옷으로 갈아입는다. 그리고 얇고 감촉이 보드라운 이불도 하나 꺼내 온다. 베개까지 가져오진 않는다. 졸릴 때까지 보겠지만, 잠은 침대에서 자겠다는 의지의 표현이다. (영화나 드라마가 재미있으면 베개가 추가된다. 베개는 재미의 평가 척도다.) 침대보다 편한 작은 소파는 먼저 자리 잡는 사람의 몫. 단, 리모컨으로 넷플릭스를 틀고 오늘 볼 영상을 선택하는 역할도 그 자리를 차지한 자의 몫이다. ⟨작은 아씨들⟩처럼 이미 볼 게 정해져 있다면 괜찮지만, 없는 날은 꽤나 부담되는 자리. 리모컨으로 인기 콘텐츠, 지금 뜨는 콘텐츠만 뒤적이다 원성을 사기 딱 좋다.

영화도, 음악도 서로 다른 취향이지만 드라마는 얼추 맞는 영준과 나는 주로 드라마를 함께 본다. 시작한 것은 꼭 끝까지 같이 보고 본방 사수보다 함께 보는 것을 사수하며 그동안 유행하는 드라마들을 하나씩 접수해 왔다. ⟨기묘한 이야기⟩를 보면서 'L(엘)' 발음을 연습하고(극중 여자 주인공 이름이 엘티이다.) ⟨SKY 캐슬⟩을 보면서 없는 아이를 어떻게 키울지 고민했다. 얼마 전에 정주행을 마친 ⟨환혼⟩ 이후에는 아직도 종종 어색한 사극 말투가 나온다. 지금은 ⟨작은 아씨들⟩ 과몰입으로 아무도 못 믿는다.

한 명은 소파에, 또 한 명은 바닥에 누워서 드라마 한 편을 본다. 한참 지나면 원래 누가 소파에 있던 사람이고 누가 아래 있던 사람인지 알 수 없다. 혼자만 덮고 있던 이불은 넓게 펼쳐 같이 나눠 덮고, 아래 누워 있던 사람의 다리는 소파 위에 'ㄱ'자로 얹힌다. 고양이들도 추가되어 좁은 소파에는 고양이들도 함께 누워 있다. 우리는 모두 누워 같은 것을 본다. 평일에는 같이 살면서도 얼굴 한 번 보기 어려운 사람과 함께 누워 같은 곳을 보고 있다. 가끔은 드라마보다 지금 이 순간이 더 드라마 같다.

내가 좋아하는 잡지의 편집장님은 '드라마'에서 세상을 보았다고 말했다. 미국, 일본, 한국 각종 드라마를 섭렵하며 세상살이를 배웠다고. 누워서 보는 세상, 참 좋구나. 그게 드라마든, 세상이든 오랫동안 함께 누워 같은 곳을 보다 잠들고 싶다. 방에서 베개를 꺼내 와야겠다.

이루리

스타트업 마케터. 평일에 처리하지 못한 일을 하는 추가 시간으로만 느꼈던 주말을, 언제부턴가 온전히 즐기기 시작했다. 요즘은 매주 주말을 잘 보낼 방법을 궁리한다. 금요일 밤 넷플릭스 타임도 여러 방법 중 하나.

좋아하는 드라마가 끝이 나고 마지막 회 엔딩 크레디트가
올라가기 시작하면, 나는 조용히 두 손을 모은다. 저절로 간절한
마음이 된다. 이번 드라마는 꼭 대본집 나오게 해주세요.
제발요.

내가 이해할 수 없는 그

드라마를 읽는 시간

글 박이나 사진 박이나, 정다운

사는 동안 살고, 죽는 동안 죽어요

시작은 이랬다. 한일 월드컵의 열기로 온 거리가 뜨겁던 2002년 여름, 젖은 눈으로 해사하게 웃는 여자 주인공의 얼굴이 클로즈업 숏으로 끝이 나는 드라마가 있었다. 이름은 전경. 홍대 인디 신에서 활동하는 미완성 밴드의 키보디스트이자 고복수의 애인. 거리에서 팩 소주를 마시고, 담배를 뻑뻑 피워대는 여자 주인공이라니. 남자 주인공은 고복수. 전과 2범 소매치기인데 2부 말미에 뇌종양 시한부 판정을 받는다(총 20부작인데!). 그리고 이 둘은 운명처럼 만나 사랑을 한다.

MBC 드라마 〈네 멋대로 해라〉 이야기다. 배신과 이혼, 불치병, 자살, 가정폭력, 또 누군가는 출생의 비밀을 안고 살아간다. 이쯤 되면 통속과 신파가 적절히 가미된 다소 올드한 소재의 철 지난 드라마라고 생각할지도 모르겠다. 그런데 이 드라마는 어딘가 좀 달랐다. 선한 역도 없고, 악역도 없었다. 이 인물에 마음이 간다 싶으면 뭔가 하나쯤 이상한 구석이 있어서 시청자들을 혼란에 빠뜨렸다. 어떤 사람들은 드라마가 종영된 후에도 시름시름 앓았다. 시청률이 높았던 것도 아닌데. 드라마를 너무 사랑한 나머지 사람됨을 포기할 정도로 일상생활이 어려운 사람들이 생겨났다. 그러니까 나 같은 사람들. '네멋 폐인'들.

이렇게 다짜고짜 20년 전 팬심을 밝히고 나니, 조금 멋쩍은 기분이 든다. 어쩔 수 없는 시대성 때문일까. 최근 이 드라마를 20년 만에 다시 보았는데, 내 상상 속 드라마와는 조금 다른 모양을 하고 있었다. 어떤 장면은 매우 생경했고, 종종 불편한 지점들도 있었다. 그런데도 내가 '네멋 폐인'이었음을 부정할 수 없는 이유는, 그 시절의 내가 분명 이 드라마에 사로잡혀 있었기 때문이다. 시간이 흘러 퇴색되어 버린 것들 사이에서 여전히 변하지 않고 빛을 내는 순간들이 거기에 있었다.

나는 복수(양동근)가 얼굴을 쓸어내리면서 마른세수할 때, 그 천연함이 좋았다. "남자랑 자본 적 있냐?"는 한 기자의 물음에 "네."라고 담백하게 대답하는 전경(이나영)을 사랑했다. 시원시원한 미래(공효진)를, 클라리넷을 연주하던 중섭(신구)을, 아들 돈은 받으면서 무슨 돈인지 묻지 않는 유순(윤여정)을 사랑했다. 경이의 웨이브 머리를 따라 하고, 팩 소주도 처음 마셔봤다. 6호선 광흥창역 인근에 있던 버스 정류장(사실은 택시 정류장이었던)과 129번 버스, 홍대 일대와 선유도 공원을 걸었다. 포항 호미곶에도 다녀왔다. 거대한 상생의 손이 검푸른 파도에 일렁이고 있었다. 드라마가 끝난 그다음 해. 나는 여의도에 있는 프로덕션으로 생애 첫 출근을 했는데, 성질 고약한 선배

피디에게 허구한 날 혼이 났다. 뭘 잘못했는지도 모르고 일단 고개부터 숙였다. 그날도 역시 호되게 꾸중을 들었고, 나는 조용히 사무실을 빠져나와 무작정 서강대교를 달리기 시작했다. 그 대교의 끝에 경이의 정류장이 있었다. 한강 다리는 또 왜 이렇게 긴지. 뛰다가, 걷다가, 눈물 콧물 범벅이 되어 겨우 도착한 그곳에 경이는 없고, 빈 의자만 덩그러니 있었다. '그' 벤치에 앉아 깊게 숨을 들이마셨다가 내쉬었다. 사회초년생의 서글펐던 마음도 조금씩 진정이 되었다. "사는 동안 살고, 죽는 동안 죽어요." 그래, 사는 동안 살고, 죽는 동안 죽어보자는 마음으로 그 시절을 지나온 것 같다. 웃고 싶으면 웃고, 울고 싶으면 몰래 울면서. 복수가 나에게 가르쳐준 것이다.

> "경이 씨가 웃으면 나 그대로 경이 씨한테 걸어갈게요. 경이 씨가 울면 나 그대로 경이 씨한테 또 걸어갈게요. 웃고 싶으면 웃고, 울고 싶으면 울어요. 내가 다, 알아서 할게요. 웃어요. 그리고 울어요. 울어요. 그리고 웃어요. 내가 갈게요, 경이 씨에게."
> ― 〈네 멋대로 해라〉 중에서

나의 첫 필사 드라마

그때 나는 처음으로 드라마 대본을 옮겨 적었다. 드라마 대본이 한 권의 책으로 나오는 일이 드문 시절이었고, 공식 홈페이지에 업로드된 대본은 저작권 문제로 미리보기만 가능했다. 요즘은 그마저도 문제가 되겠지만. 나는 대본 미리보기와 한글 문서를 동시에 열어놓고 대본을 옮겨 적기 시작했다. "제1부. #1. 보육원 (해 질 무렵) 소나무 숲이 있다. 가늘게 바람 소리가 난다. 바람 소리 속에 쇠사슬의 삐걱거림이 묻어 나온다."

젊은 중섭과 열 살 복수가 보육원 그네에 앉아 이야기를 나누는 1부 첫 장면부터 수술실을 빠져나오는 복수를 보며 환하게 웃던 20부의 마지막 장면까지. 나는 경건한 마음으로 필사했다. 한 문장 한 문장 옮겨 적으면서 다시 한번 이 드라마가 좋아졌다. 읽고, 쓰고, 또 읽었다. 20부작 드라마에서 모두가 한 번씩은 자기 인생의 주인공이 되는 이 드라마가 나는 좋았다.

무슨 드라마를 필사까지 하면서 보느냐며 핀잔을 주는 사람도 있을 것이다. 그것도 맞는 말이다. 하지만, 티브이로 보는 드라마와 문장으로 읽는 드라마는 또 달랐다. 특히 기억에 남는 건, 양동근 배우의 연기를 책 속에서 마주하던 순간. 무심한 듯 툭툭 뱉어내는 복수의 말들은 사실

대본을 거의 토씨 하나 바꾸지 않고 자기 것으로 연기한 배우의 내공이었다. 미래에게 뒤통수를 한 대 얻어맞은 기분이었다. 당시 나는 양동근 배우가 애드리브의 달인일 것이라고 짐작했던 것 같다. 그렇지 않고서야 이런 호흡으로 연기할 수 없다고. 내 예측은 보기 좋게 빗나갔고, 나는 대본을 읽으며 그 틈을 찾아내는 게 좋았다. 요즘도 두고두고 회자되는 상추쌈을 물고 대문 앞에서 울먹이는 장면이나 숨을 거둔 아버지를 끌어안고 오열하는 장면 역시 지문은 의외로 간결했다. 훗날 '네멋' 10주년 인터뷰에서 "어떻게 울라는 얘기는 없었지만, 그 심정에 빠져 울었다."는 배우의 말에 고개를 끄덕였다. 어떤 문장은 배우의 힘으로 완성되기도 한다. 연출과 배우의 몫으로 남겨두는 대본의 여백과 그 여백을 알아채는 좋은 배우가 만나면 이런 장면이 탄생하는구나. 나는 남의 문장을 옮겨 쓰면서 드라마와 좀더 친해졌다. 그 사랑을 아무에게도 말하지 않고 마음에 묻었다. 피고름으로 옮겨 적은 인정옥 작가의 〈네 멋대로 해라〉 대본은 여전히 내 외장하드 속에 꼭꼭 숨어 있다.

> "내가 드라마국에 와서, 귀에 못이 박히게 들은 드라마트루기, 다른 말로, 연출법의 기본은, 드라마는 갈등이라는 것이다. (중략) 이 시점에서 드라마와 인생은 확실한 차이점을 보인다. 현실과 달리 드라마 속에서 갈등을 만나면 감독은 신이 난다. 드라마의 갈등은 늘 준비된 화해의 결말이 있는 법이니까. 갈등만 만들 수 있다면, 싸워도 두려울 게 없다. 그러나 인생에선 준비된 화해의 결말은커녕, 새로운 갈등만이 난무할 뿐이다."
> — 〈그들이 사는 세상〉 중에서

드라마처럼 살아라

그때부터 내 취미는 드라마 대본 읽기. 처음 드라마 대본을 읽었을 때 느낀 형식의 생소함도 읽다 보니 자연스럽게 적응되었다. 어떤 드라마 속 묘사는 소설보다 더 현실 같았다. 정말 좋아하는 드라마를 발견하면 어렵게 대본을 구해 마음에 남은 장면과 비교하면서 보는 버릇이 생겼다. 대본과 드라마가 같으면 같은 대로, 다르면 다른 대로 좋았다. 말맛이 좋은 대사는 웅얼웅얼 따라 읽어보기도 했다. 배우들의 목소리가 책 속에서 튀어나왔다. 몇 달 동안 배우의 손에 들려 있던 책을 잠시 빌려 읽는 기분이 들었다. 2009년, 노희경 작가의 〈그들이 사는 세상〉 대본집 초판이 처음 나왔다. KBS 2TV 드라마 〈그들이 사는 세상〉은

방송가에서도 단연 화제였다. "정지오(현빈) 같은 피디 왜 나만 몰라."라는 말이 작가실을 타고 유행어처럼 번졌다. 그때 나는 시청률은 제법 나오지만 광고는 잘 붙지 않는 시사 고발 프로그램에서 작가로 일하고 있었다. 내 인생이 드라마라면 매일이 지지고 볶는 막장 드라마가 아닐까, 생각하며 이틀 걸러 뜬눈으로 아침을 맞던 시절. 당시 내가 주로 하던 일은 방송 사례를 찾아 취재하고, 촬영 테이프를 보고, 보통 30분 길면 45분 남짓 영상을 구성해서 더빙 원고까지 쓰면 끝이 났다. 분초를 다투는 전쟁 같은 시간을 겪고 나면 5주가 훌쩍 지나 있었다. 시간은 5주 단위로 흘렀고, 방송 열 번만 하면 한 살 더 먹는다는 농을 던지며 자조하던 나날이었다. 하루는 같은 일을 하며 속마음을 나누던 친구가 이런 말을 했다. "나 드라마 한번 써보려고. 너도 같이 하자.", "내 일상이 온통 갈등과 대립과 충돌의 무한반복인데, 나는 왜 쓰고 싶은 이야기가 없을까." 몇 년 후, 그 친구는 혼자 드라마반에 등록했고, 나는 얼마 더 있다가 바르셀로나행 비행기를 탔다. 여전히 그 세계에서 분투 중인 친구가 소식을 전할 때마다 나는 어제 본 미니시리즈를 안주 삼아 밤새도록 울고 웃던 그 시절의 우리로 돌아간다. 온 마음으로 응원하면서.

> "우리 다 행복했으면 좋겠어. 쨍하고 햇볕 난 것처럼. 구겨진 것 하나 없이."
> — 〈나의 해방 일지〉 중에서

대본집을 기다리는 마음

이 글을 쓰면서 철 지난 드라마들을 다시 꺼내 본다. 애써 눌러두었던 한국에 대한 그리움이 밀물처럼 밀려온다. 복수와 경이 거닐던 20년 전 홍대 일대와 밤의 한강 변, 싱그러운 보라매공원. 지오와 준영이 치열하게 일하고 사랑했던 여의도 방송가. 방송국과 대형 프로덕션들이 빠져나간 여의도는 여전히 잘 있을까? 경이 담배는 끊었을까. 몸에 좋다는 영양제는 꼬박꼬박 다 챙겨 먹는 중년이 되어 있을 수도. 어쩌면 복수와 함께. 모두 어딘가에서 잘 살고 있을 것만 같다. 그리고 나는 박해영 작가의 〈나의 아저씨〉를 읽으며, '추앙'과 '환대'의 마음으로 〈나의 해방 일지〉 대본집을 기다린다. 마음에 남는 대사를 한 문장 한 문장 옮겨 적는다. 〈나의 아저씨〉 대본집이 출간되기까지 꼬박 4년이 걸렸으니, 어쩌면 더 긴 시간이 걸릴지도. 나는 저절로 또 간절한 독자의 마음이 된다.

"우리 다 태어났으면 좋겠어.
짜잔하고 헛멀긴 것처럼,
지겨운 거 하나 없이 ―"

"엄마 아빠 돌아가시고 나서
저한테 약하다는 느낌이 생긴 것 같아.
내가 이 가족에서 해방돼야
내 딸도 자유로운 수 있지 않을까?"
― 조태훈의 대사 中에서 ― ep.07

"중재는 척 떠들어대는 이는 안고,
쉬는 이이 하고 싶어. 대로인데,
안인데, 쉬는 것 같은데
영기저이 된거니까 ― ep.02

"지겨워요.
어디서부터 어떻게 잘못된 건지
모르겠는데, 그냥 지겨워요.
모든 관계가 노동이에요.
눈 뜬 있는 모든 시간이 노동이에요.
아무 일도 일기나지 않고,
아무도 날 좋아나지 않고 ―"
ep.02 미정의 대사 ―

"나를 감각하다가 훼멸거야.
사랑을 줘, 나도 줄게. 더 줘,
나도 더 줄게. 그냥 사랑을 줘.
배신이나, 더 줘, 더 줘 더.
세상 사람을 다 분이 먹어다
안 채워진 거다.
너는 나처럼 각박하지 마.
다 줘, 전사처럼 다 줘.
그런 사람은 도 볼박해버려 ―"
ep.04 현아의 말 ―

"학생애? 봄이 오면 너도 나도 다른 사람
되어 있는 거냐?" "학생애?"
"누가 이렇게, 나는 건지?"
나 응원하는 거. 넌 뭐든 할수 있다. 뭐든 된다. 응원하는 거." ep.04 이경구비

"(미정) 가끔 2년 생각들의
세상에 없는 사람, 영아 없는
데…, 시간 시절의 감정 한이 가
(구씨) 없으어니. 지금
내 너 마음이면, 지금이 시절
이점이야." ep.07

"나도 네가 만든 사람 좋겠다는
느끼가 안보여서 좋아. 그래서
네가 안도 같은 건 아니다 한 안다가
다 지해." ― 겸 가 이경에게 ― ep.02

"아욱 것도 안 나고 뭐나고, 사람이라는
아아 것도" ep.03, 구씨의 말
"나…, 뭐야아 된 문제죠 뭘.
응끌란 이로 튀지 많고―"

"내가 엄마들 혼자 벗때 키우신 길고
안든데, 내가 새떠라 만 동아서 후때라
가겠지고 혼는이어야 된다. 영어이, 내가
변도길 잃은 안전인데 그게 들켜서 키워질
게 아니라. 나도 안대. 가까 원수 있는
떄로 몸이 내가 취워 있다 태도 나워갈 거.
더 둘고 떄가 있겠어 살겠지. 나도 안대.
누군가 원주벽 본댓 떄
'아, 인생 끝났구나 했구나.'
백안면 걸려에 옷을 거 같은걸
오늘 해치도 되겠다." ep.06, 3씨.

"가짜로 있대도 채워지지?
"뭐다, 엇겠다, 아직 안이나 각 찾수 있잖아."
"안나는 음가 진짜가 된 태내?"
모든 일이 고작였다. 개 발전, 하는 번.
"… 뀨"

"없을때는 눈 앞에 사람들이 왔다갔다
하는 것도 싫고, 만은 걸면 더 싫고,
쓸데 없는 안은 듣기싫어.
나도 쓸데 없는 안은 해 내야 되고
생각하는 것 자체가 존노록 싫어 ―"
ep.06, 3씨.

"겨우새 혼밤이 가버려 아닐 때
자리고 하면 가을이 일먼가이 있으네,
그게나무 저물이대가 미즌게 처장아너
가을게 흘러 우운 산 들을 걸처럼 구분려작
그게 하나 짓눈데 목은 내 우원에서 쏘다녀
번둥해야 하는 것처럼 않당 내.
누구서 2주벽 본댓 떄
'아, 인생 끝내이 났다.'
백안면 걸려에 옷을 거 같은걸
오늘 해치도 되겠다." ep.06, 3씨.

"사랑 이르거 인정으로 안대느구나
해보느데 인정으로 안대는 거는가?"
ep.10. 찰이―

"내가 눈 나눈들이는 것 같았었지요?"

"(…) 여가까지 떨려 받으면 된 것 같아요.
제 가이 아닌데 계속 떨려주어서
안겨주 받아도 받겠습아요."

"아버지 걱정 마세요. 우젼 큰 문제없길거니까." ep.13
아버지 땜에 아직 샘이 있습니다. 아버지 애경합니다.

"왜 내가 사랑하는 사람들은
다 돌이 없을까?" ―
ep.06 찰이

"넌 살라고 지우 크게 만들어
오늘 딱 눈 하나 문이 뜯기고
내일로고 개저고
봉가로 그거이 잘게 잘게 부숴서
맡아야하는게
차갑 만이 크게 만든다.
난 내가 맞을 때마다 무서워.
더 커졌다 말아나 온 게 된가?
너는 눈물을 줄여야 돼.
오시가 가서 복수를 우려악자에 해야해
그래서 거지도 언자는 무슨 결심을
이야기, 그건 지격들 이야기를
겸성스럽에 한 포 맞아야 해.
지격고, 지격고. 그때서
낭자가 지격돼서 죽고싶게
본이 살아있는다누자는 무서워.
너무 무서워 ―"
― ep.10. 3씨.

"꼴라틀 안간으로 놓고도
사랑하지 못한 안같는 이유 1000 가지를
대각대로 대고, 사랑하는 안는 이유
1000 가지를 대각대로 하면 딱 돼."
― ep.10. 현아―

"겸이 있었으면 좋겠어요.
2경 년 2명 번 이중대고 싶건 되고
태어나지도 않았을건이. 그러다도 ―"
ep.13 찰이

"이렇게 사나 봐너도
전보다도 견딜 만한 것 같어 ―"

―――

"겸사랑이 떠나고 나서 알았어.
겸사랑이으로 애들기나
다 내가 건사는 줄 안았는다
다 낸 겸사하여 산았던 거야 ―"
ep.14 영지씨.

"보자?"
"안된고느이?"
"왜?"
"난 섞데서, 산 빼나가 하늘이…"
"한 시간 버벼 산 빼라 이쪽나. ―"

"(사경) 인제 다운이 때도 항상 1이 거운데
다운이 1을 거운럭 하지 않아. 1은 눈
정게돼버리야. 1이라가. 너안 만나면
이삼버, 생각지도 못한 일이 좋론 나뇨
(미경) 우편 20건, 아날 1 떄 1 기야?
(사경) 너 나 정게하나?"
(이경) 집작 전화하다나."
Ep.15 이경&사경

"왜 이을 끝까지 여러 없으면서
나눈 너그렇게 끝까지 여러 집여야
되는데? 왜! 왜?"
Ep.15 3씨.

"(미경) 하루이 5분만. 5분만 숨을 틀어도
살아나잖아. 도면의정이 깊으 때 내가
모른 이규거면 '모한음마이' 라도 학생때문에
가꾸 설기고, 이자이 눈 뗐을 때 악도
통이니' 10초 설기고, 그렇게 하루
5분을 채워요. 그게 내가 죽지 않는
사는 법.
(사경) 넌 여지가 한번 한번 여겹게
여겹이 가는 거냐? 가박가 한반 한반
여겹이 이렇게…"

"산아 있으너까 산다 싶은
누물구울 여문 엮는 통일간 우실간 여자이
앉에 앉게. 넌 안이 우운 돗길지
모르지 모으지너, 서울이면 멋진곳
앉었느거 각이 앉아.
마음을 이떻게 산지?
모살이 산가 뭐나너 그렇는지…
그넓은 거렇게 감자가 진짜사 다.
넌 일세 산데 장반 벗은 작은
탁 눈 뜨게 같아.
딸같도 나랑 똑같은걸?"
Ep.15 숨겨에서, 저척

"넌사람이 너무 실어
눈 앞에 있었다 잃다 중갈 수 있는 것도 싫어
내가 갑자기 축하서
너한테 이면 눈빛을 남길지
이면 압을 듣지 나도 몰라
겁나… 그러…
나 너 간짜로 좋아한는거
나숙에,
내가 이억게 안고싶지
나도 모를겠어.
아이나도 서울역이 있을 것
같은데, 뭐 그런이 핵 끝날 수
있으면 멈뭐살러.
나 너 긴짜 좋아나봈다."
Ep.15 3씨사경.

―――

1 ~ 16화 넷플릭스 하이라이트

1. 서울에 나온 염기정, 염창희, 염미정 삼남매. 각자 따라만잔한 하루를 보낸뒤
   나란이 택시에 몸을 싣고 언 정으로 돌아온다.

2. 안 쪽도 집로 혼자 고민하던 미정. 자기 앞으로 온 우편물로 구씨의 주소로 보낸다.
   한로로 혼로 세물을 보낸던 구씨이게 새로이 할 일이 생긴다.

3. 구씨와 마주치게 된거드고, 덤앤 신가담 행동을 하는 미정. 기정은 진장
   에서 자기만 빠져 모든여자에게 수작을 거는 사무실에게 대능.

4. 끝없이 떠들어대는 직장부들 때문에 미친 지경인 창희. 미정의 써 동료인 사람들의
   판류을 꽉고, 기정은 수편리 만넌 먼서 때문에 박정을 설친다.

5. 구씨도 숨도 재능을 본 창희는 감단되며 관심을 표한다. 미정은 술집의 타영성을
   운영하기 귀헤 해봐이에 대한 자기 생각을 점어낸다.

6. 창회는 뜻밖의 기회를 제 안해진거 만 감당할수 있는 현택이 안된다 구씨이나 생각
   다후 추천을 키우려가 오는 미정. 차짓인 그냥 동새을 받는 기정은 마음이 편치 않으네.

7. 자칫하면 가족들에게 빌 문제를 들킬 빈한던 이정. 하지만 있는 그대로의 사실도
   끝내 숨긴다. 한편 해봐큰클 믿앙에 두 손잡이 잠께 보내며 정화 딛듣던.

8. 구씨는 그동안 피해다녔던 사무들에게 발각됐다는 사실을 안게 된다.
   검려대는 기정에게 열과앓다 한 가지 부탁을 하는다.

9. 태훈과 함께 한 시간을 되돌아보는 기정. 설레기도 가장 먼저 드는 강정은
   창피함이 아다다. 그도 마침내 정을 찾아도 만거기 아주판다. 까지도

10. 구씨는 이정을 밀에다보는 미정이에게 조금 솔이 환조이 들어대본다
    그가 느끼는 진쟁감, 두려움. 그게 도 똑같은 곳이 있든 혀복을 지우며는 인뭄냐 아는

11. 유난이 곤쟁한 하루를 보넨 이정. 구씨도 그려에서 구정 딜염있던 띠논을
    찾는다. 기잉과 태론도 친구처럼 분위기 속이 시사를 나른 뒤 관계의 변화를 알이딛든다.

12. 과거이 알고 지냈던 사람이 구씨를 찾아온다. 잠셔새마 덕카키의 한상처
    저여 있던 작티. 짐장 점직이 민분경을 독 관심을 품는다.

13. 본녕으로 복귀한 구씨는 최구의 기분을 발휘하여 바쁘게 친자고 십었다
    도로 별거들긴다. 그렇아이 각자의 세정의 생불이 1204기지도 해 갓가

14. 정상스럽게 몇십 자동을 '기대내로 애쓰는 염씨 가족. 찰리딘 아버지
    결을 지키고, 미정은 직장에서 갈등을 겪는다. 한편 기정은 공대로 결성을 하는데

15. 알흔도 치축으니 간수록 실패 강처지지자 구씨는 기족시 치료법을 찾아선다.
    태론을 가족라는 간수록

16. 전 해봐클린 비료들을 만나 그간의 갈정에 대해 이야기를 나누는 미정.
    구씨는 인상이 숲이 있는 짧은 기쁨이 순간을 모으며 산는 인생의 의미를
    찾는다.

17.

복잡하고 기묘하며 신비에 휩싸인 여성들은 이곳에 없다. 경제적 자유를 원하는 여성, 원하는 바를 이루는 여성, 주장을 맘껏 표출하는 여성이 있을 뿐이다. 원해서, 원하는 대로 살기 위해 살아가는 여성들. 이들은 소설과 드라마 그리고 현실 사이에서 태어났다. 언제나 픽션과 논픽션이 어떻게 자리하는지 파악하지 못할 정도로 뒤섞인 곳에 서 있다. 우리는 장면이 넘어갈 때 비로소 주위에 실재하는 힘을 느끼게 된다.

허구를 넘어선 힘을 따라가며

글 김예은

결코 아름답지 않은 가난에 저항하기
〈작은 아씨들〉

어릴 적 너도나도 돌려가며 읽던 단란한 자매들의 이야기 《작은 아씨들》은
우리에게 이상적인 가족상을 알려주었다. 돈보다 사랑과 우애가
중요하다는 가르침이다. 동명의 드라마 장르는 스릴러로, 원작이 주는
따스한 분위기는 찾아보기 힘들다. 원작을 모티브로 삼아, 우애 있게 자란
세 자매가 대한민국에서 제일 부유한 가문을 상대로 맞서는 이야기를
담았다. 현대 자본주의 사회를 배경으로 하여 가난이 유독 뼈저리게
다가온다. 가난하면 죽을 수 있다. 위험에서 빠져나오기 위해 자매들은
사건의 실마리를 파헤치러 나선다. 동생들을 돌보면서도 허영심이 있는
첫째 메그 역할의 '오인주'는 원령그룹 산하 오키드건설에서 의문의
돈다발을 가지게 되면서 문제에 얽히기 시작한다. 작가였던 둘째 조는
'오인경'으로 기자로서 원령그룹을 두고 일어나는 사건을 조사한다.
그림을 잘 그리는 막내 에이미는 돈을 받고 원령그룹 박재상 딸의 그림을
대신 그려주는 '오인혜'가 되어 등장한다. 가난에 맞서 싸우기 위해 그들은
연대한다. 우리는 동생을 걱정하는 오인주의 '야!' 한마디에서 나의
언니를 보고, 회사에서 "가난하게 컸어? 하도 잘 참아서."라는 말을 듣는
오인경과 함께 눈물을 삼킨다. 행복한 이야기는 없다. 공감하며 저항하는
여성들만이 살아남아 서사를 이어간다.

"난 너희들이 가난하더라도
아름다운 인생을 살았으면 좋겠구나."
— 루이자 메이 올컷, 《작은 아씨들》 중에서

어쩌면 당연한 거짓
〈안나〉

낯선 곳으로 훌쩍 떠나는 이들은 어떤 희망을 품는다. 아무도 나를 모르는
곳에서 다시 태어나 새로운 삶을 살 수 있을 것 같다는 믿음이다. 그렇다면
어디에도 갈 곳 없는 이들은 어떻게 해야 할까? 안나는 그렇게 거짓이라는
세계 안에서 새로이 태어났다. 극 중 이유미는 양복집을 하는 아버지와
농인인 어머니 사이에서 가난하게 자랐지만, 욕심이 많은 아이였다. 어떻게
해서든 원하는 바를 이루고 말겠다는 고집이 있었다. 그렇지만 원하던 미대
입시에 번번이 실패하고, 급기야 합격했다는 거짓말로 미대생으로 위장해
살아가게 된다. 그때부터 모든 생이 허상으로 변하기 시작한다. 거짓에
거짓을 더해 '안나'라는 새로운 이름으로 연애, 결혼, 직업까지 위조하는
삶을 살게 된다. 원작은 보다 거대하고 파격적인 거짓을 다룬다. 이유미는
안나, 이유상, 엠이라는 여러 이름을 거쳐 살게 된다. 이유미가 썼다고 하는
소설의 주인인 '나'는 실체를 알기 위해 다양한 인물을 좇아 대화를 나눈다.
의문스럽게도 그 과정에서 이유미와 가까워짐을 느끼게 된다. 각자의
이름으로 만들어진 삶이 언제는 진실이었고 거짓이었는지 되묻게 되는
것이다. 원하는 대로 살기 위해 지어낸 거짓을 떠올려본다. 안나는 그렇게
친밀한 이방인이 되어 이야기 너머 우리 곁에, 우리와 비슷한 모습으로
자리하게 될 것이다.

"우리가 질서를 연기하는 한, 진짜 삶은 아무도 눈치채지 못한다.
그렇다면 진짜 삶은 어디 있는가? 그것은 인생의 마지막에서야
밝혀질 대목이다. 모든 걸 다 잃어버린 후, 폐허가 된 길목에서."
— 정한아, 《친밀한 이방인》 중에서

선하면서 강한 초능력
〈보건교사 안은영〉

정세랑의 이야기를 읽으면 웃음 지을 수 있는 힘이 생긴다. 특히 《보건교사
안은영》은 오로지 쾌감을 위해서 쓴 이야기라고 밝힌 바 있다. 이토록
맹렬하면서도 이로운 쾌감이라면, 정세랑이 만들어낸 세계가 끝없이
넓어졌으면 한다. 아마 이런 바람으로 드라마가 탄생했을 것이다.
머릿속으로만 그린 장면으로 느낀 쾌감은 드라마를 통해 입체적이고
다채로운 방식으로 증폭된다. 상상한 젤리와 괴물, 괴상한 배경이 모두
CG로 구현되었을 때, 무엇보다 등장인물을 실제로 만났을 때 말이다.
보건교사 안은영은 귀신을 보는 퇴마사처럼 세상에 해로운 젤리를 볼 수
있는 특별한 능력이 있다. 통통 튀는 젤리를 향해 장난감 칼을 휘두르는
은영은 그저 엉뚱하고 어리바리해 보일지도 모른다. 그렇지만 괴물이
나타난 순간, 귀여운 외모의 안은영 입에서 거친 욕이 발사된다. 욕쟁이
안은영은 지하에서 올라온 거대한 괴물을 전사처럼 물리친다. 한 여성이
가진 힘이 이렇듯 발랄한 방식으로도 강할 수 있다는 것을 보여준다.
혼자 감당하기에는 모자란 힘은 충전이 필요한데, 이를 위해 도움을 받는
장면은 왠지 모를 위안을 준다. 선한 기운이 한데 모인다. 우리에게도
명승지의 탑 같은 장소나, 한문교사 인표 같은 든든한 동료가 있을 거라고
믿게 되는 것이다. 함께 해결하는 학교폭력이나 청소년 우울증 같은
사회문제는 더 이상 판타지 소설과 드라마 안에 머물지 않는다. 정세랑은
이야기로 친절한 사람들을 불러 모았다. 이에 공감하며 주위에 모인
사람들로 우리는 혼자가 아니라는 감각을 느끼게 될 것이다.

"어차피 언젠가는 지게 되어 있어요.
친절한 사람들이 나쁜 사람들을 어떻게 계속 이겨요.
도무지 이기지 못하는 것까지 친절함에 포함되어 있으니까
괜찮아요. 저도 괜찮아요. 그게 이번이라도 괜찮아요.
도망칩시다. 안 되겠다 싶으면 도망칩시다."
— 정세랑, 《보건교사 안은영》 중에서

드라마화 OST

나는 90년대 생이다. mp3가 없어서 워크맨을 썼고, 스마트폰이 없어서 mp3를 썼다. 가족이 이동할 땐 차에 내장된 시디플레이어에 음반을 넣어 앨범 하나를 통으로 듣거나 여름 메들리를 들었다. 그때까지만 해도 부모님과 듣는 노래가 크게 차이 나지 않았다. 드라마도 마찬가지였다. 다들 거실 텔레비전 앞에서 공중파의 8시, 10시 드라마를 기다렸다. 드라마 시청률은 30퍼센트를 손쉽게 넘겼다. 드라마에서 나오는 OST가 흔히 휴대폰 벨소리나 통화연결음이 됐다.

세대를 가리지 않는 노래

글 송재은

제목도 모르지만 따라부르는
'질투'—유승범

어디선가 익숙한 멜로디가 흘러나온다. 입술이 저도 모르게 들썩여 가사를
읊조린다. 하지만 모르는 노래다. 단순한 멜로디에 담긴 담백한 사랑
노래 가사는 이내 주변에 있는 사람들의 입술에서도 흘러나온다. 어쩌다
마주친 노래가 궁금할 땐 스마트폰을 꺼내 검색 애플리케이션으로 찾아
캡처한다. 질투, 유승범, 1992년. 내가 태어난 해에, 심지어 아직 태어나기
전에 방영한 드라마 OST. 어떻게 따라 부르고 있는 걸까. 돌이켜 그때를
상상하면, 다들 라디오나 방송을 통해 음악을 접했고, 마음에 드는 노래가
나오면 음반을 사서 간직했다. 앨범 한 장이 귀하고, 노래를 손쉽게 들을
수 없던 그때엔 한 곡 한 곡이 천천히 퍼지고 그 생명의 주기가 길었을
것이다. 나의 부모님은 신청곡을 틀어주는 음악 다방 같은 곳에서 노래를
듣곤 했을 테고, 한 사람의 세계에 담긴 플레이 리스트가 그렇게 길진
않았을 것이다. 한 곡 한 곡이 조금 더 소중했을 수밖에 없어서, 그래서 내
입가에마저 남겨져 있다. 그나저나 사랑 이야기는 30년이 지나도 오늘과
다르지 않다.

"넌 대체 누굴 보고 있는 거야 내가 지금 여기 네 앞에 서 있는데
날 너무 기다리게 만들지마 (…) 서로를 잘 안다고 느꼈었지
그래서 사랑이라고 생각했어 너무 멀지 않은 곳에 있어줘
언젠가 너는 내게 말할 거야 사랑한다고"

전 국민이 아는 명대사
'너의 곁으로'—조성모

그래, 이때까지만 해도 부모님과 내가 보는 드라마가 정확히 일치했다.
중학생이던 나와 부모님은 같은 예능을 봤고, 같은 드라마를 봤으며,
여전히 음악 감상에 교집합이 있었다. 우리는 비슷한 것을 소비하며 비슷한
세계에 살았고, 그 상식이 크게 다르지 않았다. 2000년대 초, 〈파리의
연인〉은 신드롬이었다. 배우 박신양은 '흥행 보증 수표'(그래, 그때는 이런
말을 썼다.)였고, 〈파리의 연인〉의 인기에 힘입어 제작사는 '연인' 시리즈를
만들어냈지만 흥행은 실패했다. 〈파리의 연인〉 성공 원인은 야무진
유행어이기도 했다. "애기야, 가자."나 "내 안에 너 있다.", "왜 말을 못
해. 저 남자가 내 남자다. 저 사람이 내 사람이다, 왜 말을 못 하냐고!"
같은. 예능에서 명대사 퀴즈가 나오면 단골 메뉴였는데, 요즘에는 너무
많은 드라마가 각자 소비자를 유치하기 위해 애쓰는 모양이기 때문에
더 이상 그런 게임에서 공통의 관심사가 될 대사를 찾기는 쉽지 않을
것이다. 지금처럼 OTT와 케이블의 각축전이 벌어지기 전이었으므로,
공중파 드라마의 힘이 무척 강했고 흥행하는 드라마 OST는 곧 벨소리나
통화연결음으로 지겹도록 들을 수 있었다. 스마트폰도 SNS도 없었으므로
자신의 음악 취향을 드러내거나 트렌드를 빠르게 따라가는 가장 좋은
방법은 휴대폰으로 700원 정도 하는 15초짜리 음악을 사는 것이었다.
당시 세대를 가리지 않고 사랑받던 조성모가 메인 테마 '너의 곁으로'와
서브 남주 테마 '너 하나만'을 불렀는데, 2001년 개인 앨범 이후로 큰
주목을 받지 못하던 조성모의 목소리가 〈파리의 연인〉 흥행과 함께 그
저력을 입증했다.

> "너를 사랑해도 되겠니 우리 시작해도 되겠니
> 나의 상처 많은 가슴이 너를 울게 할지도 몰라
> 사랑 말로 할 줄 몰라서 너를 안을 줄을 몰라서
> 내가 줄 수 있는 마음만으로 널 지켜낼
> 용기 없는 날 사랑해 주겠니"

드라마는 떠나고 노래가 남았네

'흔들리는 꽃들 속에서 네 샴푸향이 느껴진 거야'—장범준

"나 때는 말이야."라는 말은 재밌다. 내가 눈치 없이 옛날이야기를
일반화하기 좋아하는 사람이기 때문인 걸까. 모르긴 몰라도 내가 10대일
때는 온 가족이 같은 드라마를 봤다. 드라마는 거실에 있는 텔레비전으로
보는 것이었다. 그것은 앞집도 아랫집도, 같은 반 친구네 집도, 담임
선생님네 집도 다 똑같았다. 휴대폰으로는 문자랑 전화만 할 수 있었고,
개인 노트북을 가진 사람은 흔하지 않았으며 있다고 해도 그걸로 드라마를
볼 수는 없었다. 그러니까 우리는 같은 드라마를 보고 같은 대사에
감명받고 같은 노래를 들었다. 지금은 케이블, OTT 가리지 않고 오리지널
드라마를 방영해 일상에서 소화할 수 없을 만큼 그 수가 많아 모두가 여러
선택지 중 취향껏 드라마를 소비한다. 친구가, 부모님이, 직장 동료가 보는
드라마가 다 다르다. 노래도 마찬가지다. 손에 꼽던 아이돌은 어느새 두
손 두 발 다 써도 셀 수 없을 정도로 늘어났고, 친구들과 나는 한국 음악에
한하더라도 더 이상 같은 노래를 듣지 않는다. 몇 년 전 여전히 '라떼'
타령하던 내 주변을 은근하게 맴돌기 시작한 노래가 한 곡 있었다. 노래 한
곡으로 '벚꽃 연금'을 받는다는 장범준이 부른 드라마 테마곡. 드라마는
흥행하지 못했는데 노래만 남았다. 다들 제목은 기억 못 해도, 드라마를 안
봤어도 이 노래를 안다. 이상한 일이지만 드라마 OST에는 그런 힘이 있는
게 아닐까. 세대를 엮고 시대를 종으로 횡으로 연결하는. 우리는 각자의
삶에 배경음악을 까는 음악 감독이다. 적재적소에 어울리는 노래를 깔고,
삶이 더 극적이고 아름답기를 바란다. 그래서 이야기를 입은 노래를 오래
기억하는 게 아닐까. #흔들리는꽃들속에서네샴푸향이느껴진거야

"걷다가 보면 항상 이렇게 너를 바라만 보던 너를 기다린다고
말할까 지금 집 앞에 계속 이렇게 너를 아쉬워하다
너를 연락했다 할까"

시간을 거스르거나 판타지가 뒤섞인 이야기가 담긴 장소는 어디에
있을까? 어딘가에 실재하지만, 동시에 허구의 이야기가 깃들어 실상
존재하지 않는 곳들. 있으나 없는 곳들. 소개될 장소에는 실존하는
역사와 닮아 있는 이야기가 한데 얽혀 있다. 익숙하지만 멀리 있는 장소에
다다르기 위해, 곁에 있는 작은 화면을 켜서 그곳으로 향하는 문을 연다.

이야기를 따라
도착한 그때, 그 장소

글 김예은

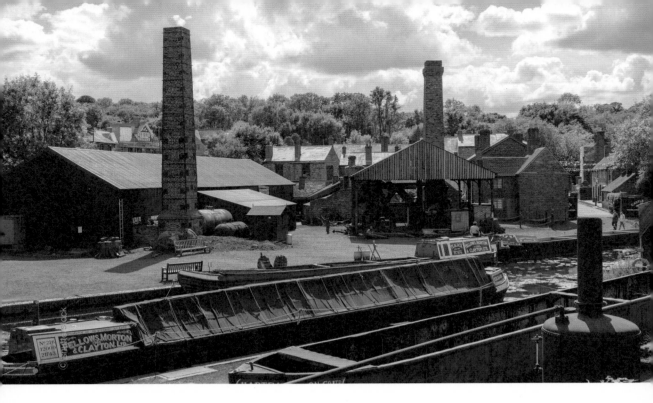

갱단이 활보하는 거리
Black Country Living Museum

〈피키 블라인더스〉

"We Are Fxxking Peaky Blinders." 거친 대사가 울려 퍼지는 거리는 1차 세계대전이 휩쓸고
간 영국 버밍엄이다. 토마스 셸비를 주축으로 하는 셸비 가문은 피키 블라인더스라는 이름으로
버밍엄을 장악했다. 산업 혁명 당시 많은 공장이 내뿜는 매연이 버밍엄의 하늘을 까맣게 덮으면서,
그 지역은 블랙컨트리라고 불렸다. 〈피키 블라인더스〉의 촬영지이자 버밍엄을 대표하는 민속
박물관인 블랙컨트리 리빙 뮤지엄에 들어서면, 곧바로 혼란스러웠던 1920년대 버밍엄으로 돌아갈
수 있다. 어두컴컴한 거리를 배경으로, 전쟁을 겪어 온정을 잃은 토마스 셸비가 가족과 사랑을
지키기 위해 분투하는 모습이 선명히 떠오른다. 박물관 내부에 있는 모든 상점은 실제로 운영
중이다. 그 시대에 맞는 베레모와 슈트를 입은 행인이 돌아다니고, 흑백 영화가 상영되며, 옛 굴뚝이
하늘을 향해 치솟아 있다. 열린 집을 찾아가면 방에 대한 이야기를 자세히 들을 수 있고, 학교에서는
타임테이블에 따라 수업을 들을 수 있다. 9월과 11월 중에는 드라마에 나오는 갱단처럼 의상을 직접
입고 밤거리를 활보하는 파티인 '피키 블라인더스 나이트Peaky Blinders Nights'도 열린다. 드라마 OST
중 하나인 Arctic Monkeys의 'Do I Wanna Know?'를 들으며 피키 블라인더스처럼 활보하는 것도
재미있겠다.

A. Tipton Rd, Dudley DY1 4SQ, 영국   O. 하절기 10:00-17:00, 동절기 10:00-16:00   H. bclm.com

A. 187 N Gower St, Euston Rd, London NW1 2NJ, 영국   O. 월~금요일 06:00-15:30, 토요일 07:00-13:30, 일요일 휴무

21세기 셜록홈즈가 머문 자리 〈셜록〉
Speedy's Sandwich Bar & Cafe

드라마 〈셜록〉은 아서 코난 도일이 쓴 책 《셜록 홈즈》를 원작으로 한다. 소설이 쓰인 19세기 초는
혁명의 시기로 경찰 조직이 막 만들어지던 때였다. 흉흉한 범죄가 무성하던 때, 눅눅한 안개에 휩싸인
흐릿한 거리가 바로 '베이커 거리Baker Street'. 셜록과 그의 절친한 동료 왓슨 박사가 함께 사는 집이
바로 그 거리에 있다. 소설과 달리 현대를 배경으로 하는 드라마 〈셜록〉의 집은 스피디 샌드위치
가게 옆 221B 철문이다. 실제 촬영지 주소는 '187, North Gower Street'. 시대도 주소도 달라지게
되었지만, 스피디 샌드위치 가게에서 셜록처럼 아침 식사를 즐길 수 있다. 'Sherlock Breakfast'를
먹으면서 곧 범죄 현장에 급습해 사건을 해결할 것이라는 상상에 빠져본다. 비가 오는 흐린 날이라면
더욱 셜록다울 것이다. 가게 내부에는 셜록과 왓슨을 담은 몇몇 사진이 걸려 있다. 드라마 촬영지로
유명하지만, 영국식 아침 식사 'English Breakfast' 맛집으로도 알려진 가게는 관광객뿐 아니라
현지인도 붐비는 곳이다. 드라마 속 셜록이 머문 자리를 탐하는 이들 또한 많으니 이른 아침 들르는
것이 좋겠다.

용이 잠든 궁전
Diocletian's Palace

〈왕좌의 게임〉

12,500년이 넘는 긴 역사를 가진 가상의 7왕국을 배경으로 하는 〈왕좌의 게임〉은 촬영지 또한
무구한 역사를 자랑한다. 그중 크로아티아 스플리트에 있는 디오클레티아누스 궁전은 용의 어머니인
대너리스가 용을 키우고 노예들을 해방한 도시 미린Meereen의 배경이 된다. 드넓은 크기를 자랑하는
궁전은 4세기 디오클레티아누스 황제가 지은 옛 궁전으로 동서남북으로 네 개의 문이 있다. 비와
바람으로 마모된 궁전은 지나온 시간을 고스란히 흔적으로 보여준다. 대너리스는 용의 힘이 점차
강해지자 이를 제어하기 위해 궁전 안쪽에 그들을 봉인해 버렸다. 천여 년의 시간 동안 굳게 닫혀
있던 궁전의 은문처럼, 용은 오랫동안 그곳에 고이 잠자고 있을 것만 같다. 궁전을 한 바퀴 돌고 근처
위치한 '왕좌의 게임 박물관'에 방문한다면, 입구에서부터 봉인된 드로곤의 머리를 직접 볼 수 있을
것이다. 이외에도 실제 크기의 등장인물 피겨, 투구나 검, 의복, 갑옷 등의 컬렉션을 구비해 다섯 가지
테마로 왕좌의 게임 도시를 보여주고 있다. 궁전에서부터 박물관까지 이어지는 경험은 시공간을 넘어
판타지까지 더해진 가상 세계를 눈앞에 펼쳐줄 것이다.

A. Dioklecijanova 1, 21000, Split, 크로아티아

일요일 아침 여덟 시면 눈 비비고 일어나 티브이 앞에 앉아본 적 있어요?

다음 이 시간에

글 이주연

Sun
a.m. 08:00

예나 지금이나 일요일 아침에도 일찍 눈을 뜬다. 어릴 땐
잠자는 게 좋았지만, 일찍 일어났을 때 받는 칭찬은 그보다
더 좋았다. 나는 잠옷 차림 그대로 베개를 살짝 끌어안은
채 리모컨을 찾는다. 그런 나를 별로 놀랍지 않게 바라보는
엄마는 꼭 10분이라도 더 재우려고 했다. "좀더 자도 돼.
광고 끝나려면 아직 한참 남았어." 일요일 아침을 이르게
시작한 날이면 다음 날 친구들을 만나 만화영화 이야기꽃을
피웠다. 티몬과 품바가 말하는 '하쿠나 마타타'가 무엇인지,
램프에서 흘러나오는 파란 요정 지니가 나한테 있다면 어떤
소원을 빌 것인지, 크루엘라에 맞서 달마시안을 어떻게
지킬 수 있을지…. 그럴 때마다 꼭 시무룩하게 앉아 있는
아이가 있었는데, 그런 친구는 대개 일요일마다 교회에
나가는 기독교인이었다. 친구 A의 교회에선 〈디즈니
만화동산〉 때문에 교회에 나오지 않는 아이가 많아지자
디즈니 캐릭터가 그려진 연필과 지우개, 쿠키를 나누었다고
하는데, A의 마음이 깨끗하게 풀리진 않은 것 같다.

© 〈디즈니 만화동산〉

〈디즈니 만화동산〉
엄마가 어깨를 흔들고 이불을 빼앗아도 일어나지 않던
어린이들이 스스로 벌떡 일어나던 시절이 있었다. 1992년
10월 11일부터 2001년 12월 30일까지 KBS 2TV에서
일요일 아침 8시에 방영된 아침 친구 덕분이었다. 〈곰돌이
푸의 새로운 모험〉, 〈알라딘〉, 〈티몬과 품바〉, 〈타잔〉,
〈도날드 덕 가족의 세계여행〉, 〈101마리 달마시안〉,
〈인어공주〉 같은 디즈니 명작을 연달아 두 편씩 볼 수 있던
시절이다. 2003년 6월 27일부터 2006년 1월 20일까지는
같은 채널에서 금요일 오후 애니메이션으로 편성되기도
했다.

Sun
p.m. 12:00

점심을 먹으면서 숟가락을 물고 티브이 앞으로 간다.
일요일 아침이 디즈니의 향연이었다면 오후는 한국 만화가
즐비하다. 나는 아침을 먹는 어린이가 아니었기에 엄마는
점심을 잘 챙겨주고 싶었을 터인데 점심에도 만화영화를
보겠다며 티브이 앞으로 달려가니 답답하셨을 테다.
기억 속 만화들은 이제 뒤죽박죽됐지만, 이 시간대에
〈은비까비의 옛날 옛적에〉, 〈날아라 슈퍼보드〉, 〈천방지축
하니〉, 〈달려라 하니〉, 〈영심이〉를 본 기억이 난다. 둘씩
짝을 이루어 낮 시간대에 쭉 방영됐는데, 정식 방영일이
1989년부터 1993년까지인 걸 보면 내가 본 건 훗날
재방송해 준 애니메이션인 듯하다.

ⓒ〈은비까비의 옛날 옛적에〉

ⓒ〈날아라 슈퍼보드〉

ⓒ〈달려라 하니〉

〈은비까비의 옛날 옛적에〉

은비까비 이야기를 꺼내면 꼭 누군가 배추도사 무도사
이야기를 하곤 했다. 이게 더 재밌네, 저게 더 재밌네
하면서 싸운 기억이 있는데, 사실 둘은 〈옛날 옛적에〉라는
같은 프로그램이다. 1990년에 방영된 1기가 배추도사
무도사, 1991-92년에 방영된 2기가 은비까비. 은비는
선녀, 까비는 도깨비로 설정된 이 만화영화는 은비까비가
전래동화를 전해주는 내용으로 구성된다. 구름을 타고
날아다니는 한 쌍이 건넨 이야기는 감칠맛 나고 생생했다.
철부지 어린애 같은 까비와 조금은 누나 같은 은비.
우리나라 동화엔 슬픈 줄거리가 많아서인지 까비가
엉엉 우는 장면이 나오면 곧잘 따라 울곤 했다. 〈소가
된 잠꾸러기〉, 〈은혜 갚은 까치〉, 〈곶감과 호랑이〉 등이
에피소드로 방영되었다.

〈날아라 슈퍼보드〉

허영만 작가의 원작 만화이자 애니메이션이다. 중국의
《서유기》를 모티프로 한 이 만화는 잡지에 '미스터
손'이라는 제목으로 연재되었다. 그러고 보니 저팔계나
사오정이 손오공을 "미스터 손!" 하고 부르던 목소리가
떠오른다. "이거 왜 이러생~" 하는 저팔계 특유의
말투나 트렁크에 탄 사오정이 "나바아아아앙" 하고 입을
크게 벌려 나방을 내뿜는 장면은 〈날아라 슈퍼보드〉를
본 사람이라면 생생할 터. 이 만화영화를 안 봤다고
해도 "치키치키차카초코초코초" 하는 주제가는
모르는 이가 없을 테다. "치키치키차카차초코초코초
치키치키차카차초코초코초 나쁜 짓을 하면은
치키치키차카차초코초코초 치키치키차카차초코초코초
우리에게 들키지 밤에도 낮에도 느낄 수 있는 눈과 귀가
있다네 우리의 손오공"

〈달려라 하니〉

"나애리, 나쁜 계집애." 작품만큼 대사가 유명한
만화영화. 만화 잡지 《보물섬》에서 연재되던 작품으로
1988년에 티브이 애니메이션으로 방영되었다. 국산
만화가 애니메이션으로 잘 만들어지지 않던 때여서
더욱 의미 있는 작품이다. 하니는 병으로 엄마를 잃고,
아빠는 중동으로 파견을 나가 외로이 지내는데, 아빠가
'유지애'라는 탤런트와 사랑에 빠지자 아빠와 새엄마에게
등을 돌리게 된다. 여느 뻔한 작품들처럼 새엄마가 여자
주인공을 핍박하는 줄거리가 아니라 하니가 헌신적인
새엄마를 거부하는 흐름이 인상적이다. 슬픔의 나날 속
오직 달리기만이 낙이던 하니는 육상부로 스카우트되어
본격적으로 달리기 시작한다.

Mon—Fri
p.m. 06:00

어릴 때 유난히 좋아한 만화영화 중 하나는 〈피구왕
통키〉다. 피구라는 걸 해보기도 전에 피구를 알게 된 나는
그 치열한 경기 현장과 긴장감이 좋았다. 형태가 흐트러질
정도로 빠른 공에 맞으면 얼마나 아플까 몸서리를 친
기억도 난다. 줄거리도 줄거리지만, 만화영화가 시작될 때
울려 퍼지던 노래를 얼마나 좋아했는지. "아침 해가 빛나는
끝이 없는 바닷가" 노랫말이 알고 싶어 매일 종이와 연필을
들고 티브이 앞에서 노랫말을 받아 적었다. 밥 먹으라며
채근하던 엄마가 수프를 한 그릇 들고 들어와 한 입, 두
입 떠먹여 준 기억도. 그때 넋 놓고 통키를 보다 다 식은
수프를 떠먹는 게 하루 일과였는데, 그 식은 수프가 왜 그리
맛있었는지 지금도 수프는 조금 식어 표면에 막이 생긴
상태가 좋다.

〈피구왕 통키〉
빨간 머리가 불꽃처럼 솟아 있는 주인공의 이름은 '나통키'.
전설적인 피구 선수 '나태풍'의 외아들인 설정인데, 고난과
역경을 뚫고 성장해 나가는 스포츠 만화영화의 전형이다.
통키는 태동국민학교(초등학교가 아니었다.)의 피구부
슈퍼스타 사천왕과 대결하고 피구부에 들어간다. 에이스가
되면서 피구계의 내로라할 선수들에게 필살기 급 기술을
선보인다. 아버지의 특기인 '불꽃슛'을 익히기 위한 여정을
세세하게 그려낸 만화영화. 웃음, 우정, 단결, 대결, 감동이
다 있는 스포츠 만화다.

〈우리는 챔피언〉
'남궁호'와 '남궁열' 형제가 벌이는 레이싱
애니메이션이다. 미니카로 벌이는 경주여서 이때 미니카가
한창 유행이었다. 어쩐지 재미있게 보았다 했더니 〈피구왕
통키〉의 작가 코시타 테츠히로의 작품이라고. 미니카가
공중으로 날아오르거나 트랙이 없는데도 커브를 도는 식의
연출이 있었고, 워낙 큰 인기를 끌어 롯데리아에서 어린이
세트 상품이 제공되기도 했다. 빵도 출시했다는데 내
머릿속엔 없는 기억이다.

〈스피드왕 번개〉
스포츠를 토대로 만들어진 만화영화 중 내 인생에서
결코 빼놓을 수 없는 작품. 1998년에 방영한 '한국'
애니메이션이라는 것이 특이점이다. 롤러 블레이드와
리모컨카가 주요소로, 블레이드가 유행하던 당시 숱한
어린이가 블레이드를 타고 아스팔트 바닥을 질주하곤
했다. 팀전 레이스 경기가 박진감을 주는 것은 물론,
그 안에 스포츠 만화의 요소인 우정과 사랑과 결투가 다
있으니 어찌 재미있지 않을까.

ⓒ〈피구왕 통키〉

ⓒ〈우리는 챔피언〉

ⓒ〈스피드왕 번개〉

Mon—Tue
p.m. 05:35

"실수투성이 귀여운 소녀 신비한 마법의 힘으로"
이 문장을 보고 선율이 떠오른다면 당신도 〈빨간망토
챠챠〉의 시청자였을 것이다. 잘 모르겠다면 "범디기 범디기
범범 디기디기디기 챠챠"는 어떤가. 〈빨간망토 챠챠〉의
귀여운 친구들을 보기 위해 경인방송iTV을 켜고, 티브이
앞에 앉아 오프닝부터 사수한 기억이 난다. 노래를 어찌나
신나게 따라 불렀는지. 내가 챠챠라면 나를 지켜주는
빙빙과 뚜뚜는 누굴까 친구들 후보를 두고 매일 고민했다.
워낙 좋아하던 작품이라 훗날 '뚜뚜'는 내 첫 휴대폰 이름이
되기도 했다.

〈빨간망토 챠챠〉
마법학교를 다니는 친구들의 이야기. 학생은 평범한
학생부터 마법을 부리는 사람, 늑대인간, 인어, 약사 같은
캐릭터로 구성된다. 챠챠, 뚜뚜, 빙빙이 주연이라 볼 수
있지만 세라비 선생님의 인기도 만만치 않았다. 세라비는
초록 머리의 세계 최고 대마법사로, 엘리자베스라는 인형을
항상 데리고 다닌다. 모든 사람한테 존댓말을 쓴다는
게 특징이다. 챠챠가 빗자루 타는 연습을 하다가 머리를
부딪히는 일이 자주 발생하자 두건을 직접 만들어서 씌워준
게 바로 이 세라비. '빨간망토'의 뿌리는 선생님에 있다.

〈날아라 호빵맨〉
호빵맨과 세균맨의 캐릭터를 모르는 사람이 있을까.
호빵맨에 등장한 캐릭터만 2천 개가 넘는다고. 보통
빵이나 음식 등을 의인화해서 캐릭터가 나오기 때문에
식빵맨, 메론빵맨, 카레빵맨 같은 캐릭터가 등장한다.
미워할 수 없는 악역, 세균맨의 부하만 해도 엄청나게
많다. 전부 먼지 캐릭터. 새까만 먼지, 파란 몸에 긴 혀를
가진 먼지, 끈적거리는 먼지…. 호빵맨에게 식빵맨과
카레빵맨이라는 친구가 있다면 세균맨에게는 파란균맨과
빨간균맨도 있다. 언뜻 보면 똑같이 생긴 것 같지만,
세균별에 사는 엄연히 다른 캐릭터다.

〈꾸러기 수비대〉
캐릭터 이야기를 할 때 빼놓을 수 없는 대표적인
만화영화다. 자축인묘진사오미신유술해, 12지가
캐릭터다. 〈꾸러기 수비대〉를 본 세대는 12지를 "똘기(쥐),
떵이(소), 호치(호랑이), 새초미(토끼) 자축인묘, 드라고(용),
요롱이(뱀), 마초(말), 미미(양) 진사오미, 몽치(원숭이),
키키(닭), 강다리(개), 찡찡이(돼지) 신유술해"로 외우는데,
이 만화영화를 모르는 세대는 12지를 꽤 힘겹게 외운다는
이야기를 들었다. 꾸러기 수비대는 동화나라인 원더랜드를
지키는 멤버들로, 이곳에 이틀만 머물 수 있고 이틀이
다 가기 전에 이야기를 진행하거나 악당을 물리쳐서
동화나라를 안전하게 유지해야 한다.

© 〈빨간망토 챠챠〉

© 〈날아라 호빵맨〉

© 〈꾸러기 수비대〉

Thu—Fri
p.m. 04:00

돼지 캐릭터를 보면 "야, 이거 꼭 뿌이뿌이 같다!"라는 말을 자주 했다. 그러나 내 주변 그 누구도 뿌이뿌이를 알아주지 않아서 얼마나 섭섭했는지. 〈짱구는 못 말려〉의 부리부리대마왕은 알면서 뿌이뿌이는 왜 모르지? 답답한 마음에 "오동글 몰라?" 하면 친구들 모두가 갸웃거렸고, "오백원!" 해도 아무 반응이 없었다. 주제곡을 불렀을 때 왜 그 누구도 "맑음 때때로 뿌이뿌이!"를 외쳐주지 않는지. 살면서 〈맑음 때때로 뿌이뿌이〉를 아는 사람은 딱 한 명 만나 보았다. 난 뿌이뿌이가 끝날 때면 "다음 이 시간에…" 글자가 뜨는 게 그렇게나 야속했는데.

ⓒ 〈맑음 때때로 뿌이뿌이〉

ⓒ 〈두치와 뿌꾸〉

〈맑음 때때로 뿌이뿌이〉
천진난만한 초등학생 오동글. 별명은 오백원이다. 어느 날 엄마랑 여동생이 일기장을 훔쳐본 것을 알게 되고, 그 뒤로는 그림 일기장에 허무맹랑한 이야기만 쓰기로 마음먹는다. 그러고서 써 내려간 한 줄. "내일 날씨! 맑음 때때로 돼지" 다음날, 분홍색 돼지가 하늘을 빼곡하게 뒤덮은 걸 발견하고 너무 놀란 오동글은 일기장에서 돼지 그림을 황급하게 지우는데 미처 지워지지 않은 한 마리 돼지가 오동글을 찾아온다. 그 돼지의 이름은 뿌이뿌이. 뿌이뿌이에겐 신비한 능력이 있는데, 그건 바로 머리에 코를 갖다 대면 머릿속 이야기가 눈앞에 펼쳐진다는 것! 오동글의 머릿속에 있는 기묘하고 황당무계한 상상은 이렇게 현실이 된다.

〈두치와 뿌꾸〉
"한치두치세치네치 뿌꾸빠뿌꾸빠 한치두치세치네치 뿌꾸뿌꾸빠빠" 입에 착 감기는 주제곡을 가진 이 만화영화엔 주인공 두치와 강아지 뿌꾸, 그리고 네 명의 괴물이 등장한다. 잘난 척하기 좋아하는 드라큘라 백작 큐라, 힘이 세고 식탐이 많은 프랑켄슈타인 몬스, 용감하고 착한 늑대인간 리노, 똑똑하고 순진한 미라. 이들은 마빈 박사의 항아리에 봉인된 괴물들인데, 실수로 떨어뜨린 것을 두치가 주우면서 두치네 가족과 함께 살게 된다. 인간이 되고 싶은 괴물들과 이들을 잡으려는 마빈 박사와의 이야기. 마빈 박사의 치명적인 약점 덕분에 위기일발 상황도 금세 마무리되는 것이 패턴이다. 그 약점은… 마법이 딱 하루만 간다는 것.

Essay Collections

마음에 품은 배우

응원하는 마음

정려원

글 정다운　일러스트 추세아

배우 정려원을 오랫동안 응원해 왔다. 2005년부터 시작된 응원은 어느덧 18년째 이어져 오고 있다. 그리고 이 글을 쓰면서 알았다. 그 마음은 내가 나를 응원하는 마음과 이어져 있었다.

25살의 정려원

두루두루 좋아하는 게 많은 반면 '덕후' 기질은 없는 편이라 누군가의 팬이 되어본 경험이 드물다. 연예인뿐 아니라 그 무엇도 몰입해서 좋아해 본 적이 거의 없다. 그런 나에게 꾸준히 좋아하는 배우를 단 한 명 꼽으라고 하면 조금도 망설이지 않고 '정려원'이라고 말할 것이다. 그래서 기회가 주어졌을 때 먼저 손을 들고 정려원에 대한 글을 쓰겠다고 나섰다. 용감한 여성이라면 고백할 기회를 놓칠 수는 없지. 하지만 그가 출연한 드라마나 영화만 봤지, 그에 대해 쓰는 건 처음이다. 좋아하는 것에 대해 쓰는 일이 정말 어렵다는 걸 이번에 알았다. 며칠째 연속해서 꿈도 꾼다. 악몽인지 길몽인지 잘 모르겠다. 한번은 꿈에서 그를 만나, 당신에 대한 글을 쓰고 있으니 허락해 달라고 했다. 바로 어제도 정려원에 대한 글을 쓰(다가 고통받)는 꿈을 꿨다. 잘 쓰고 싶은 마음이 커서 그런 것 같다. 왜냐하면 이건 단 한 번 기회가 주어진 고백이니까. 부담감이 밀려와 펜을 내려놓을 뻔하다가, 대신 팬심을 조금 내려놓고 일단 나에 대해 이야기하려고 한다. 거기에서 시작되어도 괜찮을 것 같다. 내가 정려원에게 처음 관심을 갖게 된 건 2005년 MBC 드라마 〈내 이름은 김삼순〉부터였다. 너무 유명해서 2005년 이후에 태어난 사람들도 제목은 들어봤을 드라마. 당시 대부분의 친구들이 타이틀 롤 삼순이에 감정이입을 하고 김삼순을 응원할 때 나는 현진헌의 첫사랑 유희진을 응원했다. 원래 드라마를 볼 때 서브 여주나 서브 남주를 좋아하는 경향이 있어 자연스럽게 유희진에 더 몰입했던 것 같다. 정려원은 유희진으로 톱스타의 반열에 올랐다. 그리고 〈내 이름은 김삼순〉 이후 정려원은 MBC와 3년 내에 미니시리즈 두 편에 추가로 출연하는 계약을 맺었다. 그렇게 〈내 이름은 김삼순〉이 끝나자마자 바로 다음 작품을 연이어 촬영했고, 그게 〈가을 소나기〉였다. 〈가을 소나기〉는 마지막 회 시청률 2퍼센트대를 기록하며

흥행에 참패했다. 그 당시 기준으로 역대 최저 시청률. 〈내 이름은 김삼순〉 마지막 회 시청률이 50.6퍼센트였으니 그 격차가 정말 컸다. 롤러코스터 같은 시청률은 남 험담하기 좋아하는 사람들의 쉬운 먹잇감이 되었다. 그런데 아이러니하게도 내가 유희진이라는 캐릭터를 넘어 정려원이라는 배우를 좋아하고 응원하게 된 건, 그때부터였다. 이제 막 커리어를 시작한 이 배우가 여기서 주저앉지 않기를 바랐다. 좌절하지 않고 그저 하나의 경험으로 받아들이고 잘 극복해 나가기를 바랐다. 응원의 마음으로 끝까지 〈가을 소나기〉를 시청했다. 2퍼센트 안에 내가 있었다.

25살의 나

〈내 이름은 김삼순〉으로 배우로서 커리어를 본격적으로 시작하기 전 정려원은 가수를 그만두고 일일드라마와 시트콤의 조연으로 배우 일을 시작한다. 그리고 각종 드라마 오디션을 보러 다녔다. 마침내 〈내 이름은 김삼순〉 오디션에 합격하기까지 총 열두 번 오디션에 떨어졌다고 한다. 비슷한 시기 나는 대학 졸업반이었고, 입사 지원서를 넣은 대부분의 기업에서 최종 탈락했다. 세어본 적은 없지만 아마 족히 열두 곳은 넘었을 것 같다. 이러다 결국 어떤 회사에서도 나를 받아주지 않으면 어쩌지 초조함을 느끼기 시작했을 때쯤 한 회사에 합격했다. 그전에도 다른 회사에서 일을 하긴 했지만 정규직으로 입사해 내 책상을 가지게 된 건 그때가 처음이었다.

입사한 회사에서 포털 뉴스 에디터로 일을 했다. 주로 하는 일은 각종 언론사에서 보내오는 수많은 속보 중에서 중요하거나 흥미로운 기사를 선택해 사용자들이 보기 좋게 편집하는 일이었다. 뉴스 에디터라면 대부분 정치, 경제, 사회 뉴스 편집을 하고 싶어 하는 경우가 많았지만 나는 연예인 인터뷰나 드라마 리뷰 등을 읽는 걸 좋아하는

배우의 삶

편이어서 연예 뉴스를 편집하는 일이 적성에 맞았다. 연예 뉴스 편집자로 일하며 정려원과 관련된 기사가 보이면 모조리 읽었고, 최선을 다해 편집했다. 여기서 최선이란 사실 아주 소박한 작업이다. 기사에 있는 여러 장의 사진 중 가장 잘 나온 사진을 고르고, 이미지 섬네일을 정성 들여 편집했다. 최근에 이 이야기를 친구에게 했고, 친구가 잠깐 생각에 잠기는 듯하더니 말했다. "스타들은 팬들이 각자 생업의 현장 속에서 이렇게 정성스럽게 그들을 돌본다는 사실을 알까?" 그때 알았다. 나는 나만의 방식으로 그를 돌보았다.

나는 대리를 거쳐 과장이 되었고 정려원은 나의 돌봄 때문은 아니지만, 〈넌 어느 별에서 왔니〉의 김복실과 〈자명고〉의 자명을 거치며 단단한 배우로 성장했다. 김복실 대리, 최자명 과장의 시간을 지난 셈이다. 쓰고 보니 정말 적절하게 어울리는 직급이다. 그리고 〈샐러리맨 초한지〉로 초고속 승진. 이사 자리에 오른다. 이런 우물 안에 있는 회사원만 할 수 있는 비유라니. 아무튼 이제 우리는 정려원이라는 배우에게 회사를, 아니 드라마를 안심하고 맡겨도 된다. 그리고 한 회사의 어엿한 과장이었던 나는 회사를 그만두었다.

이후 어엿한 배우 정려원이 선택한 드라마와 캐릭터가 무척 흥미롭다. 〈드라마의 제왕〉의 이고은은 열정적인 신인 드라마 작가였고, 〈메디컬 탑팀〉의 서주영은 냉철한 성격의 능력 있는 흉부외과 의사다. 〈풍선껌〉의 김행아는 청취자의 사연에 공감할 줄 아는 따뜻한 라디오 피디였다. 〈마녀의 법정〉의 마이듬은 성공지향적인 다혈질 검사이고, 〈검사내전〉의 차명주는 건조한 성격의 유능한 직장인 검사다. 최근작 〈변론을 시작하겠습니다〉의 노착희 변호사는 유들유들한 기회주의자. 〈드라마의 제왕〉 이후 정려원이 선택한 작품은 대부분 일터가 배경이다. 인물을 설명할 때 직업을 빼놓을 수 없는 캐릭터를 선택하고, 직업인으로서의 그 캐릭터를 살아 있는 사람으로 만든다. 이야기 안에서 간혹 멜로가 추가되기도 하지만, 그가 연기하는 캐릭터는 대부분 애정 관계 속에서 존재한다기보다 스스로 주체적으로 살아가는 사람이다. 현실에 발붙이고 있는 사람들이기도 했다. 그래서 그들은 모두 조금씩 나와 닮아 있었다. 내가 의사였다면, 라디오 피디였다면, 검사였다면 이런 모습이었겠구나, 하는 상상을 하게 해주었다.

정려원은 〈마녀의 법정〉 제작 발표회에서 "새로운 역할에 호기심이 많다. 되어보고 싶은 사람을 연기하게 되고 그게 배우의 좋은 점인 것 같다."라고 말한 적이 있다. 온몸으로 다른 사람의 삶을 경험하는 일을 통해 배우뿐 아니라 사람으로서도 성장하겠다는 다짐으로 들린다. 삶과 일이, 일과 삶이 서로 도움을 주고받으며 앞으로 나아간다. 2012년 SBS 연기대상에서 〈드라마의 제왕〉으로 최우수연기상을 수상한 후 그는 더듬더듬 진심을 담아 말했다.

"드라마 현장이 많이 개선되었으면 좋겠습니다. 드라마가 만들어지는 현장이 건강해야 완성도가 높은 좋은 작품이 많이 나온다고 생각합니다. 고생한다 감사한다 말하는 것도 너무 좋지만 실제적으로 많은 도움을 주셨으면 좋겠습니다. 관계자분들 많이 고민해 주시고 생각해 주시길 바랍니다." 2018년 KBS 연기대상에서 〈마녀의 법정〉으로 최우수상을 받은 후에는 이렇게 힘주어 말하기도 했다.

"사실 〈마녀의 법정〉이라는 드라마가 성범죄라는 무거운 주제를 다루고 있었는데요. 감기처럼 이 사회에 만연하게 퍼져 있지만 가해자들이 드러나지 않습니다. 저희는 이 드라마를 통해서 성범죄 성폭력에 대한 법이 더 강화돼 가해자들이 처벌을 제대로 받고 피해자들이 목소리를 더 높일 수 있는 기회가 됐으면 좋겠다고 생각했습니다. 저희 드라마로 조금이나마 위로가 됐으면 하는 바람입니다."

처음부터 용감한 사람도 좋지만, 점점 용감해지는 사람은
정말로 멋있다.

작가의 삶

과장을 달고 회사를 그만둔 후 프리랜서 작가로 일한 지
10년이 넘었다. 불과 몇 년 전까지만 해도 조금 쑥스러워서
스스로 '작가'라는 말도 붙이지 못했다. 아무튼 지금까지는
정신없이 앞만 보고 걸었다. 의뢰가 들어온 글을 거절하지
않고 쓰고, 글 쓰는 일과 관련되어 할 수 있는 일이라면
무엇이든 했다. 하지만 요즘 때때로 길을 걷다가 멈춘다.
이 길을 잘 선택한 걸까 돌아보는 시간이 길어졌다. 나는
지금 어엿한 작가가 되었다고 할 수 있을까. 유명한 작가가
되지도 못했고, 책을 출판하지 않은 지도 꽤 되었다. 내가
나이를 드는 만큼 내 글도 나이가 들 텐데, 나이 든 작가의
나이 든 글을 읽을 독자는 점점 줄어들지 않을까. 그렇다면
나는 앞으로 계속 글을 써도 될까. 10년 전의 나는 10년
후의 내가 이런 모습이라는 걸 알았다면 같은 선택을
했을까. 이런 걸 슬럼프라고 말하는 건가. 조금 막막한
시간을 보내던 중 이 글을 만났다.
글을 쓰는 동안, 배우 정려원의 과거와 현재를 훑으며 그의
미래를 기대하게 되었다. 이 용감한 배우가 다음에 선택할
드라마가 궁금하고, 그 드라마를 통해 더 성숙해질
이 사람을 계속 응원하고 싶어졌다. 그러다가 그가
걷는 길이 내가 걷는 길과 겹쳐졌다. 현실적으로 여자
배우들에게 나이 듦이란 작가의 나이 듦보다 더 가혹할지도
모른다. 특히 한국에선 더 그렇겠다. 좁아질 길을 걸어나갈
그를 응원하는 마음으로 나도 나를 응원해 줄 수도
있겠구나. 사회초년생 시절, 나를 응원하는 마음으로
그를 응원한 것처럼. 그리고 비록 작가로서 더 성공하지
못한다고 하더라도, 내가 선택한 것들로 이루어진 내 삶은
성장할 테니까. 그러겠다는 다짐을 해본다.

고백

마이너 취향을 가진 메이저 배우 정려원을 이야기하고
싶었다. 그의 평상시 패션을 좋아한다고, 천연 곱슬머리도
좋고, 연기뿐 아니라 그림이나 도자기, 여행, 독서 등
다방면으로 관심을 가지고 살아가는 모습이 정말 좋다고,
그의 생활 연기가 정말 좋고, 눈물 연기도 좋고, 코믹
연기도 좋고, 사실은 무표정하게 화내는 연기가 제일

좋다고. 〈풍선껌〉 봤냐고, 날씨가 쌀쌀해지기 시작하면 꼭
봐야 하는 작품이라고도 얘기하고 싶었다. 그리고 무엇보다
작품이 끝날 때면 감독부터 막내 스태프까지 전 스태프에게
손편지를 쓰는 좋은 동료인 정려원을 좋아해 왔다고. 그런
이야기를 하고 싶었다. 이 모든 고백은 한 단락으로 짧게
갈음한다.
보통 글을 쓸 때면 이 글을 읽을 사람의 얼굴을 상상하기
어렵다. 희미한 모습이라 나는 대개 내가 읽는다고
생각하며 쓰곤 했다. 이 글은 쓰는 동안에도 쓰지 않는
동안에도 정려원이 읽는다는 생각을 했다. 그러니
한 사람에 대해 쓰는 글은 모두 고백일 수밖에 없다.
사회초년생 시절, 우연히 한 신인 배우를 좋아하기
시작했고, 나를 응원하듯 그를 응원했다. 그리고 우여곡절
끝에 작가로 살아 남아 그에 대한 글을 쓴다. 그 시간 동안
그도 배우로 무사히 살아남았다. 같이 살아남아야 가능한,
이 글을 쓰는 지금이 작은 기적 같기도 하다. 그리고 나는
슬럼프를 끝내고 계속 글을 쓰려고 한다. 핑계 대지 않고,
내가 쓰고 싶을 때까지. 이번엔 그가 나를 돌봤다. 그는
몰랐지만. 오래 같이 걸었으면 좋겠다. 나만 잘하면 될 것
같다.

정려원
대한민국의 배우다. 가수로 활동하다가 2004년 연기자로
전향을 선언했다. 단편 드라마와 시트콤 조연부터 시작해
연기력을 쌓았고, 드라마와 영화를 오가며 꾸준히 활동 중이다.

새끼곰처럼 하자

쿠로키 하루

글 이주연 　 일러스트 추세아

책을 만들면서 자주 떠올리는 얼굴이 있다. 〈중판출래!〉의 쿠로키 하루, 쿠로사와 코코로다.

내게 유일한 드라마

〈중판출래!〉를 알게 된 건 2016년이다. 누군가를 인터뷰하거나 기사를 쓰는 것보다 '책을 만들어낸다.'는 것이 행복하던 그 시절, 나는 책을 잘 만드는 사람들이 좋았다. 그래서 자주 그들 이야기에 귀를 쫑긋 세우곤 했다. 책을 잘 만들고 싶어서, 내가 만든 책이 많이 읽혔으면 싶어서, 사랑받았으면 해서, 내가 책을 사랑했듯 또 다른 누군가가 그렇게 되기를 바라서.

운이 좋아 책을 담백하게 잘 만드는 사람을 알게 되었다. 그가 어느 날 〈중판출래!〉에 관해 이야기했다. 편집부 이야기를 담은 일본 드라마라고, 아주 재미있게 봤다고. 일본 작품들은 지나치게 명랑하거나 지나치게 슬펐다. 아니면 지나치게 소소하거나. 그래서 나는 일본 드라마를 좋아했다. 사랑은 내 것만 해도 차고 넘쳐서, 이별은 옆 동네 이야기로도 겪고 싶지 않아서 드라마를 거의 보지 않지만, 얼마 보지 않은 드라마 중 다수가 일본 것이었다. 나는 명랑한 척하는 주인공보다는 대놓고 씩씩한 주인공이 좋았다. 슬프기 위해 애쓰는 대사보다는 대놓고 처연한 쪽이 좋았다. 그러니까 어느 밤 〈중판출래!〉를 보겠다 마음먹은 건 그렇게까지 이상한 일은 아니었다.

〈중판출래!〉의 배경은 출판사 흥도관이다. 그중에서도 주간 《바이브스》라는 만화 잡지의 편집부 이야기다. 1화는 가볍게 보기 시작했다. 이 작품이 얼마나 편집부 이야기를 잘 다루었든 한국과는 다를 것이며, 분명히 치열한 마감에 시달리는 현실과는 동떨어져 있을 거란 걸 미리 짐작한 까닭이다. 1화를 재생하자마자 '밤에 볼 드라마가 아니었나?' 싶었다. 여자 주인공 '쿠로사와 코코로'의 기운이 너무 맑고 씩씩했다. "아자, 아자!"의 전형을 노트북 화면으로 보고 있으려니 '하핫' 하는 웃음이 새어 나왔다. 누군가 날 보고 있었다면 "아, 이거, 나도 처음 보는 드라마야." 하고 변명했을 것 같다. 물론 실제로 그런 말

했다면 지금쯤 그 말을 주워 담고 싶어 했겠지. 지금의 나는 〈중판출래!〉 에피소드를 하나씩 욀 정도로 사랑하고, 주인공 쿠로사와 코코로를 그 어떤 캐릭터보다 아끼며, 코코로를 연기한 쿠로키 하루라면 뭐든 좋다고 생각하는 편협한 (〈중판출래!〉에 한해서라면 너무나 광대한 사랑을 가진) 사람이 되었으니까.

처음 출근하던 날

쿠로사와 코코로는 전직 유도 선수로, 부상 때문에 출판사에 들어오게 된다. 필기시험 만점자. 코코로는 유도 선수였지만 부상을 입고 선수 생활을 접으면서 출판사 면접을 보게 된다. 나 역시 그랬다. 대학 전공은 출판과 관계가 없었고, 그 분야에서 바늘 뚫기라던, 내가 시험 본 해 합격률이 30퍼센트가 채 안 되었던 전공 분야 시험도 합격해 놓고 돌연 국어국문학과로 진학했고, 대학원을 수료하자마자 출판사에 취직했다. 코코로는 말한다. "인생의 목표를 잃었을 때 저는 생각했습니다. 무엇을 하고 싶은지, 무엇을 할 수 있는지." 인생의 목표를 잃은 것까진 아니었지만 나도 졸업을 앞두고 몇 번이고 생각했다. 내가 진짜 하고 싶은 게 무엇인지, 내가 무엇을 더 잘할 수 있을지.

첫 출근 날, 코코로가 무슨 옷을 입었는지, 얼마나 밝게 인사를 했는지 어떻게 잊을 수 있을까. "올해 입사한 쿠로사와 코코로입니다. 한 달간 연수를 끝내고 오늘부터 주간 《바이브스》편집부로 배정받았습니다. 정력선용, 자타공영으로 열심히 하겠습니다. 잘 부탁드립니다!" 긍정적인 기운과 밝은 표정을 보며 나의 첫 출근 날을 떠올렸다. 작은 출판사, 나 혼자 있는 사무실. 긍정적인 기운이나 밝은 표정, 씩씩한 인사를 건넬 동료가 없었다. 나는 매일 아침 엄마·아빠를 향해 "다녀올게!"를 외쳤고,

좋아하는 노랠 들으며 전철에서 힘을 냈으며, 트위터를 켜고 "으쌰으쌰!"를 타이핑했다. 냉정하거나, 과묵하거나, 사무적인 직원들 사이에서 말간 웃음을 보이며 귀여운 옷을 입고 늘 씩씩한 말투를 쓰던 코코로를 좀 부러워했다. 홀로 일하던 나는 가끔 혼잣말을 하곤 했다. "으쌰으쌰! 완료되었습니다!" 물론 나도 귀여운 옷은 빠짐없이 챙겨 입었다. 머리도 정성 들여 묶었고, 모니터 주변에 수 개의 메모를 붙이며 자주 뭔가를 다짐했다.

내가 미디어로 접한 회사의 모습은, 그 안에서 함께 지내는 동료는 대개 또래 동성으로, 점심시간 커피를 나눠 마시며 시시콜콜 대화하는 풍경이었다. 그러나 코코로의 동료들은 또래 동성이 아니었다. 나이가 훨씬 많아 보이는 다양한 성격의 남자 캐릭터들이었다. 퍽 낯설다고 생각하면서도 저런 동료들이 내게도 있길 바랐다. 면박 주고 장난치고 무시하지만 뒤에서는 씩씩함을 예뻐하고 내심 대견해하는. '새끼곰'이란 별명을 붙이고 애정을 줄 동료들을. 신입으로 입사한 코코로는 1화에서 부편집장과 함께 첫 외근을 하게 되는데, 내가 워낙 배우에 문외한이다 보니 그가 그 유명한 '오다기리 조'라는 사실도 잘 몰랐다. 코코로의 설레는 외근을 바라보며 내 첫 인터뷰를 생각했다. 인터뷰이는 만삭인 상태였고, 대개 임산부가 그렇듯 아름다운 것들을 한껏 흡수해 무척 고운 모습이었다. 부드럽고 따뜻한 정서를 한껏 받고 나서 기사로 정리할 땐 얼마나 짜릿했나. 그것이 지면을 장식했을 때 얼마나 기뻤던가. 1화에서 코코로가 30년 이상 한 번의 중단도 없이 주간 연재를 계속해 온 만화계의 거장 '미쿠라야마 류'의 연재 중단 선언에 보인 태도를 기억한다. 그의 편에 서서 뭐라도 도움이 되고자 끊임없이 고민한 것. '그림체가 변했다.'는 말이 왜 자꾸 불거지는지, 어째서 미묘하게 그림체가 변해버린 것인지 그의 시선을 좇다 이유를 깨달은 순간 코코로의 표정이 어땠던가. 어쩌면 내가 만든 첫 잡지가 세상에 나온 순간 내가 지은 표정과 비슷하지 않았을까.

날개와 같은 진심

"우리는 모두 보이지 않는 날개를 가지고 있어, 훌륭한 날개로 키우고 싶다면 책을 많이 읽으렴. 책의 형태는 새의 모습을 하고 있잖아? 책을 많이 읽을수록 강하고도 부드러운 날개가 되는 거야."

책의 중앙을 대강 짚어 펼치면 양쪽 책장이 봉긋하게 솟아오르면서 날개 모양이 된다. 물론 페이지 수에 따라, 종이 결에 따라, 제본 방식에 따라 다르겠지만 아주 쪽수가 적은 책이 아니라면 둥글게, 또 봉긋하게 솟아오른 양쪽

날개를 확인할 수 있을 것이다. 나는 이 대사를 아주 좋아한다. 이 문장을 알게 된 이후 자주 책을 반으로 나누어 펼쳤다. 이번엔 어떤 날개를 읽게 될지 궁금했으니. 책은 항상 나에게 새로운 경험을 주었다. 책에 손 대기도 무서워 검지와 엄지 끝으로 겨우 책장을 짚던 《공포특급》에서도, 늘 처녀귀신과 함께 다닌 '만득이 시리즈'(손바닥만 한 책이었다. 학교 앞 문방구에서 살 수 있었다.)에서도 나는 곧잘 날개를 발견했다. 오싹함을 느끼는 찰나에도, 피식피식 웃는 순간에도 내 몸 어디선가 날개가 돋았다.

차츰 신출내기를 벗어나는 시점에서 코코로는 '나카타 하쿠'라는 신인을 발굴한다. 천재적인 연출이 돋보이지만 그림을 못 그려서 '똥손'이라 불리는 캐릭터다. 그 천재성을 좀더 밖으로 끌어내고 싶은 코코로지만, 나카타는 어린 시절 학대당한 경험 때문에 사람을 쉬이 믿지 못한다. 만화를 연재하기 시작하면서 나카타는 집 안에 틀어박혀 있는 시간이 길어졌다. 식사를 거르고 잠을 자지 않으면서까지 그림을 그린 까닭이다. 담당 편집자인 코코로가 그를 걱정하는 것은 당연했다. 그녀는 맡은 바 소임을 다하고자 먹을 것과 마실 것을 잔뜩 사 들고 그의 집으로 가기도 하고, 그가 제대로 끼니를 챙기는지 냉장고를 열어보며 확인하기도 한다. '맡은 바 소임을 다하고자'라고 적었지만 아마 이것은 담당 편집자라는 직무를 넘어선 마음이었을 것이다. 진심에 닿아 있는,

이성적인 것과는 거리가 먼 애정과 관심 같은 것.
나는 메일을 성심껏 보내는 편이다. 업무를 위한 메일은
간결하고 사무적일수록 호감이라는 말을 들은 적 있지만
그렇게는 잘 안 되는 성격이니 어쩌면 누군가에게는
비호감일지도 모르겠다. 오늘 날씨가 어떻고, 나는 당신
원고의 어떤 부분을 사랑했고, 이것이 우리 독자들에게
어떻게 가닿으면 좋겠다고 성실히 이야기하는 것이 내게는
중요하다. 가끔 메일이 길어져 바쁜 이에게 긴 메일을 읽게
하는 건 아닌가 생각하면서도 멈출 수 없다. 일정이 촉박해
충분히 메일을 쓸 시간이 없을 때도 포기하지 말자고
생각한다. 나는 그럴 때 코코로를 떠올리는 것 같다. 만일
그녀가 단순히 나카타를 담당 작가로만 생각했더라면
자기파괴적인 성향으로 제 몸을 돌보지 못해 쓰러지고
말았을 때 창문을 부술 듯 두드렸을까, 웃을 때 가장
힘이 강한 그녀가 그에게 화를 냈을까, 하고. 기어이 큰
소리로 다투고 마는 두 사람을 보면서 코코로의 마음이
느껴져 많이 울었다. 굳이 붙이지 않아도 되었을 그 진심이
누군가에게 짐처럼 느껴진다는 건 얼마나 외롭고 힘든
일인가.

독자가 주는 어떤 것

책을 만들다 보면 반드시 남겨진 책에 관해 생각하게 된다.
팔리지 않고 남아 있는 그것들에 관해. 〈중판출래!〉에
코코로가 영업부 직원 '코이즈미 준', 그리고 사장님과
함께 폐지재생유통센터로 외근을 나서는 장면이 있다.
폐지재생유통센터는 해마다 한 번씩 출판사 창고에서
공간만 차지하는 책들을 폐기하는 곳인데, 표지 그림도,
글자도 알아볼 수 없는 수많은 책이 한데 뒤섞여 쏠려
내려가고 사라지는 그 광경은 잔인하고 서글프다. 내가
책을 만드는 사람이 아니었더라도 그 장면을 보았다면
슬펐을 테다. 항상 씩씩하게 웃던 코코로 얼굴에서
사라지는 미소와 굳어가는 표정을 실시간으로 목도하면서
어찌나 마음이 아팠는지. 책이 다 팔리지 못한 게 한 사람
탓만은 아닌데, 재고가 많이 쌓인 책을 보면 타들어갈 듯
속이 상하고 섭섭하다. 폐기되는 책들을 코코로의 눈으로
간접 경험하면서 내가 책을 이렇게 만들어 내는 게 나무에,
지구에 잘못하는 일은 아닌지 자꾸만 생각하게 됐다.
"우리는 매년 많은 책을 출판하고 있어요. 자랑스러운
일이죠. 살아가는 데 책이 꼭 필요한 것은 아닐 겁니다.
책을 읽지 않아도 살아갈 수야 있겠지요. 하지만 단 한 권의
책이 인생을 움직이게 하는 일도 있습니다. 누군가에게는
위로가 되어주기도 하죠. 그래서 저는 한 권이라도

더 많은 책을 독자에게 전해주고 싶어요. 그것이 책에
대한 제 보답입니다. 책이 나를 사람으로 만들어 주었기
때문이죠. 앞으로도 저는 계속해서 책을 판매할 겁니다.
그래서 이곳에 오는 거예요. 지금의 이 아픔을 잊지 않기
위해서….”
그때 출판사 사장님이 했던 말을 일기장에 기록해 두었다.
입을 다 다물지 못한 채 착잡한 표정을 짓고 있는 코코로의
표정도. 그때 코코로가 말한다. “잊지 않을게요.” 하고.
내가 만든 책도 가끔 갈 길을 잃는다. 팔리지 못한 책이
아직 창고에 많이 남아 있다. 정성 들여 만들지 않은
책이 없어서 남은 부수를 확인할 때마다 고개를 숙이게
된다. 그럴 때마다 코코로의 목소리를 떠올린다. “잊지
않을게요.” 꼭꼭 씹어 발음한 그 목소리를.
그 에피소드에서였나, 부편집장이 월급 이야기를 꺼낸
게. “우리 편집자는 누구에게 월급을 받을까?” 하고 묻자
코코로가 “회사?”라고 답한다. 그때 부편집장이 이렇게
말한다. “독자야. 독자의 즐거움을 위해서 작품을 가장
높은 퀄리티로 끌어올려야지.” 가끔 독자들에게 피드백이
온다. 혹시 실수가 있었나 싶어 불안한 마음으로 메시지를
열면 대개 '잘 읽었다.'는 한마디가 한 줄기 빛처럼 담겨
있다. 수십 줄을 빽빽하게 채운 리뷰를 읽을 때면 나도
모르게 새끼곰의 해사한 표정을 하게 된다. 부편집장의
말이 맞다. 월급은 회사 이름으로 들어오지만 내가
만족시켜야 할 대상은 회사와 더불어 독자인 것이다.

중쇄를 또 찍자

“중판출래가 뭐죠?”
“책이 다 팔리고 책을 다시 인쇄하는 걸 말해. 책을 내는
이상 모두 중판출래가 목표야.”
중판출래는 한국에서 〈중쇄를 찍자!〉로 번역되었다.
정기적으로 발행하는 잡지 특성상 중쇄를 찍을 일은
보통 없지만 단행본은 다르다. 처음 중쇄를 찍은 건 이전
직장에서였다. 아껴 만든 책이 2쇄를 찍게 되었다. 하필
그날은… 나의 퇴사 날이었다. 코코로는 중판출래 뜻을
알게 된 이후로 “중판출래” 네 글자를 적어 자기 자리에
붙여놓는다. 같은 마음으로 나 역시 그랬다. 중쇄를
찍자는 말이 너무 탐욕스러워 보일까 봐, 부끄러운 마음에
코코로처럼 한자로 적어두었다. 코코로는 중판출래를
염원하며 코이즈미와 중판출래 춤을 만든다. 그녀가 그걸
출 날을 손꼽아 기다릴 때 나 또한 내 방에서 짝꿍 없이
댄스를 연습했다는 걸 알까. 2쇄를 찍던 그날 얼마나
기뻤는지 모른다. 나의 마음에 크고 빛나는 열매가 하나

덕이다. 그녀가 아니었다면 내가 코코로를 지금처럼 사랑할 수 있었을까. 나는 지금도 꿈꾼다. 언젠가 나도 내 방에서 나와 코코로처럼 씩씩하게 중판출래 춤을 출 수 있을지도 모르겠다고. 그날까지 귀여운 옷을 입고, 책가방을 짊어지고, 나가고 또 나가자. 다니고 또 다니자. 새끼곰처럼 하자. 그것이 자연스러워질 즈음 알게 되겠지. 내가 뭘 하는 사람인지.

생긴 기분이었다. 그렇지만 퇴사하는 날 감히 춤을 출 순 없어서 1쇄와 2쇄를 나란히 품에 안고 춤을 추는 기분으로 회사를 떠났다. 돌아가는 길에 나 혼자 공원에서 중판출래 춤을 춘 건 비밀로 할까 하다가 여기에 적는다.

나는 이윽고 두 번째 중쇄를 찍는다. 그 책은 어라운드에서 발행한 《우리는 더듬거리며 무엇을 만들어 가는가》이다. 지금 봐도 만듦새가 참 자랑스러운 이 책이 중쇄를 찍던 날, 나는 컴퓨터 앞에 앉아 〈중판출래!〉의 댄스 장면을 수도 없이 돌려 보았다.

나는 자주 생각한다. 새끼곰의 생활을, 코코로의 말들을. 코코로가 신입사원으로 입사했을 때 "편집자란 무엇인가요?"라고 묻는 장면이 있다. 그때 부편집장이 말한다. "그건 내가 대답할 게 아니다. 이제부터 자기 스스로 찾아내야지." 어쩌면 끝까지 모를지도 모른다. 안다고 생각했다가 아닌가 싶어서 뒷걸음질 칠 수도 있다. 새끼곰의 미래는 알 수 없지만 한 가지만 바라고 싶다. 새끼곰이 아니게 되어도 계속 씩씩해 달라고. 그녀는 나에게 아주 좋은 편집자의 표본이었고, 그 덕에 나는 씩씩한 편집자를 좋아하게 되었다. 그 사실을 생각하면 내 마음 어딘가에 뭉근한 무엇이 있다는 걸 새삼스레 기억하게 된다. 나는 코코로가 씩씩한 모습 그대로 중견 편집자가 되기를 소망한다. 시간이 지나면서 바래져 갈 어떤 빛을 꾸준히 갖고 나아가면 좋겠다는 마음은 역시 내 욕심일까. '부담스럽잖아?' 싶을 즈음 '씩씩함이었구나!' 생각하게 하는, '어쩜 매일 밝을 수 있지?' 싶지만 알고 보면 희로애락이 있는 그런 빛. 수많은 사건사고를 겪으면서도 씩씩함을 가장 먼저 끌어내는 코코로를, 무구하게 웃는 쿠로키 하루를 나는 잊지 않을 것이다. 특히 이 일을 하는 이상 절대로 그럴 것이다. 이런 마음을 갖게 해준 사람은 내가 존경해 온 편집자들이 아니라 〈중판출래!〉의 쿠로사와 코코로였다. 그럴 수 있던 건 쿠로키 하루가 그 역할을 해준

쿠로키 하루
일본의 배우다. 어린 시절 영화와 연극을 보고 자란 쿠로키 하루는 아동 극단에 참여하면서 일찍 연기자의 세계에 입문했다. 수많은 작품에 출연했는데, 첫 단독 주연한 영화는 〈립반윙클의 신부〉(2016), 첫 단독 주연한 연속 드라마는 〈중판출래!〉다. (본문에서 다 이야기하지 못한 〈나기의 휴식〉의 '나기'는 또 얼마나 사랑스러운지, 이렇게라도 덧붙이고 싶다.)

"히사이시 조가 누구야?" 하고 묻는 이에게 'Summer'의
선율을 읊어주면 즉시 "아!" 하는 반응이 돌아온다. 그의 곡을
들으면 어떤 작품의 줄거리가 귀로 들려오는 듯하다.

오선지 틈에 놓인 이야기

글·사진 이주연

히사이시 조의 소리가 깃든 이야기

〈최초의 인간 개톨즈〉	(1974)	〈센과 치히로의 행방불명〉	(2001)
〈로봇 아이 비톤〉	(1976)	〈하울의 움직이는 성〉	(2004)
〈과연 사루토비〉	(1982)	〈웰컴 투 동막골〉	(2005)
〈오즈의 마법사〉	(1982)	〈태왕사신기〉	(2007)
〈테크노폴리스 21C〉	(1982)	〈마리와 강아지 이야기〉	(2007)
〈은하질풍 사스라이거〉	(1983)	〈벼랑 위의 포뇨〉	(2008)
〈기갑창세기 모스피다〉	(1984)	〈굿바이〉	(2008)
〈BIRTH〉	(1984)	〈언덕 위의 구름〉	(2009-2011)
〈바람계곡의 나우시카〉	(1984)	〈악인〉	(2010)
〈아리온〉	(1986)	〈바람이 분다〉	(2013)
〈천공의 성 라퓨타〉	(1986)	〈가구야 공주 이야기〉	(2013)
〈이웃집 토토로〉	(1988)	〈남극지련〉	(2018)
〈마녀 배달부 키키〉	(1989)	〈니노쿠니〉	(2019)
〈비너스 전기〉	(1989)	〈해수의 아이〉	(2019)
〈그 여름, 가장 조용한 바다〉	(1991)	〈적호서생〉	(2020)
〈붉은 돼지〉	(1992)	〈제2의 나라: Cross Worlds〉	(2021)
〈천외마경2 만지마루〉	(1992)		
〈소나티네〉	(1993)		
〈키즈 리턴〉	(1996)		
〈모노노케 히메〉	(1997)		
〈HANA-BI〉	(1997)		
〈기쿠지로의 여름〉	(1999)		

익숙한 멜로디에 앞서

"클래식 음악에는 거리를 두었다. 낡은 것은 필요 없다, 낡은 것을 부수고 새로운 것을 만들어야
한다는 생각이 강했다."

— 히사이시 조, 《히사이시 조의 음악일기》 중에서

히사이시 조는 고백한다. "사실 나는 어릴 때부터 클래식 음악을 좋아하지는 않았다."고. 그의
이름을 들으면 피아노 선율, 혹은 오케스트라가 입혀진 음악이 떠오르는 나한테는 그 문장이
퍽 새로웠다. 클래식도 좋아하기는 했지만 가요나 팝송이 더 친근했다는 그의 어린 시절을 곰곰
떠올렸다. 유행곡을 흥얼거리는 작은 일본 남자아이를.
나 어릴 적 유행곡이라 하면 과연 '신화'나 'god'려나. 'S.E.S.'나 '핑클'도 있었다. 좀더 이르게는
'H.O.T.'나 '젝스키스' 같은 가수들도. 그들은 춤도 잘 추고 노래도 잘 부르고 랩까지 커버했다.
대개 사랑을 노래했고, 사람이나 세상을 향한 공격적인 제스처를 보여줄 때도 있었다. 그들의
춤은 금세 유행해서 간단한 손동작부터 의자를 활용한 고난도 춤까지 다양하게 접할 수 있었다.
그러나 히사이시 조가 말하는 '가요'는 그런 부류는 아닌 것 같다. 그는 '카를하인츠
슈토크하우젠'이나 '존 케이지'에 대해 이야기한다. 독일이나 미국의 현대음악 작곡가들을.
히사이시 조는 클래식 음악을 제대로 공부하지도 않았다고 고백한다. 그가 선택한 건
현대음악이었다. 그중에서도 미니멀 음악을 과감히 시작했다. '미니멀 도형 악보'를 그리고,
콘서트를 열면서. 오선지가 아닌 도형을 이용한 악보라니, 모양이 궁금해 검색해 봤지만 명확히는
알 수 없었다. 즉흥 연주 집단과 연주했다는 걸 보면 누군가와 공유할 수 있고 연주할 수 있게
해주는 악보였음은 분명한데, 예술이라는 형태로 이루어진 것들은 왜 이토록 명확하게 설명이
어려울까.
히사이시 조가 미니멀 음악이라는 장르를 계속해서 이어왔다면 어땠을까. 과연 지금 사람들이
카페에서, 사무실에서, 소품숍에서 'Summer'를 틀어두듯이, 피아노로 '인생의 회전목마'
연주하는 것을 목표로 삼듯이 사랑받을 수 있었을까. 얼마 지나지 않아 히사이시 조는 미니멀
음악에서 벗어나 팝으로 진입했다. 그는 《히사이시 조의 음악일기》에서 영국의 록시뮤직이나
독일의 테크노 팝 그룹 크라프트베르크의 활동을 이야기하며 이렇게 말한다. "그들은 같은
음악인데도 더욱 자유로이 마음껏 즐기고 있었다."고. 혹시 그는 도형 악보에서 벗어나 좀더
자유로워지고 싶었던 걸까.
히사이시 조가 영화 음악에 뛰어든 건 그다음의 일이다. 미야자키 하야오가 〈바람계곡의
나우시카〉(1984) 음악을 제안하면서 우리가 아는 그 히사이시 조가 시작된 것이다. 그때
그의 나이 서른셋. 그 뒤로 40년이 흐를 동안 그는 우리에게 얼마나 많은 이야기를 음악으로
전달했던가.

기승전결을 품은 선율

"우선 음악의 3요소는 멜로디, 리듬, 하모니인데, 그중 엔터테인먼트 음악에서 돌출되는 것은
멜로디입니다. 리듬이 시간축, 하모니가 공간축이라고 하면 멜로디는 기억회로 같은 것입니다.
외우기 쉬우니까요."

— 《히사이시 조의 음악일기》 중에서

히사이시 조는 광고나 영화에서 흘러나오는 음악을 '엔터테인먼트 음악'이라고 부르며 그것의
기본은 오락이라고 했다. 우리가 쉽게 흥얼거리는 그의 곡들, 〈벼랑 위의 포뇨〉(2008)에서
흘러나오는 "포뇨 포뇨 포뇨" 하는 그것 역시 오락의 일종이리라. 우리가 기억하는 그의 멜로디는
어떤 하나의 작품을 불러온다. 그것은 대개 영화거나 애니메이션이고, 듣고 있으면 금세 뭔가를
보고 싶게 만들기도 한다.

나는 〈기쿠지로의 여름〉(1999)보다 'Summer'를 먼저 알았다. 어떻게 그 음악을 알게 되었는지는
기억나지 않지만, 연주하기 위해 악보를 프린트하고 음계를 익히며 한 음 한 음 손가락으로
기록한 것만큼은 기억한다. 어릴 때 기억은 다른 시절보다 수명이 길고 깊게 각인되는 경향이
있어 손가락은 그 선율을 오래도록 기억했다. 피아노가 보이면 의자에 앉아 가장 먼저 연주한
것은 보통 그 곡이었고, 지나가던 사람들은 'Summer' 도입부가 들려오면 고개를 돌렸다.
모차르트를 연주하는 것보다 히사이시 조를 흉내 내는 것이 이목을 끌기에 훨씬 좋다는 걸 나는
어릴 적에 알아버리고야 말았다.

우리가 사랑하는 히사이시 조의 음악을 떠올려 보자. 과연 그의 말처럼 '멜로디가 강조되는
곡'이다. 영화나 애니메이션에 삽입된 곡, 엔터테인먼트 음악. 그러니까 히사이시 조 하면 지브리
애니메이션이 떠오르는 건 매끄러운 일이다. 그가 처음 만든 애니메이션 음악은 앞서 이야기한
〈바람계곡의 나우시카〉다. 미야자키 하야오와 히사이시 조의 만남엔 왠지 대단한 사연이 있을 것
같은데, 단순히 레코드 회사가 오작교 역할을 하여 만난 사이라고 한다. 히사이시 조의 앨범을
만든 회사에서 하야오와의 만남을 주선한 것이다. 시시하다는 생각에 앞서 인연의 힘이 새삼
대단하다고 여겨지는 건 왜일까.

포털사이트에서 히사이시 조와 미야자키 하야오 이름을 넣고 검색하고 스크롤을 몇 번 내리니
재미있는 사진이 눈에 띈다. 아직 젊고 싱그러워 보이는 두 사람이다. 첫 작업 이후 애니메이션
대상에서 최우수음악상을 받았다는 기록을 읽으며 그들의 호흡을 다시 한번 생각했다. 두
사람이 애니메이션을 만들기 전에 음악부터 만든다는 것은 이미 잘 알려진 사실이다. 이미지
보드를 보면서 대화를 주고받으며 주제나 키워드를 뽑아내고 합의점을 찾아 음악부터 만든다는
것이다. 과연 서로에 관한 믿음과 관심, 애정이 없었다면 어땠을까. 가능할 일일까. 〈천공의 성
라퓨타〉(1986)나 〈이웃집 토토로〉(1988), 〈모노노케 히메〉(1997) 등의 음악에는 하야오가 직접
노랫말을 붙였다는 이야기를 들은 적이 있다. 두 사람의 관계를 단짝이라는 단어가 과연 다
설명해 낼 수 있을까. 어떤 인간의 생애는 드라마보다 훨씬 드라마틱하다.

어김없이 떠오르는 장면들

1.

ⓒ 〈마녀 배달부 키키〉

2.

ⓒ 〈벼랑 위의 포뇨〉

1. 〈마녀 배달부 키키〉(1989)—'바다가 보이는 마을'
마녀가 될 아이는 열세 살이 되면 집을 나서야 한다. 어느덧
열셋이 된 키키. 서북 카리키라 지방은 내일도, 모래도 맑을
거란 일기예보를 듣자마자 떠나기로 마음먹는다. 언제나
마음먹은 건 바로 해내고 마는 씩씩한 아이. 키키가 검은
옷에 빨간 리본을 메고 "까만 고양이에 까만 옷, 전부
까망이네." 하고 조금 섭섭한 얼굴을 할 때 엄마가 말한다.
"키키, 겉모습에 너무 신경 쓰지 마. 중요한 건 마음이야."
그때 다시 거울을 보며 읊는 키키의 대답을 사랑한다.
"알아요. 마음이라면 걱정 푹 놓으세요. 보여줄 수 없어서
유감이네요." 항상 웃는 얼굴을 잊지 말라는 키키 엄마의
말을 마음에 담고 나는 '바다가 보이는 마을'을 듣는다.
키키처럼 웃으며 집 밖으로 나가보자 싶어서.

2. 〈벼랑 위의 포뇨〉(2008)—'벼랑 위의 포뇨'
벼랑 위에 사는 남자아이 소스케. 어느 날 바다에서 건져
올린 금붕어에게 '포뇨'라는 이름을 붙여주고는 양동이에
담아 어린이집으로 향한다. 소중한 것을 살피는 사람의
마음은 어른이건 아이건 왜 이리도 귀할까. 목적이 없는
선하고 아름다운 마음을 헤아리다가, 소스케의 어린이집
친구가 새로 산 원피스를 자랑하며 소스케에게 이야기를
건넬 때 포뇨가 짓던 뽀로통한 표정이 떠올랐다. 어떤
마음인지 잘 알아 사랑스러운 그것. 포뇨의 심술도
소스케의 사랑도 모두 내가 가져본 적 있는 것이어서 '벼랑
위의 포뇨'를 들으면서 그 선하고 맑은 마음을 생각했다.
사실 가장 오래 생각한 건 포뇨가 뿜은 물줄기에 맞아
울면서 엄마에게 이르겠다며 자리를 뜬 어린이집 친구.
소스케와 포뇨를 너무 미워하지 않았으면.

3.

ⓒ 〈붉은 돼지〉

4.

ⓒ 〈센과 치히로의 행방불명〉

3. 〈붉은 돼지〉(1992)—'시대의 바람'

어릴 적부터 돼지 캐릭터를 좋아했다. 귀엽게 묘사되어 사랑스러운 몸짓을 하는 돼지부터 어쩐지 탐욕스럽고 지독해 보이는 돼지까지, 보드라운 살결과 한껏 올라간 코를 얼마나 귀여워했는지. 〈붉은 돼지〉를 보기 전만 해도 나에게 돼지는 무해하고 순한 존재였다. 그러나 비행하는 돼지 '포르코 로소'를 만난 이후 돼지는 용감하고 지적인 존재로 탈바꿈했다. '시대의 바람'을 들으며 "파시스트가 되느니 돼지로 사는 편이 나아." 하고 말하던 그의 목소릴 떠올린다. 이탈리아의 공군 에이스 파일럿이었지만, 전쟁의 비인간성을 알아버린 사람. 기꺼이 돼지가 되어 지중해에서 현상금 사냥꾼으로 살아가는 사람. 그에게 한 통의 전화가 걸려온다. 공중 해적인 맘마유토단이 아이들이 있는 배를 습격한다는 소식이다. 음악을 재생하니, 포르코 로소가 아이들을 구하러 가기로 결심하는 순간부터 무사히 탈출한 아이들과 붉은 비행기에 올라 있는 장면까지 순식간에 떠오른다. 무해하고 순한 것은 언제나 아름답다.

4. 〈센과 치히로의 행방불명〉(2001)—'어느 여름날'

수많은 명장면이 떠오르지만 '어느 여름날'을 들으면 이 애니메이션의 첫 장면이 가장 먼저 생각난다. 시골로 이사 온 치히로의 무료한 표정. 자동차 뒷좌석에 길게 드러누워 심드렁하게 누워 있는 그 장면을 보면서 하야오가 평화로운 시골 마을에 한 가족을 지루하게 살게 둘 리 없다고 생각했다. 우둘투둘한 길을 달리던 차가 멈춰, 차에서 내려 걷게 된 가족. 그들 앞에 나타난 시커먼 터널을 보며 심장이 콩콩거리는 걸 느꼈다. 치히로가 "난 안 가." 하고 표정을 굳힐 때 이 애니메이션은 반드시 재미있으리란 걸 직감했다. 어느 여름날은 원래 그런 법이니까.

왓챠는 영화, 드라마, 예능, 다큐, 애니메이션까지 10만여 편의 작품을
무제한으로 감상할 수 있는 온라인 동영상 스트리밍 서비스다. 1천만 건 이상의
앱 다운로드 수를 기록하고 있으며, 왓챠피디아의 6억 5천만 개가 넘는 별점
평가 데이터 기반으로 머신러닝, 고도화된 AI 개인화 추천 엔진을 통해 이용자의
취향에 최적화된 콘텐츠 큐레이션을 제공한다는 것이 특징이다. 2020년 일본
서비스를 시작하면서 국내 OTT 중 최초로 해외 진출한 글로벌 플랫폼이 됐다.

WATCHA

발견의 기쁨

바야흐로 OTT 춘추전국시대. 제작사가 하나둘 OTT 서비스를 론칭하고 OTT
플랫폼은 오리지널 콘텐츠를 제작하고 있다. 그 안에서 출신부터 독특한 행보를
보이는 플랫폼이 있다. 바로 왓챠. 2011년 영화 추천 서비스로 시작한 왓챠(현
왓챠피디아)는, 콘텐츠 추천과 개인화 서비스를 중심으로 발전해 2016년 지금의
OTT 플랫폼 왓챠(구 왓챠플레이)를 론칭했다. 왓챠가 꿈꾸는, 모두의 다름이
인정받고 개인의 취향이 존중받는 더 다양한 세상이란 어떤 것이고, 왓챠의
서비스와 콘텐츠에서 어떤 모습으로 드러나고 있을까.

에디터 송재은   자료 제공 왓챠

2011년, 대학에 갓 입학했을 무렵 멋진 선배들이 쓰는 서비스가 있었다. 영화 별점을 남길 수 있는 사이트 '왓챠'. 취향을 흔적으로 남기고 쌓아가는 것이 즐거워 열심히 이용했다. 그렇게 쌓인 별점이 1,400여 개. 2016년, OTT 서비스 왓챠플레이(현 왓챠)가 론칭해 구독을 시작했고, 그것이 벌써 7년째다. 구독을 취소하지 않는 가장 큰 이유가 있다면, 나를 가장 잘 아는 서비스라는 생각 때문이다. 취향이 휘발하지 않는다는 감각, 나보다 내 취향에 맞는 콘텐츠를 잘 찾아주는 플랫폼.

왓챠의 콘텐츠 라인업은 독특하다. 어디에서도 보기 힘들었던, 어쩌면 있는 줄 영영 모를 예정이었던, 그 어떤 경로로도 나에게 닿지 않았을 것 같은 영화와 드라마를 발견하게 한다. 영화제에서 찬사를 받았지만 아트 시네마에서나 볼 수 있는 작품들부터, 웹드라마, 개봉하지 못한 단편 영화들까지. 다양한 취향을 가진 사람들이 모두 저마다의 가치를 발견할 수 있는 곳, 자신의 취향을 견고하게 세우고도 그 안에 갇히지 않고 타인의 취향을 들여다볼 수 있는 플랫폼을 지향하는 왓챠를 만나본다.

콘텐츠 팀이 소개하는 왓챠 오리지널!

1. 〈인사이드 리릭스〉
김이나 작사가와 함께, 사랑받는 다섯 뮤지션 윤종신, 김종완(NELL), 타블로(에픽하이), 선우정아, 황소윤(새소년)이 직접 쓴 가사에 얽힌 비하인드를 밝힌다. 신진 아티스트들이 원곡을 재해석한 노래를 들어보며 가사의 의미를 다시 한번 곱씹어 그들의 진솔한 내면을 들여다볼 수 있는 구성의 시리즈.

2. 〈언프레임드〉
손석구, 박정민, 이제훈, 최희서. 네 명의 배우가 프레임에서 벗어나 마음속 깊숙이 품고 있던 이야기를 직접 쓰고 연출한 숏필름 프로젝트. 모두의 데뷔작이자 2021년 '부산국제영화제' 공식 초청작이다. 결혼식장에 동행하게 된 이모와 조카의 성가시고 애틋한 하루를 그린 로드무비, 손석구의 〈재방송〉. 어른의 세계만큼 치열한 반장선거 풍경을 담은 초등학생 누아르, 박정민의 〈반장선거〉. 미래에 대한 불안과 고민을 마주한 채 평범한 삶을 꿈꾸는 취준생 찬영의 이야기, 이제훈의 〈블루 해피니스〉 등이 있다.

3. 〈오늘은 좀 매울지도 몰라〉
한석규, 김서형 주연의 휴먼 드라마다. 강창래 작가의 실화를 바탕으로 한 동명 도서가 원작. 2022년 '부산국제영화제' 온 스크린 섹션을 통해 4부까지 선공개하며, 12월 론칭 예정이다. 한 끼 식사가 소중해진 아내를 위해 서투르지만 정성 가득한 음식 만들기에 도전하는 남편과 그의 가족 이야기를 그린다.

4. 〈도둑잡기〉
가상의 기업 오페이홀딩스의 비자금을 둘러싼 리얼 추격 액션 예능. 가수 슬리피와 대한민국 1호 탐정인 김수환이 상속자 팀으로, 크리에이터 오킹, 쵸단, 천재이승국, 김준표, 호주타잔, 퓨어디, 나공능, 노말틱이 도둑으로 출연한다. 오페이홀딩스 상속자 슬리피는 강력계 형사 출신 탐정 김수환과 도둑들을 맹추격하고, 도둑으로 뭉친 크리에이터들은 에피소드마다 각자의 전문 분야를 살린 활약으로 예측불허 전개를 이끌어내는 긴장감 넘치는 프로그램이다.

1.

2.

3.

4.

김혜정 왓챠 이사

안녕하세요. 소개 부탁드립니다.
안녕하세요. 왓챠에서 콘텐츠와 마케팅 그룹을 총괄하고 있는 김혜정 이사라고 합니다.

왓챠가 지금의 왓챠가 되기까지 타 스트리밍 서비스와는 다른 길을 걸어온 것 같아요. 기존 영화 정보 사이트에서 왓챠를 론칭하는 과정도 단순하지만은 않았을 것 같고요. 왓챠의 시작을 듣고 싶어요.
왓챠는 모두의 다름이 인정받고 개인의 취향이 존중받는 더 다양한 세상을 만들겠다는 비전을 가지고 2011년에 설립됐어요. 기술 기반의 개인화 추천을 목적으로 '왓챠피디아'라는 콘텐츠 추천과 개인화 서비스를 선보였죠. 이후 추천 콘텐츠를 바로 보고 싶어 하는 이용자들의 니즈를 위해 2016년에 온라인 동영상 스트리밍 서비스인 왓챠를 론칭했어요. 지금은 약 10만여 개의 영상 콘텐츠를 서비스하고 있어요.

왓챠의 출발점인 왓챠피디아라는 영화 추천 서비스가 왓챠만의 독특한 경험을 만들어주는 것 같아요. 유저가 리뷰와 별점을 남기고 컬렉션을 구성하면, 그것을 왓챠 내에서도 즐길 수 있다는 점이 마니아층을 굳건하게 만드는 강한 콘텐츠라는 생각이 들어요.
왓챠의 가장 큰 장점은 7억 개에 육박하는 방대한 영화 평가 데이터를 기반으로 한 '예상 별점'과 '개인화 추천' 서비스예요. 실제 모 포털의 영화 별점 데이터가 1천만 개, 모 프랜차이즈 극장 별점 데이터는 500만 개 정도로 알려져 있는데, 왓챠는 국내 최고 수준의 데이터를 보유한 거죠. 과거에는 주요 포털 사이트의 평균 별점이나 얼마나 많은 사람이 시청 혹은 관람했는지가 콘텐츠 선택의 기준이었다면, 최근에는 자신의 취향에 기반한 선택을 하려고 해요. 콘텐츠가 너무 많아져서 역설적으로 볼 게 없다고 느끼는 시기가 온 만큼, 왓챠가 제공하는 '예상 별점' 기능이 유용하게 활용될 수 있죠. 실제로 SNS에 "왓챠 예상 별점 정말 신기하다.", "심지어 부모님보다 날 더 잘 알고 있다." 같은 의견이 자주 올라와요.

동의해요. 왓챠의 예상 별점과 사람들의 평균 별점이 다른 걸 볼 때, 방대한 영화 리스트에서 기댈 곳을 찾은 기분이 들어요.
왓챠 홈 화면은 모두 개인화되어서 각 이용자 패턴에 따라 다르게 노출돼요. 100만 명이 접속하면 100만 개 다른

홈 화면이 파생되는 방식이에요. 실수로 가족 구성원의 프로필에 접속하면 평소 내가 보던 홈 화면과 매우 상이한 것을 발견하고 바로 백스텝 하게 되죠. 최근에는 스포티파이나 애플뮤직이 제공하는 개인화된 음원 추천, 내 취향의 책을 선택하고 즐기는 것처럼 개인화 트렌드가 뚜렷해지고 있어요. 영상도 점차 패러다임이 바뀌는 과정에 있는 거죠.

왓챠를 떠올리면 콘텐츠 라인업이 개성 있다는 느낌이 있어요.
왓챠는 "어떤 채널로 차별화하고, 또 기억될 것인가."를 생각해요. 매달 한두 개의 대형 텐트폴 한국 드라마를 중심으로 화제성을 만들어가는 것이 현재 OTT 성공 방정식인데, 정작 플랫폼 자체를 차별화하는 데에는 어려움이 있어요. 장기적으로 왓챠라는 플랫폼을 특화시키는 것을 중요한 과제로 삼고, 개성 있는 콘텐츠 라인업을 준비하는 데 집중하고 있어요. 콘텐츠 제작, 구입, 마케팅, 서비스 자체의 노출까지 모든 단계에서 왓챠만의 강점을 가진 큐레이션을 보여주고 싶어요. 데이터를 분석하고 인사이트를 발굴해서 빠르게 적용하는 왓챠 팀의 역량이 가장 큰 경쟁력 아닐까 싶어요.

왓챠에 눈에 띄는 오리지널 콘텐츠가 많아지고 있어요. 어떤 방식으로 콘텐츠 제작에 접근하고 계신가요? 서비스 확장의 계기가 궁금해요.
왓챠는 '플랫폼'이에요. 취향에 맞는, 트렌드를 이끄는 개성 있는 콘텐츠를 선보여야 하는데, 최근 콘텐츠 제작사에서 자체 플랫폼을 출시하면서 왓챠가 구매할 수 있는 콘텐츠가 많이 줄었어요. 예전보다 고객들 취향이 다양해지기도 했고요. 왓챠는 새롭고 신선하면서도 현재 우리가 추구하는 가치를 잘 충족시키는 콘텐츠를 끊임없이 찾고 있는데요. 높은 수요에도 불구하고 공급이 부족하거나, 기대를 뛰어넘는 작품이 없어서 아쉬움이 큰 영역을 집중 공략하는 왓챠만의 오리지널 작품을 제작하기 시작했죠.

대표적인 작품을 소개해 주실래요?
〈시맨틱 에러〉라는 오리지널 콘텐츠가 있어요. 지난 2월 첫 공개 이후 현재까지도 호응이 높아요. 최근에는 극장판 〈시맨틱 에러: 더 무비〉(2022)까지 개봉했고요. 사실 BL 드라마는 2년 전부터 제작되어 왔는데 사회적

시선을 의식해 안타깝게 성장하지 못하던 장르예요. 하지만 수요가 충분한 영역이라고 판단해 소재 제약을 따지지 않고 적극적으로 영상을 제작하게 됐어요. 중요한 건 진정성이라고 생각해요. 왓챠는 꾸준히 지상파나 케이블 티브이 혹은 극장에서 보기 힘든 영화나 드라마를 소개했어요. 그렇기에 〈시맨틱 에러〉 같은 작품을 첫 오리지널 드라마로 공개했을 때 고객분들이 왓챠의 진심에 공감해 주었다고 느끼죠.

왓챠 익스클루시브도 왓챠만의 개성을 드러내는 콘텐츠라고 생각해요. 왓챠에서만 볼 수 있다는 단순한 의미가 아니라 취향과 다양성이라는 정체성과도 관련 있는 것 같아요.

왓챠 익스클루시브는 매달 왓챠가 선보이는 독점 큐레이션 라인업이에요. 사실 더 많은 독점 콘텐츠가 있지만 모두 익스클루시브 타이틀을 달지는 않아요. 독점인 것을 넘어 왓챠의 시선과 관점을 담아 고객들에게 적극적으로 추천해 주고자 하는 작품에만 부여하는 레이블이죠. 영미권 드라마는 물론 해외 주요 영화제 수상작, 아시아권 드라마, 나아가 BL 드라마까지 장르나 소재에 제한을 두지 않고, 수요가 높지만 공급이 충분치 않았던 영역을 집중 공략하고 있어요. 고객분이 "왓챠 익스클루시브는 거를 타선이 없다."라고 표현해 주신 적이 있어요. 익스클루시브 작품을 선정하기 위해 정말 많은 부서가 함께 애써주고 있어서 정말 감동했죠.

예술 영화, 단편 영화 등 잘 알려지지 않았지만 임팩트 있는 작품을 선별하는 콘텐츠 팀의 실력이 대단하다고 느껴요. '예술 영화 상영관에 가지 않아도 이런 영화와 드라마를 접할 수 있다니.'라는 인상을 받죠. 어떻게 작품을 선별하고 선보이시나요?

뛰어난 안목도 물론 중요하지만 빠르게 발견해야 해요. 왓챠의 내부 특정 채널에서는 좋은 작품을 찾기 위해 전 직원 누구라도 제보하고 의견을 내요. 해당 콘텐츠가 왓챠에 오면 객관적으로 어떤 임팩트를 가질지 위주로 공유하고요. 그래서 왓챠는 직원 누구든 스크리닝 단계에 참여 가능해요. 어떤 것이든 하나 이상의 영역에 덕후인 사람들이 모인 곳이 왓챠여서 가능한 일이라고 생각해요. 회사 차원의 노력과 의지도 중요해요. 한국은 멀티플렉스 영화관이 잘 갖추어져서 이용의 편리함은 있지만, 흥행이 보장된 대작 위주의 영화를 주로 개봉해요. 다양한 국가나 다양한 장르의 영화를 보기 어렵죠. 일정 시간 이상의 러닝타임이 되지 않는 단편 영화가 개봉하지 못하는 산업의 구조적 측면도 안타까웠어요. 이충현 감독의 영화 〈몸값〉(2015)은 15분 남짓의 단편인데, 길이가 짧다고

해서 작품이 가볍지는 않거든요. 고객들의 다양한 취향을 지원할 수 있도록 노력해 보고 싶어요.

개인적으로는 왓챠파티가 혁신적인 아이템이라고 생각하는데요. 어떻게 탄생한 서비스인가요?

왓챠파티는 여러 사람들이 모여 자유롭게 단체 관람과 채팅을 가능하게 하는 서비스인데요. 다른 플랫폼에서도 볼 수 있는 콘텐츠가 많은데, "굳이 왓챠에서 볼 이유가 있으려면 어떤 부분에서 고객 경험을 더 좋게 할 수 있을까?"라는 질문에서 왓챠파티를 시작하게 됐어요. 왓챠파티 이용자가 140만 명을 넘었어요. 이 서비스를 쓰는 분들은 왓챠와 장기적인 관계를 맺는 데 더 호의적인 것으로 보고요.

제 주변에는 왓챠파티로 세미나를 진행하기도 하더라고요. 또 어떻게 많이 쓰시나요?

작년 12월 24일 밤에 〈해리 포터와 마법사의 돌〉(2001)을 보는 왓챠파티가 30개 넘게 열렸어요. 12월 24일 22시 32분 59초부터 영화를 재생하면 크리스마스가 되는 자정에 "해피 크리스마스, 해리!"라고 외치는 론을 볼 수 있다고 소문이 나면서 파티 참가자가 많아진 거예요. 정확하게 시간을 맞추기 어려운 분들도 왓챠파티방에 들어가면 "해피 크리스마스"를 들을 수 있었으니까요. 가장 참가자가 많았던 파티방은 1천 명 넘었고요. 또 왕가위 감독의 영화 시리즈를 왓챠에서 독점 공개했을 때 작품 해설을 해주실 영화 리뷰 인플루언서 김시선 님, 고몽 님 등을 모시고 왓챠파티로 작품을 함께 감상하기도 했어요. 이런 기회가 너무 소중하니 정규 편성해 달라는 요청도 많았죠. 꼭 공개적으로 오픈된 방이 아니더라도 멀리 떨어져 있는 지인, 애인, 친구들과 함께 왓챠파티를 즐기면서 서로의 취향을 공유하며 문화생활을 함께할 수 있어서 더 많은 사랑을 받고 있지 않나 싶어요.

왓챠가 가장 중요하게 여기는 가치는 무엇인가요?

왓챠의 코어 브랜드 에센스는 '발견의 기쁨'이에요. 왓챠는 데이터와 기술을 이용해 다양한 취향의 사람들이 다양한 관점의 콘텐츠를 발견하고 소비할 수 있도록 연결하는 것을 가장 중요한 미션으로 생각하고 있어요.

왓챠의 다음 스텝은 무엇이 될지 궁금해요.

과거에도, 지금도 그렇지만 왓챠는 고객의 취향을 더 잘 이해하고, 취향에 맞는 콘텐츠를 추천하는 데 집중하고 있어요. 조만간 영상 서비스 외에 다른 카테고리의 콘텐츠들도 왓챠에서 감상하실 수 있을 거예요.

드라마나 예능 등 방송 프로그램에서 제주도를 접할 때면 종종
제주도가 거대한 세트장 같다는 생각을 한다. 그 세트장에도
사람이 살고 있다는 걸, 섬 밖의 사람들은 알고 있을까.

배경이 아닌 제주

글·사진 정다운

관광지 제주도

제주도에 살고 있다. 제주 이주 붐이 일기 시작한 2013년부터 살기 시작했으니까 이제 10년이 다 되어간다. 오래 살았다고 하기에는 짧은 것 같고, 짧게 살았다고 하기에는 그래도 이 정도면 제법 오래 산 편 아니냐고 항변하고 싶어진다. 처음 1~2년간 내가 느낀 제주는 섬 밖에서 보는 '관광지 제주도'와 비슷했다. 아침에 일어나면 마치 풋풋한 여행객처럼 설렜다. 오늘은 어디를 가볼까 즐거운 고민을 했다. 동서남북 어느 해안을 가도 바다는 아름다웠고, 구불구불하게 이어진 검은 현무암 돌담길은 고즈넉했다. 제주도 밤하늘의 별처럼 무수히 흩어져 있는 분위기 좋은 카페에 가서 커피를 마시고, 맛집을 찾아다녔다. 매일매일 새로운 풍경을 만났다. 이 아름다운 섬에 살고 있다니 얼마나 좋은가. 어느 날인가 함덕 서우봉에 올라 바닷가 옆 마을을 내려다보면서 "저기 사는 사람은 참 좋겠네." 외치기도 했다. 그때 손가락 끝 '저어기'에 살던 사람은 바로 나였다.

여행으로 경험한 제주도가 좋았고, 좋은 만큼 살아보고 싶었다. 태어난 곳은 고르지 못하지만 사는 곳은 고를 수 있는 거니까. 아름다운 제주도에서 살아보자 결심하고 제주도에 있는 회사에 원서를 넣었다. 반려자가 제주 시내에 있는 회사에 합격하는 바람에 우리는 어렵지 않게 이주할 수 있었고, 나는 제주에서 지내며 본격적으로 글 쓰는 일을 하기 시작했다.

자연환경, 자녀 교육, 직장, 건강, 도시 생활에 대한 염증 등 사람들이 제주도로 이주하는 이유는 다양하다. 재산이 아주 많은 사람이 아니고서야, 제주에서도 밥벌이를 해야 하고, 일자리를 구해야 한다. 제주도에서 태어나 살고 있는 사람들 역시 마찬가지다. 그동안 내가 제주도에서 만난 사람들은 회사원, 농부, 해녀, 교사, 사서, 의사, 요리사, 목수, 공인중개사 등 다양한 직업을 가지고 있으며 매일 자기 몫의 일을 해내며 살고 있다. 반면, 제주도가 배경인 드라마에서 주인공은 대부분 여유롭게 카페를 운영하거나 가이드 일을 하며 주로 여행객들을 만나고, 그게 아니면 화가나 작가 등 고독한 예술가인 경우가 많다. 가끔은 도피처로 제주도를 선택한다. 그들은 제주에 잠시 머물다 결국 서울로 돌아간다. 미디어에서 제주도는 늘 환상의 섬으로 다뤄지고, 등장하는 사람들의 직업 역시 환상의 섬과 어울려야 한다. 그래서 회사원은 제주도를 배경으로 하는 드라마에서 주인공이 될 수 없다.

삶의 터전 제주도

반려자는 제주에서 10년째 회사를 다니고 있다. 주 5일 아침마다 차로 25분 정도 달려 사무실로 출근해 저녁에 퇴근한다. 나는, 성실한 프리랜서 작가로 아침에 일어나면 씻고 책상 앞에 앉아서 일을 한다. 이제는 더 이상 매일 아침 설레며 눈뜨지 않는다. 바다가 예쁘고, 오름이 아름답고, 마을 풍경이 다정하다는 이유로 제주로 이주한 나에게 누군가 그래서 10년이 지난 지금도 제주도가 좋으냐고 묻는다면 물론 그렇다고 대답할 것이다. 여전히 제주 자연은 아름답고, 자주 감동한다. 하지만 좀더 솔직히 말하면 나는 올여름, 처음으로 바다 수영을 하지 않았다. 날씨 좋은 주말이면 오름에 오르고 숲길을 걷지만, 진짜 솔직히 고백하면 칼로리를 소모하기 위한 유산소 운동이 첫째 목적이다. 물론 그러는 동안 만나는 풍경은 덤이다. 카페는 단골 카페만 가고, 식당도 마찬가지다. 우리가 가장 자주 찾는 식당은 태국 음식점이다. 이제 우리가 제주도를 바라보는 시선에서 '관광지 제주도'는 걷혔다. 제주도는 오롯이 삶의 터전이다.

그래서인가 언제부턴가 드라마에 제주도가 배경으로 등장하면 일단 가벼운 거부감부터 든다. 대부분 주인공들 사랑의 배경이거나, 데이트 장소로 소비될 뿐이니까. 드라마뿐만이 아니다. 〈나 혼자 산다〉에서 모 출연자가 눈 내린 한라산을 등반하는 장면이 나온 후로 한라산 등반 예약이 몹시 어려워졌다. 〈효리네 민박〉에 나온 오름들은 찾는 사람들이 너무 많아져 몸살을 앓고 있다. 최근 〈이상한 변호사 우영우〉가 방영된 후 돌고래 투어가 호황이라는 뉴스도 있다. 방송에 제주도가 아름답게 등장할수록 여행객은 늘어나고, 제주를 찾는 사람들이 많아질수록 제주도는 지쳐간다. 제주도는 일 인당 폐기물 발생량이 전국 평균의 두 배가 넘고 생활 폐기물의 40퍼센트 이상이 관광객이 만들어낸 것으로 추정하고 있다.

한국인에게 제주도는 어떤 의미일까? 나도 한국에 제주도가 있어서 다행이라는 생각을 한 적이 있다. 하지만 그게 제주도를 도구적으로 보는 시선이었다는 걸 이제는 알겠다. 제주라는 아름다운 섬이 한국에 있어서 여권 없이도 갈 수 있다는 게 여전히 종종 기적처럼 느껴지지만, 제주도는 제주를 찾는 사람들에게 변함없이 평화로운 안식을 주고, 일상을 벗어난 즐거움을 선사하겠지만, 그래서 우리는 제주도를 찾지만, 정작 우리는 우리의 소중한 섬 제주도를 위해 무엇을 하고 있을까.

정세랑 작가의 소설 《시선으로부터,》에 이런 구절이 나온다.

"어쨌든 하와이를 좋아한다면 하와이에 오면 안 되는

거였어. 제주도를 아끼면 제주도에 덜 가야 하는 것처럼."
정세랑 작가의 강연을 들은 적이 있다. 그때 작가는
제주도를 좋아하기 때문에 제주도 여행을 잘 오지 않는다고
말했다. 나도 종종 그런 생각을 하곤 한다. 제주도를
좋아한다면 제주도에 살면 안 된다. 보통 산더미처럼 쌓인
쓰레기를 분리수거할 때 그런 생각이 든다. 그래도 제주에
살아야겠다면, 어쨌든 지금 제주에 살고 있다면 제주도에
폐를 끼치지는 않아야 한다고 자신을 자주 단속한다.
별건 없다. 분리수거 열심히 하고, 음식 남기지 않고 먹고,
일회용품을 최소한으로 사용한다. 그리고, 되도록 제주에서
나는 농산물을 소비한다.
나는 여전히 제주도를 위해 할 수 있는 가장 큰 일은
제주도에 오지 않고, 제주도를 잊는 것이라고 생각한다.
이 글도 오래전엔 나무가 빼곡한 숲이었을, 제주 중산간에
지어진 집에서 쓰고 있으며, 쓰는 동안 콜라 한 캔의
쓰레기를 만들어냈음에도. 그렇다. 내 삶을 더 아름답게
만들어줄 환상적인 배경으로 제주도를 선택했지만,
그래서는 안 되는 거였다고 이제 와서 생각한다.

제주도에 사는 사람들

노희경 작가가 쓴 tvN 드라마 〈우리들의 블루스〉가
방영되기 전 제주도 서쪽에 사는 친구가 SNS에 마을을
배경으로 드라마가 촬영 중이라는 이야기를 올렸다.
좋아하는 작가의 작품이라 반갑기도 하지만, 반면 조용한
마을에 관광객이 몰려와 떠들썩해질까 봐 걱정된다고
말했다. 그 소식을 듣자마자 나는 입을 삐죽거렸다. 결국 또
제주도를 아름다운 배경으로 이용하고 마는 드라마겠지,
속단했다. 제주도가 고민 없이 소비되는 게 싫었다.
드라마가 방영을 시작했을 때도 호기심에 한두 회차를
보고는 그만두었다. 제주도를 과장해서 보여준다고
생각했다. 저렇게 예쁘고 잘생긴 사람들이 장터에서
일하고, 보따리장수를 하고, 해녀 일을 한다는 게
비현실적으로 느껴졌다. 게다가 그들이 쓰는 사투리는
얼마나 어색한지. '쯧쯧' 혀를 차고 말았다.
드라마가 방영되는 동안 제주 어디를 가도 〈우리들의
블루스〉 이야기가 빠지지 않고 화제로 등장했다.
제주도에서 태어나 지금까지 섬을 떠나본 적이 없는
삼춘들(제주에서 남녀 구분 없이 나보다 나이 많은 사람을
부르는 말)을 만났을 때도 우리는 어느새 〈우리들의
블루스〉 이야기를 하고 있었다. 특히 국내 드라마에서
제주도 사투리가 이만큼 본격적으로 등장한 건 처음 있는
일이라 늘 사투리가 화제가 된다. "사투리 너무 어색하지

않아요?" 툴툴거리며 말을 꺼내려는 찰나 어느 삼춘이
먼저 말씀하셨다. "사투리도 참 잘하더라." 물론 제주도
사투리를 정확하게 구사하는 사람은 제주도 출신의 배우
고두심 씨뿐이지만, 다른 배우들의 사투리도 충분히
듣기 좋다고 하셨다. 오히려 요즘 사람들이 많이 쓰는
제주도 사투리를 잘 보여주는 것 같다고도 했다. 제주도
사투리로 말하면 못 알아듣는 경우가 많아서 그런가, 요즘
제주도 사람들은 표준어와 사투리를 섞어 말하는 경우가
많다. 삼춘은 드라마에 등장한 사투리를 평가하기 전에
반가워했다.
그 이야기를 들으며 정신이 번쩍 들었다. 나는 겨우
제주도살이 10년 된 초짜 도민이고, 제주도 사투리를
적당히 알아들을 줄만 알지, 잘 구사하지 못한다. 그러면서
섣불리 평가하며 찧고 까불었다. 집으로 돌아와 〈우리들의
블루스〉를 정주행하기 시작했다. 〈우리들의 블루스〉에는
생선 가게 주인, 선장, 만물상, 은행원, 해녀, 상인 등
다양한 직업을 가진 사람들이 등장한다. 제주도를 배경으로
하는 드라마에서 주인공이 되어본 적이 없는 직업이다. 늘
배경이거나 엑스트라였던 제주도와 제주도민이 드디어
주인공이 되었다. 왜 삼춘들이 이 드라마를 좋아하는지 알
것 같다.
"백록담 여기보다 더 좋지?", "데령가라." 평생
제주도에 살았지만 한라산 입구엔 한 번도 가본 적이
없던 옥동(김혜자)이 하는 이야기에 펑펑 울었다. 제주도
사람들에게 한라산은 고개를 돌리면 항상 그곳에 존재하는
곳이고 동시에 멀리 있는 것이다. 마치 하늘처럼. 옥동의
아들 동석(이병헌)이 등산 코스 중 하나로 존재하는
추상적인 한라산이 아니라 도민들의 삶 속에 스며 있는
바로 그 구체적인 한라산을 오르는 걸 보며 도민들이
느끼는 먹먹함을 아마 나는 다 알지는 못할 것 같다. 하지만
눈물이 그치지 않았다. 그러고 보니 나도 아직 백록담에
가본 적이 없다.

명작이거나 망작이거나

30시즌 이상 진행 중인 드라마가 있다. 드라마의 장르는 코미디. 종종 액션이 펼쳐지고 때때로 로맨스가 가미되며 의도치 않게 공포물로 변하기도 한다. 내가 감독이고 주인공인 이 드라마의 새 시즌 장르는 모험, 특별히 해외 로케이션이다. 과연 망작으로 평가받던 지난 시즌을 뒤엎을 만한 작품이 탄생할 수 있을까?

글·사진 김건태

"원래 서핑을 좋아했어요?" 퇴사 후에 발리로 서핑 여행을 떠날 거라고 하자 동료가 물었다. "아니, 그런 건 아니지만 왠지 서핑왕이 될 것 같은 강한 확신이 들어요." 나는 전국 제패를 꿈꾸는 강백호처럼 비장한 얼굴로 대답했다. 사실 아무렇게나 뱉은 말이었다. 직장에서 새로 맡은 프로젝트가 재미없어서, 이 일을 계속한다면 더는 행복하지 않을 것 같아서 충동적으로 내린 결정이었다.
환경호르몬이 살아 숨 쉬는 시멘트 건물 안에서 가능한 가장 먼 곳을 상상했고, 그때 문득 떠오른 두 단어가 바로 발리와 서핑이었다. 힙스터라면 꼭 한 달은 살고 간다는 인도네시아의 작은 섬 발리. 구릿빛 가슴팍을 뽐내며 범고래만 한 파도 터널을 통과하는 서퍼들. 그 두 개의 조합이라면 '능력이 달려서 일을 그만두는 얼간이'가 아닌 '번아웃을 피해 과감한 결정을 내린 멋쟁이'처럼 보일 것 같았다. 도망치는 일이라면 누구보다 재빠른 나는 바로 일주일 뒤 떠나는 발리행 비행기 티켓을 끊었다. 돌아올 계획은 세우지 않았다. 내 안의 히피가 속삭였다.
'이 친구야, 인생은 노빠꾸야.'

군대를 전역하고 첫 해외여행을 계획했을 때 내겐 유럽과 인도라는 두 가지 선택지가 있었다. 나를 순수하게 걱정하는 가족들은 유럽을, 나를 변태같이 사랑하는 친구들은 인도를 추천했다. 당시 류시화 시인의 에세이에 빠져 있던 나의 선택은 인도였다. 그게 정확히 뭔지는 모르겠지만 아무튼 인도에 가면 자아라는 걸 찾을 수 있다고 했기 때문이었다. 결론적으로 한 달간의 인도 여행에서 드라마틱한 인생의 변화를 경험했다. 사랑에 빠졌고, 사랑 때문에 자퇴를 했고, 자퇴와 동시에 큰 병에 걸렸고, 병에 걸린 김에 새로운 분야를 공부해 그걸로 오늘의 밥벌이를 한다. 생각지도 못한 작은 우연들이 연결되어 지금의 나를 만든 셈이다.
방구석 깊숙이 잠들어 있던 배낭을 꺼냈다. 첫 인도 여행 이후로 15년을 함께 동고동락한 여행 메이트였다. 아무리 빡빡하게 채워도 10킬로그램을 넘지 않는 이 낡은 가방이 다시 한번 내 삶을 변화시키진 않을까? 보다 획기적인 사랑이 찾아오진 않을까? 그런 기대와 함께 언제 잃어버려도 괜찮을 것들로 짐을 꾸렸다.
"인도에 또 가? 발리 간다고 하지 않았어?" 나는 동생을 사랑하지만, 가끔 이런 멍청한 소리를 할 때는 조금 거리를 두고 싶어진다. "발리는

인도네시아에 있는 섬이고, 인도랑 인도네시아는 소 곱창과 돼지
곱창만큼이나 거리가 멀어.", "그게 그거지. 둘 다 맛있잖아." 동생은
순진무구한 말투로 사람을 킹받게 하는 재주가 있다. "어쨌든 일찍
돌아와. 인도인지 인도네시안지 다 돈다고 고생하지 말고."
발리는 인도네시아 18,200개의 섬 중 하나다. 인도네시아의 모든
섬을 딱 하루씩만 여행해도 80살이 될 때까지 다 돌아보지 못한다.
그럼에도 불구하고 사람들은 인도네시아를 여행한다고 하지 않고 발리를
여행한다고 말한다. 경험자들의 증언에 따르면 발리에선 시간이 몇 배로
빠르게 흐른다. 그만큼 경험할 것이 넘쳐난다는 얘기다.
나름의 사전 조사를 해보니 발리를 여행하는 유형은 크게 네 부류로
나뉜다. 숲이 울창한 우붓 지역에서 채식과 요가를 즐기는 힙스터,
풀빌라가 있는 리조트 타운에서 사랑을 속삭이는 커플, 푸른 파도에 몸을
던지는 서퍼, 그리고 약쟁이들. 애인도 없고 고기도 포기할 수 없는 내가
선택할 수 있는 건 오직 바다뿐이었다. 가진 게 몸뚱이와 시간밖에 없는
여행자가 할 수 있는 게 더 뭐가 있겠는가.
사실 나는 무척 게으른 편이다. 말이 좋아 자유로운 영혼이지 조금만
시간이 지나면 서핑이고 뭐고 맨날 술만 마시는 방탕한 여행자가 될 게
뻔했다. 계획을 세우는 것만큼이나 일정이 틀어지는 것을 더 좋아하는
내겐 일종의 강제성이 필요했다. "일어나, 서핑 가야지!" 하고 멱살을
잡아끌어 줄 장치 같은 것 말이다. 찾아보니 발리에는 한 방에서
합숙하며, 일주일에 6일동안 쉬지 않고 서핑만 하는 캠프가 있었다.
이거다 싶어 한 달 일정으로 캠프를 예약했다. 100만 원이 넘는 돈을
송금하며 손이 조금 떨렸지만 술을 조금 마시니 괜찮아졌다. "안녕히
계세요 여러분~ 전 이 세상의 모든 굴레와 속박을 벗어던지고 제 행복을
찾아 떠납니다." 회사에 남아 나의 뒤처리를 해야 할 동료들에게 퇴사
짤을 날리고 단톡방을 나왔다. 그렇게 서핑왕이 될 모든 준비가 끝났다.

▶

망했다. 그 말보다 더 정확하게 나를 설명하는 표현은 없을 것이다.
그러니까 저렴한 항공권을 구하기 위해 말레이시아 경유를 선택했고,
대기 시간을 줄이기 위해 환승 시간이 가장 짧은 티켓을 구입했으며, 공항
터미널을 이동할 때 입국 심사를 추가로 받아야 한다는 점을 간과했다.
코로나19의 여파로 한 시간이 지나도록 입국 심사대의 대기열은 줄어들
기미를 보이지 않았다. 말레이시아 출입국 관리 공무원은 마음 급한
여행자의 사정 따위는 아랑곳하지 않고 모든 입국자의 신상을 꼼꼼히
파악했다. 겨우 내 차례가 됐을 때 그는 입을 꾹 다문 채 여권과 내 얼굴을
번갈아 노려봤다. 마치 '감히 인도네시아에 가기 위해 말레이시아를
경유해? 우린 호락호락하지 않다고!'라고 말하는 듯한 얼굴이었다. 나는
거의 울 듯한 표정으로 가짜 미소를 지어 보였다. 무척 급한 상황이라는
티를 내기 위해 발까지 동동 굴렀다. 비굴한 자세로 겨우 입국 도장을
받고 짐을 찾으려는데 이번엔 내 행운의 배낭이 보이지 않았다. 그런
더럽고 낡은 가방을 가져갈 사람은 아무도 없을 텐데! 겨우 수화물 레일
한구석에 처박혀 있던 배낭을 찾아 들고, 터미널 연결 철도를 타기 위해

환전을 하고, 공항철도 게이트를 찾아 헤매고, 철도를 반대로 타고, 흐르는 땀을 닦을 새도 없이 발권 카운터로 달려갔지만 이미 창구는 닫혀 있었다. "이봐요, 아직 30분이나 남았는데 왜 안 들여보내 주는 겁니까? 나는 보기보다 달리기가 빠르다고요!" 아무리 사정을 설명해도 항공사 직원은 단호했다. "규정입니다. 달리기는 아무 상관도 없어요. 늦게 도착한 당신 잘못입니다." 재수없지만 맞는 말이었다. "그럼 바로 다음에 출발하는 티켓으로 교환해 주세요." "발리로 가는 가장 빠른 티켓은 내일 오전입니다. 저런, 환불이 불가능한 티켓이네요. 새로 구입하시겠습니까?" 조금 더 떼를 쓰고 싶었지만, 공항 경비가 허리에 찬 권총에 손을 대는 것이 느껴졌기 때문에 군말 없이 추가 비용을 지불했다. 영혼 없는 걸음으로 카운터를 빠져나가는 내게 직원이 말했다. "즐거운 여행하세요."

쿠알라룸푸르 시내에 나가기도 애매한 시간이라 공항에서 가장 가까운 호텔을 검색했다. 호텔 예약 사이트에서 반값 프로모션을 진행 중이었다. 무거운 배낭을 짊어지고 겨우 호텔에 도착했을 때 나는 거의 송장 상태였다. "미안하지만 당신이 말한 방은 이미 다 나가고 없네요. 지금 남은 건 스위트룸뿐입니다." 나는 거의 미친 사람처럼 웃으며 전혀 스윗하지 않은 스위트룸에 일주일 치 생활비를 지불했다. 커다란 침대 위에 장미가 뿌려져 있고, 작은 라탄 바구니에는 사과 두 알과 비스킷이 들어 있었다. 짐을 아무렇게나 던져놓고 침대에 누웠다. 티브이를 틀자 코미디언처럼 보이는 사람이 스탠딩 코미디를 하고 있었다. 무슨 말인지 알아들을 수 없었기 때문에 방청객이 웃는 타이밍에 맞춰 따라 웃었다. 그때 뉴스 속보가 흘러나왔다. 말레이시아 어느 지역에 큰비가 내려 홍수가 났다는 내용이었다. 현장 화면 속 사람들은 망연자실한 얼굴로 연신 집 안의 물을 퍼내고 있었다. 바로 전까지 세상에서 가장 불운한 하루를 살았다고 생각했는데 문득 내 처지가 아무것도 아닌 것처럼 느껴졌다. 그래, 지구 어딘가에는 나보다 힘든 일을 겪는 사람들이 있을 테지. 나는 이름조차 알지 못하는 사람들의 구체적인 슬픔을 상상했고, 다만 그들이 너무 오래 아프지 않기를 바랐다.

살짝 잠이 들었다 깼더니 배가 고파졌다. 호텔에 딸린 식당에 내려가 락사를 주문했다. 해산물과 카레를 이용해 끓인 말레이시아 전통 음식이었다. 따뜻한 국물을 먹으니 기분이 좋아졌다. '그래도 말레이시아 음식을 경험할 수 있어서 다행이야.' 그런 생각을 하며 찬찬히 주변을 살폈다. 레스토랑 한편의 작은 무대에서 공연을 준비 중이었다. 잔잔한 음악과 함께 'Fly Me To The Moon'의 첫 소절을 듣는 순간 나도 모르게 "아, 좋다." 하고 소리 내서 말해버렸다. 그러자 진짜 이 여행이 좋아지는 듯한 기분이 들었다. 내 말을 가장 가까이에서 듣는 건 나 자신이니까, 짜증이 난다거나 열 받는다는 말 대신 가능한 한 긍정적인 말로 자신을 달래주면 상황이 훨씬 나아지는 거다. 그러니까 이런 식으로! "아직 발리에는 도착도 못 했지만 벌써 여행의 절반은 마친 느낌이네? 아, 좋다 좋아! 오히려 잘됐어!"

절대는
절대로 없다

글 배순탁—음악평론가, 〈배철수의 음악캠프〉 작가

01.
'바리 abandoned'
— 한승석 & 정재일

02. 'The Turn of a Friendly Card'
— The Alan Parsons Project

03.
'눈'
— 허클베리핀

'드라마'라는 단어를 떠올리면 다음 두 개를 자연스럽게 연상한다. 하나는 <브레이킹 배드>, 다른 하나는 인생이다. 이유는 별거 없다. 전자는 내 인생 최고 드라마, 후자는 오랜 아포리즘인 까닭이다.

현실을 견뎌낼 힘

그렇다. 우리는 인생이 곧 드라마라고 말한다. 한데 과연 그럴까. 원래 드라마는
연극을 뜻하는 용어였다. 이후 의미가 확장되면서 현재 우리가 알고 있는 드라마가
되었다고 보면 된다. 그러니까, 극적인 사건을 중심으로 (때로는 도약하듯) 전개하는
이야기의 형식을 우리는 대개 드라마라 일컫는다. 영화의 한 장르이기도 하다.
누군가는 범죄를 저지르고, 누군가는 시공간을 초월해 그 사건을 해결한다.
도깨비와 사랑에 빠지는 황당무계한 내용의 드라마도 있다. 포브스, 아니
배순탁 선정 최고의 드라마 톱 30 안에는 능히 들 수 있는 작품이다. 심지어
어떤 누군가는 상대방에게 김치 싸대기를, 그것도 풀 스윙으로 날린다. 참으로
어처구니없는 일이 아닐 수 없다. 그래. 맞다. 영화는 영화고, 드라마는 드라마다.
인생은 어디까지나 인생이다.
그런데도 사람들은 인생이 드라마라고 정의한다. 대체 왜 그런지를 추론해 본다.
어떻게든 이 팍팍한 삶에 의미를 부여하고 싶은 욕망의 반영 아닐까. 곰곰이
되짚어보면 우리 인생에서 드라마틱한 이벤트는 자주 일어나지 않는다. 아무래도
그렇다.
오래달리기를 예로 들 수 있다. 중학교 시절 언제나 두려운 건 1,000미터
달리기였다. 그 괴로움을 미리부터 직감한 나는 제발 시간이 쏜살같이 지나가게
해달라고 기도하곤 했다. 아인슈타인의 상대성 이론을 온몸으로 때려 맞고 싶었다.
당연히 그런 일은 일어나지 않았다. 마치 심장이 터져버릴 것 같았던 그 악몽이
지금도 생생하게 떠오른다. 좋아하던 여자애가 응원을 안 하고 있었다면 그
자리에서 포기했을 게 분명하다.
달리기가 장사 안 되는 원인이 바로 여기에 있다. 거리가 길어질수록 달리기는
스포츠의 가장 중요한 특질인 극적 카타르시스와 결별한다. 멀리서 바라만 봐야
하는 관객한테는 그만큼 지루하고 재미없는 일도 없을 것이다. 즉, 달리기가
인생의 근사치에 가까워질수록 달리기는 돈을 벌기가 힘들어진다. 달리기
중 100미터가 제일 인기인 데는 다 이유가 있는 것이다. 명심하기를 바란다.
스포츠에 인생이 녹아있다는 건 새빨간 거짓말이다. 스포츠가 삶의 진실에서
멀어질수록 스포츠는 더 많은 돈을 벌 수가 있다. 기적과도 같은 역전승은
스포츠에서나 심심찮게 일어나는 일이다. 당신과 나의 삶에서 승패는 이미 정해져
있는 경우가 많다. 그것도 압도적으로 많다.
드라마도 마찬가지다. 현실에 밀착될수록 드라마가 성공하기란 어려운 법이다.

내가 홍상수식 드라마나 영화를 별로 안 좋아하는 이유가 바로 여기에 있다.
홍상수 영화는 영화를 가장한 현실처럼 느껴진다. 딱히 봐야 할 필요성을 느끼지
못한다. 나는 내 현실을 셔터 내리듯 잠시라도 차단해 주는 드라마를 좋아한다.
어쩌면 당신은 나를 비판할 수도 있을 것이다. 그건 그저 도피에 불과하다고 일침
날릴 수도 있을 것이다.

아니다. 도피는 죄가 아니다. 이 세상에는 아무리 노력해도 잘되지 않는 일이 널려
있다. 노력하면 이룰 수 있다는 달콤한 말에 속아서는 안 된다. 우리가 노력에 대해
확실히 말할 수 있는 건 단 하나뿐이다. 노력이 우리를 배신할지 안 할지 도저히 알
수 없다는 것뿐이다. 그럴 때는 차라리 잠시 도피하는 것도 괜찮은 선택지다.

이렇게 정리하고 싶다. 이 세상에는 나처럼 현실 도피를 통해 되려 현실을
버텨낼 이유를 찾는 사람이 꽤 많다. 게다가 그 어떤 드라마일지라도 100퍼센트
비현실적이고, 100퍼센트 현실적인 경우는 없다. 이것은 영화든 음악이든 다
마찬가지다. 그 어떤 영역에서든 절대는 절대로 없는 것과 같은 이치다. 다음은
내가 애정 하는 드라마틱한 음악을 꼽은 리스트다. 지독한 현실에서 잠시나마
벗어나고 싶을 때, 그러면서도 음악이 끝난 뒤 거기에서 어떤 영감을 길어 올려
현실을 견뎌낼 힘을 얻고 싶을 때 추천한다.

'바리|abandoned'
한승석 & 정재일

'바리'는 뒤에 붙은 영어 단어 'abandoned'와 뜻이 같다. '버려졌다'는 의미다. 이 곡이 품고 있는 비극의 드라마는 이러하다. 음반 해설을 그대로 옮겨본다. "네팔 사람 마덥 쿠워는 1992년 한국에 건너와 불법체류자로 봉제공장에서 일하다 5개월 만에 과로로 인한 심장마비로 사망했다. 네팔의 가족들은 두 달 뒤에야 그의 사망 소식을 전해 들었으나, 비행기 삯이 없어 그의 시신을 거두러 한국에 오지 못했다. 두 달이 넘게 냉동고 안에 누워 있던 그의 시신은 결국 가족도 없이 화장돼, 뼛가루가 되어 가족의 품으로 돌아갔다."
꼭 들어보기를 권한다. 눈물 흘리지 않을 수 없을 것이다. 영화 〈기생충〉(2019) OST로 유명한 정재일의 최고작이기도 하다. 명창 한승석 씨의 목소리를 더 깊게 느끼고 싶다면 유튜브의 라이브 버전을 추천한다.

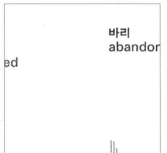

[바리|abandoned] (2014)

[The Turn Of A Friendly Card] (2005)

[The Light Of Rain] (2022)

'The Turn of a Friendly Card'
The Alan Parsons Project

총 다섯 곡으로 구성된 연작이다. 'The Turn Of A Friendly Card Pt. 1', 'Snake Eyes', 'The Ace Of Swords', 'Nothing Left To Lose', 'The Turn Of A Friendly Card, Pt. 2'를 순서대로 들어야 한다. 줄거리는 이렇게 요약된다. 삶은 결코 카드 게임 같지 않다는 거다. "언젠가 좋은 패가 들어오겠지." 싶은 인생 따위 존재하지 않는다는 거다. 앞서 이야기한 스포츠에 대한 내 생각과 비슷하다고 보면 된다. 다시 한번 강조하고 싶다. 드라마는 드라마이고 카드 게임은 카드 게임이다. 인생은 어디까지나 인생일 뿐이다.

'눈'
허클베리핀

허클베리핀은 나의 인생 밴드다. 그들의 앨범 전부를 애정 한다. 음반마다 최애를 갱신하는 밴드이기도 하다. 과연, 그들의 신작 [The Light of Rain]에는 좋은 음악이 가득하다. 록, 포크, 일렉트로니카를 넘나들면서 밴드 역사상 가장 다채로운 팔레트를 펼쳐낸다. 그중 딱 하나만 꼽으라면 바로 이 곡 '눈'이다. 서정적인 가사와 대중적인 선율이 인상적으로 결합된 곡이다. 59초부터 시작되는 드라마틱한 멜로디에 귀를 기울이기 바란다. 몸이 붕 뜨는 기분이 들 것이다.
사족 하나 붙여본다. 이 곡과 [The Light of Rain]을 쭉 듣는 도중 돌연 산책이 하고 싶어졌다. 그래서 귀에 이어폰을 꽂고 앨범을 플레이하면서 동네 주변을 산책했다. 그러면서 깨달았다. "아, 나는 산책하고 싶어지게 하는 음악을 좋아하는구나." 과연 어떤 계기로 내 안의 음악에 대한 애정이 움트는지 구체적인 이유를 발견한, 잊히지 않을 순간이었다.

몇 가지 문제

나에겐 몇 가지 문제가 있다. 살아가는 걸 방해할 정도의 묵직한 문제는
아니지만, 하루를 영위하는 데는 꽤 자잘하게 신경이 쓰이는 문제다. 병원에 가서
진료받거나 심리적으로 관리받아야 할 정도는 아니지만, 머릿속이 복잡해지고
애먼 시간을 잡아먹을 정도로 잡스러운 문제다. 중요하게 여겨 해결책을 생각할
만큼은 아니지만, 그냥 둘 수만도 없는 귀찮은 문제다. 그러니까, 식사 메뉴를
정할 때 단칼에 먹고 싶은 걸 말하지 못하고 수 개의 선택지 사이를 오가면서
"아무거나."라고 말하는 정도의 문제. 그런 패턴에 지친 상대방이 "이번엔 네가
골라."라고 했을 때 시야가 살짝 흐릿해지고, 머릿속 실타래가 엉키는 기분에
발을 동동 굴러버리는 정도의 문제. 또 비슷한 강도의 문제로는 해야 할 일이
생겼을 때 미루지 못하는 문제가 있다. 당장 급한 일이 아닌데도 할 일이 생겨버린
이상 빠르게 해놓지 않으면 뒤가 쿰쿰한 문제. 준비할 시간이 충분한데도 '해야
하는데.'라는 생각에 사로잡혀 서두르다가 컨디션 난조에 시달리는 문제.
이 정도 무게의 사소한 문제 중 하나가 바로 마지막을 가벼운 마음으로 만나지
못하는 문제다.
나는 이야기의 힘에 쉽게 매료되어 왔다. 그것이 자극적이든 심심하든 간에,
인물이 나와 닮았든 다르든 간에, 서사가 재미있든 재미없든 간에 이야기라면
언제나 마음을 쉽게 내어주곤 했다. 내가 마음을 전하는 대상은 이야기 자체일
수도 있지만 대부분 이야기를 끌고 가는 인물이었다. 거듭되는 이야기엔 주체가
있기 마련이다. 그것은 대개 사람의 형태를 띠고 있지만, 동물일 수도 있고
괴물이나 도깨비 같은 존재일 수도 있다. 때로는 바람이나 나무 같은 자연물일

수도 있고. 나는 그것들에게 너무 쉽게 마음을 주었고, 회를 거듭할 때마다 쌓아간
애정은 마지막을 앞두었을 때 꼭 문제가 되었다. 수습할 수 없을 정도로 커져 버린
마음을 어떻게 봉합해야 하는지 나는 알지 못했다.

타카노 후미코의 단편집 《노란 책》에 수록된 〈자크 티보라는 이름의 친구〉
이야기를 해보고 싶다. 책을 좋아하는 고등학생 미치코는 프랑스 소설 《티보
가의 사람들》에 흠뻑 빠진다. 버스에서 책을 읽다 심하게 멀미해서 메스껍다며
괴로워하고, 책을 읽지 않을 때는 책 속 인물과 장면을 상상으로 끌어내며 독서
체험을 확장해 나간다. 독서가 끝을 향해 갈 땐 주인공과 헤어져야 한다는
괴로움에 눈물을 흘리며 안녕을 고하는데, 나는 《노란 책》을 읽으며 미치코의
마음에 몇 번이고 고개를 끄덕였다. 주인공과 이별하는 미치코만의 의식이
선연하게 잡힐 듯했고, 책을 덮기까지 얼마나 많은 마음을 정리해야 할지 헤아리며
함께 슬퍼했다. 그리고 이 짧은 단편이 끝나면 미치코와 다시는 새로운 대화를 할
수 없음을 아쉬워했다.

끝을 어려워하는, 마지막을 기어이 미루고야 마는 이 문제를 뭐라고 명명하면
좋을까. 정이 지나치게 많아서 생기는 일이라면 다정이 문제라 할 수 있겠고,
미련이 끈적하게 남아서 생기는 일이라면 미련한 기질이 문제라 할 수도 있겠다.
연재가 길어질수록 애정이 쌓이는 속도는 기하급수적으로 빨라지고 그 양은
헤아릴 수 없을 만큼 많아진다. 나는 매번 연재물의 끝에서 이 엄청난 문제를
맞닥뜨리고 괴로워한다.

이 문제를 일단 '미련'이라고 칭해보자. 나는 이 미련 때문에 연속극을 보지
않는다. 드라마나 시리즈물 같은 것. 내가 본 몇 안 되는 연속극도 마지막 화는
건너뛰곤 했으니 끝까지 본 작품이 몇 없다고 봐도 무방할 테다.
1999년, 아빠에게 몇몇 권의 책을 부탁한 어느 겨울을 기억한다. 읽고 싶던 책 몇
권과 함께 부탁한 적 없는 책을 내밀던 아빠 표정은 어딘지 모르게 의기양양해
보였다. "이게 요새 전 세계적으로 인기래." 아치형 구조물을 지나가는 소년, 뿔테
안경을 쓴 맹한 얼굴과 빗자루를 타고 있는 모습. 조금의 관심도 일지 않았다.
"아빠, 나 이런 가짜 소설 안 좋아해!" 현실에서 일어날 법하지 않은 판타지엔 전혀
관심이 없던 시절이라 매몰차게 불호를 비췄다. 아빠는 독서도 식사도 편식하면 안
된다며 나중에라도 한번 들춰보라고 했다. 전 세계 사람들이 좋아하는 데는 분명히
이유가 있을 거라고. 그때까지만 해도 그 책은 책장 구석에 처박혀 사라질 준비를
하는 것처럼 보였다. 아빠에게 부탁한 책들을 한 권, 두 권 읽으며 시간을 보내다
보니 어느 날엔 책 기둥이 무시무시하게 높이 쌓여 내 몸뚱이를 가릴 정도가
되었다. 이젠 정말 책장에서, 몇 개나 쌓인 책 기둥에서 읽지 않은 책이 없었다.
결국 나는 마지막 남은 한 권을 마지못해 꺼내야 했다.《해리 포터와 마법사의
돌》이었다. 그리고 나는 그 책 속으로 삽시간에 빠져들었다. 1999년 겨울부터
2007년 12월까지 해리 포터와 친구들의 이야기에서 헤어 나올 수 없었다. 무려
초등학생 때부터 고등학생 때까지, 내 성장기를 함께했으니 어찌 친구라고 부르지
않을 수 있을까. 맘 놓고《해리 포터와 죽음의 성물》을 읽을 수 없던 고3 시절, 다음
이야기가 궁금해 얼마나 갑갑해했는지 지금도 기억한다. 책상 밑에서 몰래 읽던
까만 밤도.

해리 포터 시리즈를 읽으며 자라온 나는 조지와 프레드 쌍둥이 형제를 제일
좋아했다. 이들이 오빠였으면 싶어서 이제 알 건 다 아는 나이인데도 "엄마, 나
오빠 낳아줘." 하고 실없는 소리를 많이도 했다. 붉은 머리의 론이 민달팽이 토하는
장면에선 같이 헛구역질하다 눈물 흘리기도 했고, 헤르미온느가 말포이에게
부당한 일을 겪으면 책장을 구기며 입 안쪽 볼을 씹기도 했다. 매일 밤 '욕망의
거울'을 찾아가는 해리를 조마조마한 마음으로 지켜보며 내가 그 앞에 서는 상상을
수도 없이 했고, "지구에서 가장 행복한 사람은 이 거울을 볼 때, 있는 그대로의
나를 볼 뿐이다."라던 덤블도어의 말에 거울 앞에 선다면 눈을 감고 말 거라고
생각했다. 나는 해리 곁에 있던 사람들이 죽을 때마다 침대에 모로 누워 울었다.
슬플 때 흘리는 눈물은 기쁠 때의 그것보다 짜다는 것을 나는 그때 알았다.
해리 포터의 마지막 장에선 어땠던가. 빨리 끝에 도달하고 싶다는 마음과 이제
더는 못 만난다는 마음이 충돌해 나도 모르게 발을 동동 구르면서 부산스럽게
책장을 넘겼다. 아빠가 왜 이렇게 다리를 달달 떠느냐 물은 게 여전히 떠오르는 걸
보면 아마 평생토록 기억할 장면이지 않을까. 시리즈의 마지막 챕터 '19년 후'를 몇
번이고 다시 읽으며 해리의 아이를 상상하는 일은 즐거웠다. 그러나 행복은 잠시,
긴긴 연재의 끝에서 '(끝)'이라는 글자를 두 눈으로 마주하니 마음이 무너지지
않을 수 없었다. 나는 그다음이 없다는 사실을 자각하자마자 주저앉아 엉엉 울어야
했다. 그렇게 해도 변하는 건 없겠지만, 그렇게 하지 않으면 안 될 것 같았다. 며칠
동안 마지막 챕터를 읽고 또 읽으며 짜디짠 눈물을 훔쳤다. 눈물의 짠맛을 기어이
확인해 가던, 손에 꼽는 슬픈 나날이었다.

마지막의 짠맛을 알아버린 나는 그 뒤로 끝을 회피하는 버릇이 생겼다.
마지막이라면 차라리 안 보고, 안 듣고, 안 읽고 말겠노라 다짐한 것이다.
일종의 방어기제일까. 나는 기대하는 것을 좋아했다. 기대할 만한 것이 앞날에
기다리고 있다는 건 내게 곧 설렘이었다. 그리고 그것이 없다는 건 지독한 상실과
다름없었다. 그러니까 마지막을 회피해 버리는 방어기제(비슷한 것)는 다음을 곧
설렘이라 여기는 데서 비롯된 것이리라. 나는 일방적으로 상실되어 버리는 게
싫었다. 마지막을 쌍방이 약속하는 게 과연 가능할까 싶지마는, 그래도 매체가
설정한 타임라인대로 마지막을 맞닥뜨리는 건 정말이지 싫었다. 그건 꼭 잔뜩 신이
난 나에게 "오늘 데이트를 끝으로 헤어지자."며 급작스레 통보하고 사라져 버리는
애인을 보는 기분이었다. 나는 결심했다. 마지막은 피할 수 있는 만큼 열심히 피해
다니기로. 그 뒤로는 의도적으로 마지막 화를 보지 않고자 했고, 연재물의 가장
최신 화는 다음이 나오기 전까지 남겨 두기로 했다. 그것이 내가 이별에 대처하는
자세였다.

《요츠바랑》이라는 만화를 좋아한다. 초록색 머리카락을 가진 다섯 살 꼬마 아이는
말한다. "언제나 오늘이 가장 즐거운 날!" 요츠바가 지나가는 자리에는 동심이
남고, 귀여움이 싹트고, 평화가 찾아온다. 나는 이 아이가 처음 보는 피자를 입안에
욱여넣어 게워내는 것이 한없이 귀엽고, 아빠 일이 끝났다고 같이 팔다리를 움직여
춤추는 이야기를 사랑한다. 테디베어를 '베리게러'라 부르고, '두랄루민'이란
이름을 붙여 어디든 데리고 다니는 그 이야기를. 그러나 작가는 이 만화를 일
년에 한 권 낼까 말까 한 대단히 신중한(게으른) 사람이고, 나는 이다음을 기약할
수 없음이 꼭 마지막 같아 신간이 나오면 포장도 뜯지 않은 채 책장에 모셔두는
버릇이 생겼다. 그다음 신간 소식이 들려오면 그제야 지난해의 책을 꺼내는
식이다. 어떻게든 다음을 만들지 않으면 안 되는 지독한 겁쟁이가 되어버린
것이다.

어릴 때는 연속극을 오로지 티브이로만 볼 수 있었다. 디엠비 같은 매체는 송신이
느렸고, 화면을 자주 깨뜨렸다. 그래서 사람들은 인기 있는 드라마가 방영하는
날이면 음식점에 모여 티브이에 몰두하곤 했다. 너도나도 한마디씩 보태가며.
얼마 전엔 SNS에서 이런 이미지를 보았다. 지하철 역에 사람들이 모여 브라운관에
시선을 고정한 장면. 그들이 보고 있던 건 〈내 이름은 김삼순〉이었다. 이미 그때
인물들과 헤어지는 건 충분한 연습으로도 어렵다는 걸 알았기에 나는 티브이를
보는 대신 거기 몰두하는 사람들을 바라보곤 했다. 드라마에, 인물에 흠뻑 빠져
보석 같은 눈동자를 지닌 채 얼어 있는 사람들을.

나는 어떤 것을 보든 다음을 유예하고 충분한 시간을 둘 수 있는지 신중하게
생각한다. 등장인물과 안녕을 고할 시간, 이야기를 내 안에서 맺을 시간. 그러니
아무리 재미있는 드라마여도 나는 시작이 어렵고 보기가 힘들다. 정해진 방영
시각에 송출되는 시스템, 그것은 꼭 강제적인 이별 같아서 나는 일찌감치 드라마를
보지 않게 되었다. 이제는 자유자재로 속도를 조절할 수 있는 OTT 플랫폼이
생겨났지만 기껍게 누군가와 이별할 준비가 되지 않아 차라리 보지 않음을 택한다.
한참 책을 읽다가 마지막 장면이 다가오면 덮어버리고 한참 후에야 열어보는 일
또한 그런 맥락이리라. 내가 마지막 화까지 사수한 티브이 방영 드라마를 헤아려
본다. 젖 먹던 힘까지 쥐어짜서 결국 끝을 낸 마지막 본방 사수 드라마는, 아마도
2009년에 방영한 〈트리플〉일 것이다.

본다는 것에서 그 너머로

왜곡의 한복판에서 껴안는 기분을 느끼기.

글·사진 전진우

본다는 것

언젠가 시각 처리에 관한 영상을 본 적 있다. 눈을 가지고 있고, 늘 잘
사용하고 있는 내가 그간 알지 못했던 내용이 담긴 것이었다. 기본적으로
본다는 것은 사물에게서 반사된 빛이 눈으로 들어온 후에 뇌에서 이를
해석한 '내용'이었다. 우리의 장기들은 사람마다 조금씩 다른 능력을
가지고 있고, 뇌에서의 해석과 판단의 차이도 있기에 늘 서로 다른 것을
보고 있다고 해도 틀린 말이 아니었다. 무엇이 정확히 이렇다, 정의
가능한 것이 아닌 해석의 영역이었던 것이다. 한 드레스 사진을 보며 서로
다른 색으로 해석해 웃음을 자아내던 한때의 이슈가 떠오르기도 했다.
시각 처리의 원리에 관한 그 영상은, 흥미로운 사례들이 늘 그렇듯,
나를 더 깊은 지점까지 안내했다. 이번에는 망막에 맺힌 정보를 뇌에서
어떻게 처리하는지에 관해 자세히 다룬 내용이었다. 두 눈에서 수집한
빛의 정보들은 각막과 홍채, 수정체를 통과해 망막에 맺히는데, 이때
상하좌우가 복잡하게 바뀌며 초점이 맞는 부분은 중요하게 다뤄지고
중심부 주변의 나머지 부분은 제대로 다뤄지지 않는다는 내용이었다.
초점 주변부의 정보들은 거의 '재구성'되는 것이다. "진실이 아닙니다."
영상 속 진행자는 다소 흥분한 말투로 이렇게까지 표현했다. 시각을 통한
정보 처리의 70퍼센트가 초점이 맞은 곳에서 대부분 사용되는 시스템.
이 흥미로운 내용에서 진행자는 이렇게 말했다. "이걸 알고 나면 우리는
생각을 뒤집어 볼 수도 있습니다. 뇌가 세상을 인지하는 방식을 보면
우리가 얼마나 편협한 시각으로 살아가는지 알 수 있는 것이죠. 우리는
접싯물에 코를 박고 살아가고 있는 것일지도 모릅니다." 그는 내가
본다는 것에 갇히지 말라고 얘기하고 있었다.

보는 것에서 믿는 것으로

내가 무엇을 보고 있는지 생각해 보게 되었다. 그 생각은 내가 무엇을
믿고 있는지, 무엇에 갇혀서 생각하고 살아가고 있는지 돌아보게 하는
힘이 있었다. 패러다임을 넓히기 위해 노력해야겠다는 생각을 하다가
나중에는 패러다임 자체를 없애는 것에 관해 생각하게 됐고, 나아가서는
모든 게 변하고 있으며 내가 결국 이해하지 못하는 방식으로 세상이
구성되고 연결되어 있다는 생각까지 해보게 되었다. 그럼 나는 무엇을
봐야 할까. 매일 보는 것 너머에는 무엇이 더 있을까. 결국에는 생각이
다시 제자리로 돌아온 것이나 다름없었는데, 어쩐지 알 수 없는 가벼움이
마음에서 느껴졌다.
'모른다.' 나는 언젠가부터 이 말을 믿고 사랑하게 되었다. 포기와 회의의
감정은 아니었다. 내가 어쩌지 못하는 것에 대한 인정이랄까. 악착같이
살아가는 내 생활은 변함 없었지만 마음만은 편안했다. 모른다는 말은
여전히 호기심과 같은 말이었다. 분명 더 복잡하고 아름다운 무엇일 텐데,
하고 생각하게 하는 암호였다. 한 번이라도 제대로 이해하고 싶다고
말하는 과학자의 순수 의지, 한 번이라도 닿고 싶다, 포함되고 싶다는
종교인의 간절한 기도 같은 것. '알고 싶다.'라고 쓰면 더 이해가 쉬웠을
말을 나는 왜 '모른다.'라고 쓰며 긴 설명을 붙이고 있을까. 그게 더
정확할 것이라는 나의 직관 때문인 것 같다.

보이는 것 너머로

이 글을 써야 한다고 생각만 하고 있을 때 나는 멀리 이동하는 비행기
안이었다. 가만히 앉아 별달리 할 게 없어 휴대폰에 저장된 지난 사진들을
훑어보게 됐다. 거기엔 가을 아침을 구경하는 며칠 전 완두의 동영상도
있었다. 잠에서 깬 지 얼마 되지 않아 눈꺼풀이 무거워 보이고 움직임도
느렸다. 신기하게도 씻기지 않은 털이 어제보다 더 부드러워 보였다.
창가에 있는 접이식 테이블로 뛰어 올라간 완두는 창밖을 바라보고 있다.
초점은 카메라에서만 맞추고 있는 게 아니었는지, 직접 촬영한 영상
속에는 내가 촬영 당시 보지 못했던 것들이 많이 담겨 있었다. 냄새를 더
잘 맡고 싶은지 완두는 허공에 대고 코를 킁킁거리며 눈도 살짝 감는다.
이마에 난 털들이 가라앉지 않고 한 가닥 한 가닥 서서 바람에 흔들려
움직이고 햇볕을 받아 빛난다. 1분가량의 영상을 남기고 나서 따뜻해진
털을 실제로 쓰다듬고 물렁한 배에 코를 묻어 냄새를 맡던 내가 기억났다.
아침 내내 완두를 보고 있을 수 있을 것 같은 기분도 떠올랐다. 매일
무언가를 그렇게까지 느낄 수는 있을까. 나는 그럴 수 없다고 생각한다.
이토록 사랑하는 존재임에도 대부분의 시간 동안 나는 완두를 스쳐
보내며 살아간다. 완두가 내 의식 속에서 자주 재구성되는 배경인 것을
인정해야 하는 것이다. '내가 무언가를 제대로 보고 있는 걸까?' 사랑하는
관계들 속에서만 이 질문이 탄생한다고 믿으며, 못내 안심하며 지낸다.
꿈. 꿈이라면 이런 꿈을 꾼다. 가끔이더라도, 초점이 맞춰지는 것보다 더
정확히 완두를 볼 수 있기를. 70퍼센트가 아닌 100퍼센트를 사용해서.
그리고 그보다 더. 완두에게 보이는 것 너머까지 볼 수 있다면 좋겠다.
할머니 할아버지의 결혼식을 직접 본다면, 갓난아기였던 아빠가 이불에
폭 둘러싸여 잠든 모습을 내가 볼 수 있다면, 나는 그 존재들을 내 삶에
새롭게 들여놓을 수 있을지 모른다. 완두에게서 나는 무엇을 볼 수
있을까. 완두가 베를린이나 바르셀로나 같은 도시에서 뛰어노는 모습과
노견이 되어 뛰지 못하는 모습들도 볼 수 있기를. 한 번도 본 적 없는
완두의 아빠 개, 하얀 진돗개라고만 알고 있는 그 개를 만나 쓰다듬어
주는 나도 볼 수 있기를. 완두가 흙이 되어 풀을 키우면 내가 그 위에
누운 모습, 우리의 몸이 사라지고 나서 분자들이 어딘가에 둥둥 떠다니는
상상도 해본다. 나는 완두를 그렇게 껴안고 싶다. '신비' 아인슈타인은
인간이 경험할 수 있는 가장 좋은 것이 이것이라고 말했다.

글·그림 한승재 — 무아하아하프렌즈

이상해 보이는 사람이 없다.

Essay

인과관계

이상해 보이는 한 사람이 눈에 띄었다. 그는 사람들이 많이 다니는 길에 서서 움직이지 않고 주변을 두리번거렸다. 언제라도 갑작스럽게 행동할 사람처럼 보였다. 메고 있던 가방을 열고 길 한가운데에 캠을 비치해 두었다. 그러자 그는 더 이상 이상해 보이지 시작했다. 과장된 목소리로 소리 지르고 크게 웃고 우스꽝스러운 춤을 췄다. 그의 행동이 신경에 거슬리긴 했지만 여전히 이상하지는 않았다. 요즘은 어지간해서는 이상해 보이기 쉽지 않다. 예전 같으면 걸어가면서 혼잣말하는 것만으로도 충분히 미친 사람 취급을 받았다. 그러나 요즘은 이상해 보이는 것이 쉬운 일이 아니다. 특히 카메라를 들고 있다면, 그 모습이 이상할수록 더더욱 치밀하고 계획적인 사람으로 비칠 수 있을 것이다.

아마도 시청자의 요구에 따라 그는 더 이상해지는 방법을 찾아 나섰다. 그는 우스꽝스러움을 넘어 비참해지기로 결심한 듯 바닥을 뒹굴며 웃음을 터뜨리기 시작했다. 많은 사람들이 보는 앞에서 읽구는 비참함을 그러고 모를 리는 없을 것이다. 오래전 코미디언들이 레몬을 썩어 먹고, 까나리액젓을 마시고, 얼굴에 테이프를 붙이며 신체를 학대했던 이유도 비참함과 우스꽝스러움을 혼동했기 때문이다. 그도 같은 이유로 같은 행동을 반복하고 있을 뿐이었다. 무엇보다도 비참해지기 위해선 주변 사람의 시선이 필요하니까 그는 길을 지나는 사람에게 카메라를 들이대고 자신을 바라보는 모습을 찍으려 했다. 이미 저 먼 곳에서부터 불안감을 감지한 사람들은 일제감치 동선을 틀어 그를 피해 지나갔고, 인테리어 공사 현장에서 나와 잠시 담을 쉬던 외국인 노동자 한 명만이 어색한 표정으로 호응해 주었다. 원하는 만큼 충분히 비참해지지 않아 아쉬운 스트리머는 다른 사람을 찾아 두리번거렸다. 그리고 나와 눈이

마주쳤다. 히죽거리며, 먼 곳에서부터 해죽해죽 웃으며 나를 향해 걸어오기 시작했다. 나는 횡단보도 앞에서 서서 바뀌기를 기다리고 있었다. 빨간 신호가 녹색 신호로 바뀌기를 기다리며, 아니 애원하며, 초조한 마음으로 빨간 동그라미를 노려보았다. 한편 스트리머의 걸음은 뭔는 것처럼 빠르게 느껴졌다. 그의 걸음이 자신을 이상하게 봐 달라며, 될 수 있는 한 비참하게 만들어 애원하고 있는 것처럼 간절하게 느껴졌다. 자신을 좀 때려 달라고, 아니면 침 뱉고 모멸감에 가득 찬 눈빛을 보여 달라고 애원하는 사람처럼 느껴졌다. 그런데 대체 내가 왜 그런 일을 떠맡아야 하는가? 단지 여기 서 있다는 이유로? 그것이 싫다면, 그의 비참해지기에 협조하고 싶지 않다면 나는 어떤 태도를 취해야 할까? 카메라는 피하거나 촬영되는 물건이었는데 언제부터 나에게 태도를 요구하는 물건이 되었을까?

방송이 권력이던 시절 카메라는 반기던 물건이었다. 가운데 곳에 살던 친척은 뉴스에서 인터뷰한 장면을 녹화해서 집에 갈 때마다 여러 번 보여주곤 했다. 그때 기자의 등 뒤에는 항상 사람이 북적거렸고, 카메라에 간택된 사람들은 주목받는 기쁨을 숨기지 못한 채 이를 모두 드러내고 이야기했다. 그때는 유명해지는 삶과 성공하는 삶은 분리되지 않았다. 유명해지는 삶을 성공한 삶이라고 여기던 사고는 정말이지 순수한 인과관계였다. 방송이라는 절대 권력이 힘을 잃고 난 뒤 길거리는 동물을 피하고 되었다. 스트리머들이 카메라를 들고 이곳저곳을 촬영하며 돌아다니고, 카메라에 포착당한 사람들은 채집망에 걸린 야생동물처럼 요란스럽게 몸부림치고, 불쾌해하고, 소리도 지른다. 채집망을 들고 다가오는 듯 시선을 피하지 않았다. 그의 이상함에 조금도 개의치 않는다는 듯 사람을 찾아 두리번거렸다. 그가 내 곁으로

다가왔을 무렵 때마침 신호가 바뀌어 길을 건널 수 있었다. 하지만 그는 내 뒤에서 소리 내어 괴상하게 웃었고, 나는 불쾌했지만 어떻게 할 수 있는 것이 없었다. 그가 의도한 대로 그를 비참하게 만들어주었다. 이렇게까지 이상한 사람을 쳐다보지도 않고 무시하다니!

어른들은 종종 어린아이들 앞에서 자신의 어린 시절을 회상하곤 한다. 내 어린 시절의 어른들도 마찬가지였다. 그들은 제나 훌륭한 표정으로 매뚜기를 구워 먹고 개구리 잡아먹던 어린 시절 이야기를 늘어놓곤 했다. "너희는 개구리가 얼마나 맛있는지 모르지?"

어른들이 보기에 우리 세대는 인과관계를 잃어버린 세대였다. 우리를 '회색 도시'에서 '아스팔트 바닥'을 밟고 사는 인공물처럼 여겼고, 집 밖에 나가지 않고 게임이나 피시 통신을 통해 인공적인 소통을 하는 것을 비정상적인 것으로 여기는 사람도 썰은 어떻게 나는 건지, 밤은 나무에 열리는 건지 땅에서 캐내는 건지 모르고 사는 것을 이상하게 여겼다.

요즘은 점차 기계와 인과관계를 잊어가고 있다. 어느 시대나 그랬듯 어른들은 어린 사람들 앞에서 자신의 어린 시절을 회상하기를 좋아한다. 요즘 어른들은 아날로그 시절에 대한 그리움을 펼쳐 놓으며 (정말 부러워하는지는 모르겠으나) 기계에 익숙한 요즘 세대의 부러움을 사고 싶어 한다. 바람에 나부끼는 보리밭이나 퐁퐁거리는 개구리의 촉감까지 알지 못하지만 우리는 버튼을 누르면 까깡거리며 움직이던 인과의 촉감을 알고 있다. 터치스크린과 전기 자동차는 기계에서 마땅히 발생하던 작은 진동을 사라지게 해버렸고, 이제 삶에서 마땅히 느껴야 할 인과관계도 모두 사라져버린 것처럼 보이기도 한다. 썰이 어떻게 생겼는지도 모르고 밥을 먹는 것이 뭔가 문제인지는 모르겠으나 예전에 어른들은 그런 점을 꼭 알려주고 싶어

했다. 예전에는 컴퓨터를 켜면 '응 응 응…' 소리가 났고 용량이 큰 영상을 재생하려면 기계의 진동과 함께 끙끙거리는 하드디스크의 소리를 들어야 했다고, 요즘은 그런 이야기를 많이들 한다.

그런데 모순적이게도, 비교적 인과관계가 부렷해 보이던 예전에 이해할 수 없는 일은 더 많이 일어났다. 사람들은 카메라를 쫓아다녔으며 폭력을 사랑했다. 자신에게 도움 되지 않는 일에 시간과 정성을 쓰기도 했다. 화면을 누르면 무리 없이 영상이 재생되고, 요리랩 줄 몰라도 원하는 거의 모든 음식을 맛볼 수 있는 요즘, 그래서 인과관계는 모두 제거된 것처럼 보이지만 어떤 면에서 인과관계는 점점 부렷해지고 있다. 이해할 수 없을 것 같은 장면들이 거리에서 실제 발견되지만 정말 이해할 수 없는 일은 거의 일어나지 않는다. 돈을 벌기 위해 뜨는 행동을 하는 사람이, 화면에 자신의 이미지를 기증한 행인의 불쾌감이 모두 매트릭스의 숫자로, 수익과 배들의 함수관계로 읽히기 시작했다. 이상한 행동은 거의 수익을 위한 것이다. 불쾌한

것들 동이 없이 사용되는 것이다. 영화 〈매트릭스〉(1999)에서 시각적 풍경이 모두 컨히고 초록색 숫자가 화면을 가득 채우던 것처럼, 노스탤지어와 신화적인 권력이 컨히며 시스템의 실제가 적나라하게 드러나기 시작했다. 김에서 만난 스트리머의 우스꽝스러운 모습은 혹시 남몰래 협박당하고 있는 사람처럼 안쓰러워 보였다. 비참한 모습을 중계해야만 목숨을 부지할 수 있는 안타까운 인물처럼 보였다. 그러나 그것은 사실상 틀리지 않은 말이므로 그것이 이상하게 여겨지지는 않았다. 먼 훗날이 오면, 그때도 예전이 좋았다라며 이런 식의 인과관계를 회상하며 흐뭇해할 수 있을까?

Essay

한밤중에 보는 드라마

글 한수희
일러스트 서수연

밤마다 책을 읽거나 드라마를 본다. 현실에는 존재하지 않는 인물들의 삶에서
나 자신을 본다. 드라마를 보다가 스르르 잠이 든다. 완벽한 취침 의식이다.

내 잠들기 전 의식은 침대에 모로 누워 아이패드를 옆으로 세워둔 채 드라마를 보는 것이다. (상상해 보시라. 매우 추하다.) 내 방 침대 위에 모로 누운 자세로 나는 멕시코 카르텔의 돈세탁을 하는 중년의 미국 남자와, 매달 만화 잡지를 마감해야 하는 젊은 일본인 편집자와, 가난에서 벗어나기 위해 발버둥 치는 세 한국인 자매를 지켜본다. 나는 거의 모든 OTT 서비스를 구독하는지라 매달 납부하는 구독료를 생각하면 마음이 살짝 무거워지기도 한다. 하지만 매일 여유 시간이라고는 없이 일하고 또 집에 와서는 집안일까지 하는데다 심지어 아이들까지 돌보는 (불쌍한) 내게 이 정도 사치는 허용할 수 있는 거 아닌가? 이건 낭비가 아니라 투자라고 합리화를 한다. 아무튼 잠들기 전 보는 드라마가 지나치게 자극적이거나 유혈이 낭자하면 잠이 달아나버리거나 악몽을 꿀 수도

나폴리, 그곳의 폭력과 어둠, 그리고 서민들의 천박한 삶의 태도는 체취처럼 몸과 마음에 배어 있다. 레누는 나폴리를 떠나 부유한 북부로 삶의 터전을 옮겼다가도 결국 다시 나폴리로 돌아가고, 릴라는 아예 평생 나폴리를 벗어나지 못한다. 그리고 그들을 둘러싼 20세기 후반의 세계는 급격한 변화의 소용돌이에 휩싸인다. 그 시대를 살아가는 그들 역시 그 물결에 함께 휩쓸릴 수밖에 없다.

그렇다. 내 글쓰기를 힘들게 만드는 것은 바로 릴라다. 나는 평생 내게 일어난 일이 릴라에게 일어났다면 어떻게 됐을지 끊임없이 상상해왔다. 릴라에게 내게 일어난 것과 같은 행운이 따랐다면 릴라는 어떻게 행동했을까. 릴라의 삶은 계속해서 내 삶에 투영된다. 내 말에서는 릴라가 한 말의

있으니 곤란하다. 이 시간에 전개가 너무 빠르거나 복잡해도 곤란하다. 잠들기 전에 보는 드라마는 소곤소곤 느릿느릿 귓속을 간지럽히는 조용한 심야 라디오 방송 같은 것이 좋다. 그래서 요즘 나는 〈나의 눈부신 친구〉의 새로운 시즌을 보며 잠들곤 한다. 왓챠에서 볼 수 있는 HBO의 드라마 〈나의 눈부신 친구〉의 원작은 이탈리아 작가 엘레나 페란테의 연작 소설이다. 1권 《나의 눈부신 친구》부터 이어지는 총 네 권의 연작 소설은 주인공들의 고향인 나폴리가 주된 배경이라 나폴리 4부작으로도 불린다. 두 여자의 어린 시절부터 노년기까지 이어지는 이 방대한 이야기를 뭐라 설명해야 할까? 《나의 눈부신 친구》는 기본적으로 레누와 릴라라는 두 소꿉친구의 인생에 관한 이야기다. 그들이 나고 자란 가난하고 거칠고 위험한

메아리가 느껴지고 내 결연한 행동은 릴라의 행동을 재각색한 것이다. 내 부족함은 릴라의 과함 때문이었고 내 과함은 릴라의 부족함을 보완하기 위함이었다.
— 엘레나 페란테, 《나의 눈부신 친구》 중에서

소설의 화자인 레누는 착실한 모범생이다. 가난한 집에서 자랐지만 언제나 우등생 자리를 놓치지 않으며 상급 학교에 진학하는 것이 목표인 그녀는 언제나 타인의 인정과 사랑을 얻기 위해 노력한다. 하지만 구둣방 딸 릴라는 다르다. 누구보다 똑똑한 릴라는 남들이 자신을 좋아하건 싫어하건 개의치 않는 제멋대로인 성격에 심보까지 못됐다. 레누는 자유롭고 매력적인 릴라를 동경하며 평생에

걸쳐 릴라에게 상처받으면서도 그 영향력에서 벗어나지 못한다. 심지어 릴라는 레누가 오랫동안 짝사랑한 첫사랑 니노를 가로채기까지 한다. 나는 이 나쁜년놈들, 하고 이를 갈면서도 이 이야기가 도대체 어디로 흘러갈지 궁금해 읽는 것을 멈출 수가 없다. 드라마를 볼 때도 똑같다. 이 나쁜년놈들, 하고 이를 갈면서도 보는 것을 멈출 수가 없는 것이다.

보통 원작에 흠뻑 빠지고 나면, 후에 제작된 영화나 드라마에는 십중팔구 실망하게 마련이다. 내 머릿속으로 상상한 이미지와 감독이 구현한 이미지는 다를 수밖에 없기 때문이다. 매력적인 지문, 마치 주인공의 머릿속에 들어가 있는 것처럼 촘촘한 독백의 문장들을 드라마에서 어떻게 온전히 구현할 수 있겠는가. 주인공과 나, 우리 둘이서 맺은 지면 위의 은밀한 관계를 드라마가 어떻게

불현듯 '거의'라는 단어가 마음에 와 닿았다.
내가 해낸 건가. 거의 그렇다.
나폴리에 있는 고향 동네에서 이제는 완전히
벗어난 건가. 거의 그렇다. 나는 교육 수준이
높은 환경에서 자라난 아이들과 친구가 되었는가.
거의 그렇다. 갈리아니 선생님이나 그녀의
아이들보다 더 수준 높은 아이들과 친구가
되었는가. 거의 그렇다. 시험에 시험을 거치면서
권위 있는 교수님들에게 인정받는
학생이 되었는가. 거의 그렇다.
'거의'라는 단어 뒤에 실상이 숨겨져
있는 것 같았다. 나는 두려웠다. 피사로 온
첫날부터 나는 두려웠다. 나는 '거의'라는
수식어를 붙일 필요 없이 자연스럽게 남들에게

만들어낼 수 있겠는가.

하지만 이 드라마는 그렇지 않았다. 책을 읽으며 생각했던 주인공들의 이미지가 배우들의 이미지에 착 붙는다고 해야 할까. 물론 책에서는 더 사납고 무서웠던 릴라가 드라마에서는 왠지 좀 힘이 빠진 느낌이기는 했지만, 덕분에 레누의 캐릭터가 더 매력 있어졌다. 나는 책 속 레누보다 드라마 속 레누가 더 좋다. 글자 속에서는 납작했던 레누가 드라마에서는 매끄러운 피부와 근사한 눈동자와 탄탄한 몸을 움직이며 말하고 웃고 우는 모습을 보는 것이 즐겁고 기쁘다. 1960-70년대식의 패션도 그녀에게 찰떡같이 잘 어울린다. 물론 단번에 눈길을 끄는 쪽은 더 화려한 미모의 릴라지만, 그런데도 이 이야기가 레누의 시점에서 진행되기에 나는 레누에게 더 깊은 호감을 느낀다.

인정받을 수 없는 사람들이 두려웠다.
— 《나의 눈부신 친구》 중에서

아마도 내가 레누를 좋아하는 이유는 레누와 나 사이의 공통점 때문일 것이다. 모범생 레누. 사랑받고 인정받기를 원하는 레누. 그럼에도 열등감에 시달리는 레누. 자신의 장점과 강점을, 자신이 이룬 것들을 완전히 받아들이지 못하는 레누. 늘 어딘가 부족하다는 느낌에 사로잡히는 레누.

레누는 선생님 집에서 열리는 파티에 릴라를 데리고 갔다가 돌아오는 길에 릴라에게서 잔인할 정도로 공격을 당한다. 릴라는 레누를 비웃고 레누가 애써 잘 보이고 싶어 하는 지식인들을 조롱한다. 그러나 릴라가 말로 비수를 꽂을 때마다 그저 굳은 얼굴로 지그시 고개를 돌리는

레누를 보고, 나는 릴라가 죽이고 싶을 정도로 미웠다. 그와 동시에 그런 레누에서 나를 보았다. 나에게도 언젠가 그와 비슷한 순간들이 있었던 것이다. 내게 상처를 주려는 분명한 의도를 가지고 공격하는 상대 앞에서, 나는 너무 얼이 빠져서 제대로 자신을 방어하지조차 못했다. 아마 레누의 내면은 많은 여자들의 내면을 닮아 있을 것이다.

그러나 이 이야기는 거기에서 멈추지 않는다. 이 이야기는 인간의 삶이 지닌 씁쓸하고 아름다운 모순의 순간을 향해 달려간다. 그래서 릴라가 학업과 미래를 포기하고 그다지 사랑하지도 않는 남자와의 결혼을 준비할 때, 그녀는 레누에게 이렇게 말하는 것이다.

"무슨 일이 일어나든 넌 공부를 계속하도록 해."
"2년이면 고등학교를 졸업해. 그러면 끝이지."
"아니. 절대로 멈추지 마. 필요한 돈은 내가 줄게. 넌 항상 공부해야 해."
나는 조그맣게 웃어 보인 후 릴라에게 말했다.
"고마워. 하지만 언젠가는 학교 공부를 마칠 수밖에 없어."
"넌 아니야. 넌 내 눈부신 친구잖아. 너는 그 누구보다도 뛰어난 사람이 되어야 해. 남녀를 통틀어서 말이야."
─《나의 눈부신 친구》 중에서

놀랍게도 이 이야기의 제목 '나의 눈부신 친구'의 주인공은 릴라가 아니라 레누다. 레누에게 릴라가 나의 눈부신 친구였던 것처럼, 릴라에게 레누도 나의 눈부신 친구인 것이다. 그리하여 릴라의 모사판에 다름 아닌 것 같던 레누는 내면의 릴라를 끊임없이 의식하면서 자기만의 삶을 개척해 나간다.

그들의 삶에서는 수많은 일이 일어난다. 그들은 결혼을 하고 바람을 피우고 아이를 낳고 이혼을 하고 성공하고 실패한다. 이 여자들은 착하지도, 올바르지도, 희생적이지도 않다. 그들은 때로는 견딜 수 없이 못되고 이기적이고 어리석다. 나는 그런 그들의 모습에 깜짝 놀라다가도 이내 카타르시스를 느낀다. 차마 입 밖으로는 꺼낼 수 없는 욕망과 악한 마음을 거침없이 내뱉는 이 여자들을 미워하면서도 사랑하게 된다.

나는 언젠가 작가 엘레나 페란테가 했던 말을 잊지 않고 있다. 이 이야기를 쓰는 동안 독자가 이것을 읽게 하기 위해 할 수 있는 모든 방법을 다 써야 했다는 말을. 그 집요한 성실성 덕분에 이 이야기는 한 번 잡으면 놓을 수가 없다. 드라마를 한 번 틀었다가는 잠은커녕, 밤을 새워야 할지도 모른다.

이제 나는 이 칼럼을 쓰기 위해서, 소설의 첫 부분을 다시 읽는다. 시작은 레누가 릴라의 아들 리노에게서 어머니가 사라졌다는 전화를 받는 장면이다. 레누는 깨닫는다. 결국 릴라는 바라 마지않던 대로 증발해 버렸다는 사실을. 어딘가로 떠나거나 도망친 것이 아니라 완전히 사라져 버렸다는 사실을. 이어지는 장면은 레누가 릴라와의 어린 시절을 회상하는 부분이다. 이제 네 권의 책과 네 개의 드라마 시리즈로 이어질 그 기나긴 이야기는 이렇게 시작한다.

리노 어머니의 이름은 라파엘라 체룰로다. 하지만 나만 빼고 모두들 그녀를 '리나'라고 불렀다. 나는 그녀를 '라파엘라'라고도 '리나'라고도 부르지 않았다. 지난 60년 동안 내게 그녀는 '릴라'였다. 만약 내가 그녀를 갑작스레 리나나 라파엘라라고 부른다면 그녀는 우리의 우정이 끝났다고 생각했을 것이다.
─《나의 눈부신 친구》 중에서

느닷없이 눈물이 후드득 떨어질 것 같아 감정을 추스른다. 결말을 안 채 처음으로 돌아가는 일은, 언제나 슬픈 것이다.

함께 보고 싶은 그것

눈이 심심할 때 같이 볼까요?

지옥 | 발행인 송원준
이쯤 되면 안 죽을 때가 되었는데, 이쯤 되면 반격할 때가
되었는데…. 여태껏 예상할 수 있던 드라마 공식이 하나도 맞지
않았다. 보지 못한 전개가 신선했던 드라마다.

박해영 작가님 팬입니다 | 편집장 김이경
드라마를 본방송으로 본 적이 별로 없다. 뒷북치면서 본 〈나의 해방
일지〉에 심취한 나머지 〈나의 아저씨〉까지 반복해서 봤다. "지안,
편안함에 이르렀나." 아, 박해영 작가님이 전하는 담담한 위로에 푹
빠져버렸다.

피너츠: 밸런타인데이 | 에디터 이주연
색종이를 하트 모양으로 오리는 게 마음처럼 되지 않는 샐리.
고개를 파묻고 울부짖을 때 찰리 브라운이 말한다. "Try again,
Sally." 그 목소릴 들으면 그냥 다 잘될 것만 같다.

딩고 뮤직 '킬링보이스' | 에디터 오은재
전주만 들어도 눈물이 차오르는 히트곡부터, 길 가다 아무나
붙잡고 이어폰 꽂아주며 "어서 들어보세요." 채근하고픈 숨겨진
명곡까지. 유튜브에서 콘서트 못지않은 선곡표를 훑다 보면
코인노래방으로 달려가고 싶어진다.

나의 유일한 강아지, 루루 | 디자이너 양예슬
2022년 10월 8일 먼저 천국으로 간 나의 강아지, 루루를 고이
담아둔 사진과 영상은 늘 내 곁에 잔재한다. 만지고 싶고 냄새
맡고 싶고 가둥고 싶어 안달이다. 사랑해, 귀한 나의 아가야.

빌어먹을 세상 따위 | 디자이너 손혜빈
'볼 때마다 혜빈 씨 생각이 난다.'며 지인에게 거듭 추천받은
드라마. 그때의 나와 지금의 나는 많이 달라졌지만, 마음속 깊이
감춰둔 내 모습이 그리워질 때마다 꺼내 보곤 한다.

'네버 해브 아이 에버' 시리즈 | 마케터 윤혜원
애증의 하이틴. 나의 10대와 빼닮은 데비의 마음과 말투를 보며
지난 시간을 자주 붙잡았다. 어릴 적 마주한 죽음과 새로운 만남,
사랑과 증오, 내 것이 맞을까 하는 여리고 사소한 고민까지.
과몰입과 함께라면 언제든지 다시 열아홉이 된다.

백예린의 사랑노래 (side A) | 마케터 김연영
한 개인의 취향을 가득 담은 플레이리스트 영상은 마치 보물창고
같다. 내가 몰랐던 노래를 알 수도 있고, 알고 있었지만 오랫동안
듣지 않았던 노래를 다시 만날 수도 있으니!

세계의 수영장 탐험 | 에디터 김현지
아이 따라 수영을 다시 배우면서 유튜브로 여러 나라의 수영장을
구경한다. "시드니 아이스버그 수영장은 비치와 연결되어 있네?
1989년에 지어진 베를린 올림픽 수영장에서 헤엄치면 선수가 된
거 같으려나?" 우리에게 작은 소망이 생겼다. 세계 여러 곳에서
수영하기.

우리의 지구 | 에디터 이다은
회차를 넘길 때마다 안타까움과 죄스러움이 밀려왔다. 우리는
'우리의 지구'에서 '우리'의 범위가 어디까지인지 다시 생각해봐야
한다.

계절 드라마 | 에디터 이명주
여름에는 〈나기의 휴식〉과 〈커피프린스 1호점〉, 겨울에는 〈콩트가
시작된다〉를 반복 재생한다. 나와 같은 계절을 보내는 그들의
이야기를 보다 보면 무더위도, 한파도 꽤 견딜만 하게 느껴지니까.

James Corden's Carpool Karaoke | 브랜드 프로젝트 디렉터 하나
제임스 코든이 뮤지션을 태우고 드라이브하면서 같이 노래하는
코너. 제임스가 신나서 쌓는 화음이 꽤나 좋다. 유튜브에서 볼 수
있고 추천하는 영상은 스티비 원더, 아델, 폴 매카트니 편.

불면증엔 요가 니드라 | 브랜드 프로젝트 매니저 김한솔
잠에 들지 못하고 뒤척이는 새벽이면 하는 나만의 작은 의식이
있다. 이불을 볼까지 덮고 누워 베개 옆에 요가소년의 한 시간짜리
요가 니드라 유튜브 영상을 틀어놓는 것. 사바사나 자세로
조곤조곤한 목소리를 듣다 보면 쥐도 새도 모르게 잠에 빠져든다.

[2x9HD]구교환X이옥섭 | 브랜드 프로젝트 매니저 정현지
영감이 필요할 때마다 꼭 들르는 구교환과 이옥섭의 유튜브 채널.
모든 영상이 감탄 그 자체지만, 그중 발박수까지 치게 만든 건 바로
브이로그 시리즈. 처음 충격을 고스란히 느낄 수 있도록 설명은
생략, 기대는 마음껏 할수록 좋다!

'원의 독백': 우리에게 | 브랜드 프로젝트 매니저 지정현
어른이 되고 싶어서 구석에 밀어뒀던 감정을 꺼내보고 싶어지는
유튜브 영상. 2분 28초 '당신의 밤은 어떤 모양인가요'라는 질문
뒤에 이어지는 컷신들 사이로 솔직하게 굴지 못해 괴로워하던 나의
밤들이 스쳐 지나갔다.

Vol.01 Vol.02 Vol.03 Vol.04 Vol.05 Vol.06 Vol.07 Vol.08 Vol.09 Vol.10
Vol.11 Vol.12 Vol.13 Vol.14 Vol.15 Vol.16 Vol.17 Vol.18 Vol.19 Vol.20
Vol.21 Vol.22 Vol.23 Vol.24 Vol.25 Vol.26 Vol.27 Vol.28 Vol.29 Vol.30
Vol.31 Vol.32 Vol.33 Vol.34 Vol.35 Vol.36 Vol.37 Vol.38 Vol.39 Vol.40
Vol.41 Vol.42 Vol.43 Vol.44 Vol.45 Vol.46 Vol.47 Vol.48 Vol.49 Vol.50
Vol.51 Vol.52 Vol.53 Vol.54 Vol.55 Vol.56 Vol.57 Vol.58 Vol.59 Vol.60
Vol.61 Vol.62 Vol.63 Vol.64 Vol.65 Vol.66 Vol.67 Vol.68 Vol.69 Vol.70
Vol.71 Vol.72 Vol.73 Vol.74 Vol.75 Vol.76 Vol.77 Vol.78 Vol.79 Vol.80
Vol.81 Vol.82 Vol.83 Vol.84 Vol.85 Vol.86

AROUND CLUB

《AROUND》는 격월간지로 홀수 달에 발행됩니다. 정기구독을 신청하시면
매거진과 함께 한 명의 작가가 1년간 연재하는 에세이·포스터 시리즈
'어라운드 페이지', 그리고 어라운드 온라인 콘텐츠 이용권이 제공됩니다.

1년 정기구독
《AROUND》 매거진(총 6권)
& 어라운드 페이지 & 온라인 콘텐츠 이용권
97,200원 / a-round.kr

Publisher

송원준 Song Wonjune

Editor in Chief

김이경 Kim Leekyeng

Senior Editor

이주연 Lee Zuyeon

Art Director

김이경 Kim Leekyeng

Senior Designer

양예슬 Yang Yeseul

Cover Design Guide

오혜진 O Hezin

Cover Image

최모레 Choe More

Photographer

이요셉 Lee Joseph

해란 Hae Ran

Project Editor

김건태 Kim Kuntae

김예은 Kim Yeeun

박이나 Park Eena

배순탁 Bae Soontak

송재은 Song Jaeeun

전진우 Jun Jinwoo

정다운 Jung Daun

한수희 Han Suhui

한승재 Han Seungjae

Illustrator

서수연 Seo Sooyeon

임기환 Lim Kiihwan

추세아 Choo Sea

휘리 Wheelee

AROUND PAGE

임진아 Im Jina

Marketer

윤혜원 Yoon Hyewon

Copy Editor

기인선 Ki Inseon

Management Support

강상림 Kang Sanglim

Advertisement

김양호 Kim Yangho

김갑진 Kim Gabjin

하나 Hana

Publishing

(주)어라운드

도서등록번호 제 2014-000186호

출판등록일 2009년 12월 5일

ISSN 2287-4216

창간 2012년 8월 20일

발행일 2022년 10월 30일

AROUND Inc.

서울시 마포구 동교로51길 27

27, Donggyoro 51-gil, Mapo-gu, Seoul, Korea

광고 문의 / 070 8650 6378

구독 문의 / 070 8650 6375

around@a-round.kr

a-round.kr

instagram.com/aroundmagazine

《AROUND》에 수록된 모든 글과 그림은
저작권법에 보호받는 저작물이므로
무단 전재와 무단복제를 금합니다.
책의 내용을 이용하려면
반드시 저작권자와 (주)어라운드의
서면 동의를 받아야 합니다.

어라운드는 나무를 아끼기 위해
고지율 20퍼센트인 재생종이 그린라이트를 사용합니다.